French A2

élan pour OCR 2

Marian Jones
Danièle Bourdais
Gill Maynard
Martine Pillette

Welcome to **élan pour OCR!**

The following symbols will help you to get the most out of this book:

 listen to the audio CD with this activity

 work with a partner

 work in a group

S 🎧 this recording is also on the *Elan pour OCR en solo CD*

Grammaire an explanation and practice of an important aspect of French grammar

➡ **000** refer to this page in the grammar section at the back of the book

➡ **W000** there are additional grammar practice activities on this page in the *Élan Grammar Workbook*

en plus additional activities, often on Copymasters, to extend what you have learned

Expressions-clés useful expressions

Compétences practical ideas to help you learn more effectively

We hope you enjoy learning with *Elan pour OCR*.

Bonne chance!

Table des matières

Unit	Page	Subject content	Grammar	Skills
1 France, terre d'asile?	5	The history and evolution of immigration in France Integration and equal opportunities Everyday racism and how to react	The present subjunctive The perfect subjunctive	The oral exam: discussing a sub-topic
2 La criminalité et les forces de l'ordre	15	Internet crime Young people and crime Punishing crime: alternatives to prison sentences	The past conditional Choosing which tense to use	Discussing a text
Révisions Unités 1–2	25	Revision of Units 1–2		
3 Richesse, pauvreté et chômage	27	Poverty, unemployment and marginalisation in France Poverty in the developing world Global strategies to combat poverty	The pitfalls of translating into French	Expressing, justifying and defending a point of view
4 Nos besoins énergétiques	37	The greenhouse effect Traditional and renewable energy sources For and against nuclear power	Pronouns Verbs followed by *à* or *de* + infinitive	Translating from French into English
Révisions Unités 3–4	47	Revision of Units 3–4		
5 Comment protéger la planète	49	Individual ways of helping to protect the environment Environmental pressure groups and individual responsibility Global responsibilities	The passive	Listening skills for the Listening, Reading and Writing paper
6 Les technologies nouvelles	59	New technology in everyday life Ethical issues relating to advances in human genetics For and against genetically modified organisms	The future perfect/*futur antérieur*	Building up complex sentences

Unit	Page	Subject content	Grammar	Skills
Révisions Unités 5–6	69	Revision of Units 5–6		
7 La littérature et les arts	71	The life, literature and philosophy of Albert Camus The life and work of François Truffaut The history and characteristics of Impressionist painting	The past historic	Discussing and writing about literature and the arts
8 Questions de politique	81	Politics in general and how to make your own voice heard Politics in France and in Europe War and terrorism	Recognising the imperfect subjunctive	Revision of some of the skills practised during the course
Révisions Unités 7–8	91	Revision of Units 7–8		
9 Patrie, Europe et francophonie	93	The French-speaking world France's colonial past and its current role within the European Union The values, traditions and beliefs of French people	Revision of verb forms and tenses	Answering questions in French
Révision Unité 9	103	Revision of Unit 9		
Stretch and challenge	105	Extension exercises Units 1–9 (one page per unit)		
Essay-writing skills	114	Practical guidance on how to plan and write an essay		
Grammaire	121	Grammar reference section		
Vocabulaire	150	French–English glossary		

ROYAUME-UNI

PAYS-BAS

BELGIQUE

ALLEMAGNE

LA MANCHE

LUXEMBOURG

ILES ANGLO-NORMANDES

Lille

Metz

Meuse

PARIS

Seine

Strasbourg

Rhin

Orléans

Loire

Dijon

Besançon

SUISSE

Nantes

Poitiers

FRANCE

OCEAN
ATLANTIQUE

Clermont-Ferrand

MASSIF

Grenoble

A
L
P
E
S

ITALIE

Bordeaux

CENTRAL

Rhône

Toulouse

Montpellier

Narbonne

Marseille

ESPAGNE

P
Y
R
E
N
E
E
S

ANDORRE

MER MEDITERRANEE

LE MONDE DE LA FRANCOPHONIE

France, terre d'asile?

		Page	Thème
Après cette unité, vous saurez aborder les thèmes suivants:	**Vous saurez mieux:**	6	Histoires d'étrangers
▶ l'histoire et l'évolution de l'immigration en France	▶ employer le subjonctif	8	Intégration, oui, mais…
	▶ préparer une section de l'examen à l'oral	10	La vie en noir
▶ l'intégration des étrangers dans la société française		12	Zoom examen
▶ le racisme quotidien et comment réagir		14	Au choix

Page   Thème
6   Histoires d'étrangers
8   Intégration, oui, mais…
10   La vie en noir
12   Zoom examen
14   Au choix

1 Les immigrés ne prennent pas les emplois des Français.

2 La majorité des crimes sont commis par des immigrés qui contribuent à l'insécurité.

3 Les enfants d'immigrés réussissent mieux dans leur scolarité que les Français de souche de même niveau social.

4 Les jeunes issus de l'immigration ne respectent pas le mode de vie et la culture de la France. Ce sont eux qui ne s'intègrent pas.

5 Les immigrés sont des assistés sociaux, on les loge et ils coûtent cher à la société.

6 La France accepte toute la misère du monde et tous les réfugiés qui demandent asile.

1a Lisez les opinions sur l'immigration. Reliez à une photo. Expliquez.

1c Ecoutez pour vérifier. Notez les raisons.

1b A votre avis, ces opinions sont vraies ou fausses?

Histoires d'étrangers

▶ *Qui sont les immigrés en France? D'où viennent-ils et pourquoi?*
Quelles sont les dernières lois sur l'immigration?

La France: terre d'accueil?

Depuis toujours, la France se veut être une terre d'accueil. Jusqu'au 18ème siècle, un petit nombre d'hommes politiques et artistes venus d'ailleurs pouvaient s'imposer dans la vie française sans être considérés "étrangers".

La révolution industrielle du milieu du 19ème siècle a déclenché les migrations en masse. La France a eu besoin de main-d'œuvre supplémentaire et a fait venir des ouvriers des pays frontaliers: Belgique, Italie, Espagne, Allemagne, Suisse. Le 19ème siècle a aussi vu se développer la notion d'"identité nationale", de "droit du sol", de "citoyen" et donc d'"étranger". Les immigrés ont parfois été marginalisés et victimes de xénophobie.

L'entre-deux guerres

Après la guerre de 1914–1918, on a à nouveau fait appel aux étrangers pour l'industrialisation et le repeuplement du pays. On a préféré les Européens des pays voisins, jugés plus facilement "intégrables". En 1931, la France était le premier pays de l'immigration avec 7% d'étrangers, loin devant les Etats-Unis qui imposaient des quotas.

Après la crise économique des années 30, la France a sélectionné les étrangers selon des critères d'"utilité publique". On a continué d'accepter les réfugiés politiques (Juifs d'Europe de l'est, Russes, républicains espagnols, antifascistes italiens, Polonais) mais on a expulsé les étrangers au chômage.

Immigration temporaire...

De 1946 à 1974, suite à la deuxième Guerre mondiale, la France a connu une reprise économique, trente années prospères qu'on appelle les Trente Glorieuses. Elle a aussi connu la vague d'immigration la plus importante de son histoire. Les entreprises françaises allaient recruter des travailleurs non-qualifiés en Espagne et au Portugal mais aussi de plus en plus dans les pays pauvres du Maghreb francophone, en Algérie (alors département français), au Maroc et en Tunisie. C'était la main-d'œuvre idéale: docile, flexible, bon marché et, on l'espérait, provisoire.

... et installation définitive

Avec la crise économique de 1974, le gouvernement a suspendu l'entrée des travailleurs étrangers permanents. Le regroupement familial a été autorisé: les familles des immigrés les ont rejoints et se sont installées, en général dans les banlieues. Avec un chômage croissant, la xénophobie s'est exacerbée, les immigrés sont devenus les boucs émissaires des problèmes de la société: on les a accusés de prendre le travail des Français. Les tensions raciales étaient telles que le gouvernement a dû voter une loi contre le racisme.

Au cœur de la société française

Depuis les années 80, l'immigration reste au cœur des débats politiques. Dans le but d'encourager l'intégration des populations déjà installées et de limiter l'immigration, le statut de réfugié devient de plus en plus difficile à obtenir. Beaucoup de demandeurs d'asile deviennent des "sans-papiers". La discrimination et le racisme, le chômage croissant, les mauvaises conditions de vie des familles immigrées, tout aggrave le sentiment d'exclusion.

Devant la montée du Front National, l'antiracisme devient une valeur importante et des associations se créent comme SOS Racisme. Les jeunes issus de l'immigration se révoltent, la violence éclate régulièrement dans les banlieues, comme ce fut le cas en 2005. L'Islam (devenue deuxième religion du pays) se confronte aux traditions laïques de la France et cela crée de nouvelles tensions.

Depuis l'élargissement des frontières européennes, et bientôt l'accès de l'ensemble des Européens aux emplois français, le gouvernement dit vouloir limiter les tensions sociales dues à l'immigration massive ou clandestine, et veut imposer "l'immigration choisie" (la venue de personnes hautement qualifiées, chercheurs, experts, étudiants) et les quotas par profession. La France risque-t-elle la rupture avec ses traditions républicaines d'accueil?

1 Lisez le premier paragraphe de l'article (page 6). Trouvez les mots qui correspondent à ces définitions.

a pays qui ouvrent ses portes à tous

b originaire d'un autre pays

c déplacement de population

d ensemble des travailleurs

e travailleurs manuels

f droit d'avoir la nationalité du pays où on est né

g étrangers installés dans un pays

h mis à l'écart de la société

i hostilité vis-à-vis des étrangers

2 Lisez l'article. Regardez dans le dictionnaire et écrivez une définition de ces mots en français.

a des quotas

b la crise économique

c des réfugiés politiques

d une reprise économique

e le regroupement familial

f les boucs émissaires

g les demandeurs d'asile

h les sans-papiers

i l'immigration clandestine

3 Remettez ces phrases dans l'ordre des paragraphes qu'elles résument.

a Quand les immigrés s'installent avec leurs familles, une partie de la population la plus touchée par la crise leur devient hostile.

b La population française est constituée de 7% d'Européens venus pour repeupler le pays et y travailler.

c L'immigration, l'intégration, la discrimination et le multiculturalisme restent des questions primordiales de la vie politique française.

d La première immigration massive est celle d'ouvriers venus des pays européens voisins de la France.

e L'immigration devient plus "visible" avec une forte proportion de Nord-Africains.

4 Relisez l'article et répondez aux questions.

a Quelle était la particularité de l'immigration avant le 19ème siècle?

b Pourquoi la France a-t-elle d'abord préféré faire venir une main-d'œuvre européenne?

c Pourquoi la France a-t-elle fait appel aux Nord-Africains pendant les Trente Glorieuses?

d Quelles ont été les conséquences de la crise économique de 1974 pour les immigrés?

e Quels sont les problèmes généralement associés à l'immigration?

f Comment le gouvernement français envisage-t-il l'immigration à l'avenir?

5a Ecoutez un membre du collectif "Uni(e)s contre l'immigration jetable" parler des nouvelles lois sur l'immigration, instaurées par le gouvernement Sarkozy. Notez ce qu'il dit sur chacun des points ci-dessous.

a le regroupement familial

b les mariages Français–étrangers

c les sans-papiers et le droit d'asile

d les quotas professionnels et les étudiants

5b A votre avis, en quoi la France est-elle en rupture avec ses traditions de terre d'accueil? Relisez vos notes de l'activité 5a et donnez votre avis oralement.

Non à l'immigration jetable!

6a Ecoutez l'extrait d'un flash info sur le suicide d'un jeune demandeur d'asile. Notez les détails.

6b Expliquez par écrit en quoi ce drame est lié à la politique française d'immigration.

Intégration, oui, mais...

▶ *Les Français issus de l'immigration se sentent-ils intégrés à la société?*
S'intégrer veut-il dire oublier ses origines?

Interview avec Babacar Diop

Babacar est un jeune Français de 18 ans, issu de l'immigration: ses parents sont originaires du Sénégal

1 De quelle nationalité te sens-tu?

C'est naturel que je me sente français: mes parents sont francophones, naturalisés français et moi, je suis né en France! Mais ce n'est pas non plus étonnant que je me sente un peu africain: j'ai des racines africaines, je suis noir, j'ai un nom sénégalais, j'ai de la famille à Dakar et je parle un peu wolof. Je me sens donc français et africain, de la même façon que mes potes bretons ou corses se sentent français et bretons ou corses.

2 A ton avis, l'intégration à la société française implique-t-elle l'oubli de ses origines étrangères?

Pour moi, un étranger est intégré quand il est accepté comme il est, bien qu'il soit différent de la "norme". En contrepartie, il faut qu'il sache accepter et respecter cette "norme". Je ne pense pas qu'il faille oublier ses origines, au contraire – à moins que tu le veuilles, si ton passé est trop douloureux par exemple. Si tes pratiques culturelles sont contraires aux lois du pays, alors là, il y a un problème. Mais si elles ne dérangent personne, alors tu devrais pouvoir les garder. C'est une très grande richesse, pour toi et pour le pays qui t'accueille.

3 Penses-tu être bien intégré dans la société française?

Ce n'est pas certain que je sois aussi bien intégré que mes potes d'origine portugaise ou polonaise, bien que la France soit mon pays natal. En fait, le problème n'est pas si moi, je me sens intégré ou pas, mais plutôt si les autres, les Français de souche, veulent bien m'intégrer ou pas. Et puis, il est plus facile d'intégrer un blanc, quelle que soit son origine, parce qu'il est "invisible", plutôt qu'un noir qui porte sa différence à fleur de peau.

4 Comment réagis-tu face à la discrimination?

Je me bats de toutes mes forces! Je ne veux pas qu'un parti politique avec des thèses racistes comme le Front National puisse un jour arriver au pouvoir. Je me bats pour que les préjugés et l'intolérance disparaissent de la société. Je suis membre d'associations antiracistes, le MRAP et SOS Racisme, et je me battrai jusqu'à ce que les mentalités évoluent. J'aimerais bien que cela puisse changer tout de suite mais c'est sans doute optimiste.

1a Lisez le témoignage de Babacar. Quelle phrase résume quel paragraphe?

a La discrimination raciale existe et doit être combattue.
b La double appartenance culturelle est un avantage.
c L'identité personnelle, c'est plus que la seule nationalité.
d L'intégration, c'est le respect mutuel.

1b A deux: choisissez un des points a–d ci-dessus et discutez. Expliquez oralement votre point de vue à la classe.

2a Relisez l'interview de Babacar. Trouvez les expressions synonymes dans le texte. Que remarquez-vous par rapport aux verbes qui suivent?

a c'est normal que...
b ce n'est pas surprenant que...
c quoique...
d à condition que...
e ce n'est pas sûr que...
f je refuse que...
g afin que...
h je voudrais que...

2b Trouvez cinq autres exemples de subjonctif dans le texte.

3a  Ecoutez l'interview de Malika Benbetka. Notez les questions et prenez des notes. Ensuite, résumez ses réponses à chaque question.

3b Lisez ces phrases. Vrai ou faux? Réécrivez et corrigez ce qui est faux.

a Malika a vite appris le français bien qu'elle ait continué à parler arabe avec sa mère.

b Elle regrette que ses parents lui aient toujours parlé en arabe.

c Elle a un peu honte que sa mère n'ait pas appris à parler le français.

d Elle se sent étrangère en Algérie bien qu'elle y soit allée plusieurs fois.

e Elle pense que combattre les préjugés est nécessaire.

f Elle ne pense pas que sa naturalisation puisse réduire la discrimination à son égard.

3c D'après ce que vous avez noté sur Malika, imaginez ses réponses aux questions posées à Babacar (page 8). Faites l'interview à deux.

4 Que pensez-vous de l'attitude de Babacar et de Malika par rapport à l'intégration et à la discrimination? Expliquez votre point de vue par écrit. Utilisez ces expressions utiles.

Expressions suivies du subjonctif

Il me semble que…
Je (ne) comprends (pas) que…
Ça (ne) m'étonne (pas) que…
Je (ne) doute (pas) que…
Je ne pense/crois pas que…

Grammaire → 139 → W62, 82

The subjunctive (1)

● Remember these three uses of the subjunctive:

A: to express an opinion or a doubt
B: to express an emotion (fear, regret, happiness, wish, will, necessity)
C: to express time, concession, aim or condition

Ⓐ Match the use of the subjunctive in sentences 1–3 below to types A–C above.

1 Je souhaite que le racisme disparaisse un jour!

2 Il faudra des années avant qu'on soit tous égaux!

3 Je doute qu'on puisse changer les choses rapidement.

Ⓑ Find in the text (page 8) an example of each type and write them out.

● The **perfect subjunctive** is used when a past tense is required in A–C above. It is a compound tense formed from the present subjunctive of the auxiliary (*avoir* or *être*) and a past participle.

Ⓒ Find the four examples of the perfect subjunctive in sentences a–f, activity 3b.

Le savez-vous?

Cérémonie d'accès à la citoyenneté

● Au dernier recensement (2005), on comptait 3,5 millions d'étrangers en France (5,7% de la population): 40% des Etats de l'UE, 31% du Maghreb, 13,7% du Sud-Est asiatique, 7% d'Afrique subsaharienne, 6,5% de Turquie.

● Environ 250 000 étrangers acquièrent la nationalité française par naturalisation ou mariage. La majorité vient du Maghreb et de l'Afrique subsaharienne.

● Un cinquième de la population française est d'origine étrangère.

La vie en noir

▶ *Un tiers des Français se déclarent ouvertement racistes. Comment cela se manifeste-t-il au quotidien? Comment lutter contre le racisme?*

30% des Français se déclarent racistes

Un rapport de la Commission nationale consultative des droits de l'Homme (CNCDH) indique que les Français sont 48% à estimer qu'il y a trop d'immigrés en France et 30% à se déclarer racistes [...]

Une majorité (54%) estime que "ce sont avant tout les personnes d'origine étrangère qui ne se donnent pas les moyens de s'intégrer", contre 37% qui jugent que c'est "la société française qui ne donne pas les moyens aux personnes d'origine étrangère de s'intégrer".

Pour 58% des sondés, "certains comportements peuvent parfois justifier des réactions racistes", contre 39% pour qui "rien ne peut les justifier".

79% des personnes interrogées considèrent cependant que "les travailleurs immigrés doivent être considérés comme chez eux puisqu'ils contribuent à l'économie française" et pour 64% la présence d'immigrés en France est nécessaire pour assurer certaines professions".

Ce sondage a été réalisé en face à face par l'institut CSA, du 6 au 9 novembre 2006, auprès de 1 026 personnes âgées de 18 ans et plus résidant en France

1a Lisez l'article ci-dessus. Quelle est votre réaction par rapport à ces chiffres? Lesquels vous choquent? Pourquoi?

1b A votre avis, qu'indique la dernière phrase ("pour assurer certaines professions")?

Mohamed Idrissi, 20 ans, étudiant à Paris

Le racisme en France? Je dirais que c'est pire depuis le 11 septembre[1] et les émeutes de 2005.[2] Je sens la méfiance des gens au quotidien. On ne me laisse pas oublier mes origines arabes, ma peau foncée et mon nom musulman.

Dans le métro, certains évitent de s'asseoir à côté de moi. On ne sait jamais, je pourrais être un terroriste! Dans la rue: contrôle d'identité. Je viens du neuf-trois:[3] c'est assez pour être suspect pour la police. Dans les magasins, on me surveille d'un regard méchant. A la fac, on n'est pas vraiment nombreux, nous les jeunes "issus de l'immigration" comme on dit. On préférerait nous voir vider les poubelles!

Quant à trouver un boulot ou un appart, quelle galère! Dès que je donne mon nom et mon adresse, l'attitude change. On me dit non, qu'en fait, le job (ou l'appart) vient d'être pris. En boîte, on me fait aussi sentir ma différence. Certains peuvent rentrer (les "habitués"), d'autres non (noirs ou arabes pour la plupart). Jeune, d'origine arabe, oh là là, difficile de faire pire! A la télé, là, on voit des jeunes d'origine arabe: ce sont les méchants dans les films ou les émeutiers dans les documentaires sur la violence dans les "quartiers". Que dire? Que faire? La tentation de devenir violent est forte par moments, je dois bien l'avouer! Mais bon, du calme.

Il y a quelques stars que les Français aiment bien, comme Djamel Debbouze, Gad Elmaleh, Zinédine Zidane, Thierry Henry et quelques autres, des Arabes ou des Noirs qu'on présente comme des modèles d'intégration... mais les gens comme moi, les inconnus des banlieues? Coupables d'office, condamnés sans jugement et pourquoi? Pour délit de faciès.

[1] 11 sept. 2001: attentat des tours jumelles de New York (9/11)

[2] trois semaines de violence urbaine dans les banlieues pauvres: l'agitation sociale la plus importante en France depuis mai 68

[3] 93 = département de Seine-Saint-Denis, banlieue nord de Paris réputée "violente"

2a  Ecoutez et lisez ce que dit Mohamed (page 10). Parmi ces problèmes liés au racisme, auxquels fait-il allusion?

la discrimination à l'embauche
l'intolérance
le phénomène de bouc émissaire
le harcèlement policier
l'ignorance
la ségrégation quotidienne
l'inégalité des chances

2b  Discutez avec un(e) partenaire. Justifiez vos réponses avec des exemples du texte.

3 Relisez ce que dit Mohamed et répondez aux questions.

  a En quoi le 11 septembre a-t-il aggravé la situation pour les jeunes comme Mohamed?

  b Que savez-vous des stars mentionnées par Mohamed?

  c En quoi sont-elles des "modèles d'intégration"?

  d Quelle image les médias donnent-ils des jeunes issus de l'immigration?

  e C'est quoi, le délit de faciès?

4 Utilisez les deux textes (page 10) et expliquez oralement comment les immigrés et leurs enfants sont considérés en France.

5a Ecoutez l'interview de Philippe, membre d'une association antiraciste. Répondez aux questions.

mrap
mouvement contre le racisme et pour l'amitié entre les peuples

  a Que veut dire "MRAP"?

  b Qu'est-ce que "l'antiracisme de proximité"?

  c Que fait le MRAP au niveau national?

  d Contre quelles idées du Front National le MRAP se bat-il?

5b Réécoutez et notez:

  a le but du MRAP

  b les moyens utilisés

  c la campagne sur laquelle Philippe travaille en ce moment

6a Lisez ces extraits du livre de Tahar Ben Jelloun. Expliquez chaque point et ajoutez vos propres idées.

Tahar BEN JELLOUN
Le racisme expliqué à ma fille
Nouvelle édition avec lettres commentaires des enfants
seuil

1 La lutte contre le racisme doit être un réflexe quotidien. Notre vigilance ne doit jamais baisser. Il faut commencer par donner l'exemple et faire attention aux mots qu'on utilise. Les mots sont dangereux. Certains sont employés pour blesser et humilier, pour nourrir la méfiance et même la haine. D'autres sont détournés de leur sens profond et alimentent des intentions de hiérarchie et de discrimination. La lutte contre le racisme commence avec le travail sur le langage [...]

2 Sache que des lois existent. Elles punissent l'incitation à la haine raciale. Sache aussi que des associations et des mouvements qui luttent contre toutes les formes de racisme existent et font un travail formidable [...]

3 A la rentrée des classes, regarde tous les élèves et remarque qu'ils sont tous différents, que cette diversité est une belle chose. C'est une chance pour l'humanité. Ces élèves viennent d'horizons divers, ils sont capables de t'apporter des choses que tu n'as pas, comme toi tu peux leur apporter quelque chose qu'ils ne connaissent pas. Le mélange est un enrichissement mutuel [...]

6b Complétez les phrases suivantes avec un subjonctif. Reliez chacune au paragraphe du texte qu'elle résume.

  a Tahar Ben Jelloun ne regrette pas que sa fille [*aller*] dans une école multiculturelle.

  b L'auteur pense que le racisme ne disparaîtra qu'à condition qu'on [*apprendre*] à en parler différemment.

  c Selon l'écrivain, il faut qu'on se [*battre*] tous contre la discrimination; il se réjouit que les lois [*punir*] le racisme et que les associations antiracistes [*faire*] un travail efficace.

7 En groupe, vous allez fonder une association antiraciste. Faites une présentation à la classe. Il faut:

  ● un nom, un logo, un slogan
  ● les raisons et les objectifs
  ● un thème de campagne

8 Qu'en est-il de l'immigration et du racisme dans votre pays? Discutez avec un(e) partenaire et faites un rapport d'environ 200–250 mots. Présentez votre rapport oralement à la classe.

Zoom examen

➡ 139 ➡ W62, 82

Grammaire

The subjunctive (2)

The subjunctive is a mood used to express what you think, feel, wish and how you consider events and actions (uncertain, possible, probable, impossible, etc.).

It is usually preceded by *que*. It is often found:

- after certain conjunctions expressing:
  - time: *avant que, jusqu'à ce que*
  - concession: *bien que*
  - aim: *afin que, pour que*
  - condition: *à condition que, pourvu que, à moins que*
- after many verbs expressing an emotion or an opinion:
  - doubt and fear: *avoir peur que, douter que, ne pas être sûr que*, ne pas penser que**

  (**no subjunctive if used without the ne… pas*)

  - regret and happiness: *regretter que, être content(e) que*
  - wish, will, necessity: *vouloir que, ordonner que*
  - like, dislike and preference: *bien aimer que, ne pas supporter que, préférer que*
- impersonal expressions: *il faut que, il est possible que, il est important que*
- after a relative pronoun (*qui* or *que*) when it follows a superlative or a negative.

Rappel

How to form the present subjunctive

1 Take the 3rd person plural in the present tense and remove the -*ent* ending.
2 Add the endings below:

1	2		
parl**ent**	je	-e	→ *(que) je parle*
finiss**ent**	tu	-es	→ *(que) tu finisses*
vend**ent**	il/elle/on	-e	→ *(qu') il/elle/on vende*
	nous	-ions	→ *(que) nous parlions*
	vous	-iez	→ *(que) vous finissiez*
	ils/elles	-ent	→ *(qu') ils/elles vendent*

Learn irregular verbs by heart:

aller	j'aille, nous allions
avoir	j'aie, nous ayons
devoir	je doive, nous devions
être	je sois, nous soyons
faire	je fasse, nous fassions
pouvoir	je puisse, nous puissions
prendre	je prenne, nous prenions
savoir	je sache, nous sachions
venir	je vienne, nous venions

Entraînez-vous!

1 Read Isabelle's message and spot the seven subjunctives. Explain why they are used here.

Isabelle:

Bien que je ne sois pas raciste, je ne pense pas qu'on puisse un jour vivre entre personnes de différentes couleurs sans qu'il y ait des tensions, des conflits. Il semblerait que ce soit dans la nature humaine et qu'on n'y puisse rien: les conflits entre humains de différents groupes existent depuis toujours. Je préférerais qu'on vive séparément en respectant les limites et le style de vie de chaque groupe. Je regrette qu'on doive en arriver là, mais ne croyez-vous pas que c'est plus simple pour tout le monde?

2 Read Lucas' response and decide if the verbs need to be in the subjunctive or not.

Lucas:

Personnellement, je crois qu'il *est / soit* préférable d'encourager les mélanges de couleurs et de styles de vie pour qu'on *peut / puisse* justement un jour tous vivre ensemble en harmonie. J'assiste à beaucoup de manifestations sur ce thème au collège. Je suis convaincu que vivre ensemble *est / soit* nécessaire pour qu'on *apprend / apprenne* à bien se connaître. Et bien se connaître, *c'est / ce soit* sans doute le meilleur moyen qu'on *a / ait* de pouvoir vivre ensemble, en se respectant mutuellement, sans aucun préjugé. La tolérance, ça s'apprend!

The perfect subjunctive

Rappel

How to form the perfect subjunctive

Use the present subjunctive of the **auxiliary** *avoir/être* with the **past participle**:

… *que j'aie parlé*

… *que je sois allé(e)*

… *que je me sois présenté(e)*

The perfect subjunctive is used on the same occasions as the present subjunctive (see page 9) when the verb in the subordinate clause (the verb that follows *que*) is in the past tense:

On se méfie de Mohamed bien qu'il n'ait jamais commis de crime.

They are suspicious of Mohamed even though he **has** never **committed** a crime.

On le considère comme un Algérien bien qu'il ne soit jamais allé en Algérie.

He is viewed as an Algerian even though he **has** never **been** to Algeria.

3 **Rewrite these sentences using the perfect subjunctive of the verbs given.**

  a J'ai honte que mes parents [*voter*] Front National aux dernières élections.

  b Mohamed ne se sent pas du tout algérien bien qu'il [*aller*] souvent en Algérie voir sa famille.

  c La situation des demandeurs d'asile devait être désespérante pour qu'ils [*partir*] de leur pays dans de telles conditions.

  d Je ne comprends pas que le gouvernement [*adopter*] des lois aussi racistes.

  e Je suis contente qu'elle [*se présenter*] comme candidate aux élections.

  f C'est horrible qu'il [*se suicider*] pour éviter de retourner dans son pays.

4 **Translate into French using a present or perfect subjunctive as necessary.**

  a It's difficult to believe one can still be so prejudiced in today's society.

  b The MRAP will fight until the immigrants have the right to vote.

  c Whether they're black or white should not make any difference.

  d I want my children to live in a more tolerant and open society.

Compétences

The oral exam: discussing a sub-topic

Below is a list of all the things you need to do to plan this section of the oral exam and perform well in it.

- First, choose the general topic you would like to cover, such as immigration, *l'environnement* or *la justice*.
- Then narrow down to a specific area you want to research and discuss. Make sure it is related to France or a French-speaking country. For immigration, for example, you could choose one of the following:
  - current attitudes to immigration amongst the French population
  - the work of Tahar Ben Jelloun
  - a multicultural project in a particular French city
  - an aspect of the work of an organisation like SOS Racisme
- Next, do your research. Facts on the topics mentioned above could come from surveys, books by or about Tahar Ben Jelloun, newspaper articles or websites.
- Formulate your own opinions on the material and collect information to support your views.
- Collect ideas to improve the language you will use to express your ideas: key vocabulary and phrases, a range of expressions for stating your opinion.
- Write a list of points on which the examiner might ask your opinion and practise answering them.
- It might help to record yourself and then listen to it. Are you speaking without much hesitation? Does your pronunciation sound French? Are you speaking slowly and clearly enough to be easily understood?

Entraînez-vous!

1 **Choose one of the ideas suggested below, or devise your own, and work through all the tips in the *Compétences* box above.**

General topic area:	immigration
Specific area of interest:	a multicultural project in a French city

General topic area:	environment
Specific area of interest:	an aspect of the work of Les Amis de la Terre

General topic area:	law and order
Specific area of interest:	current statistics on an aspect of youth crime in France

General topic area:	the arts
Specific area of interest:	The influence of a particular French film director

General topic area:	politics
Specific area of interest:	a current French politician

Au choix

1 S🎧 Ecoutez l'interview de Pierre, membre de l'association Enfance et Musique. Il parle de leur action dans le quartier parisien de la Goutte d'Or.

   a Notez les particularités de la Goutte d'Or.

   b Expliquez l'objectif d'Enfance et Musique ici.

   c Pourquoi la musique est-elle un outil efficace?

   d Que dit Pierre de la société multiculturelle?

2 **Préparez et parlez deux minutes sur un de ces sujets. Enregistrez-vous!**

   a Vous voulez sortir avec un(e) ami(e) qui n'est pas de la même couleur ni de la même origine culturelle que vous. Vos parents sont contre. Essayez de les convaincre.

   b Trouvez le plus d'arguments possible contre ce slogan ultranationaliste: "La France aux Français!"

3 **Lisez cet extrait de la fable écrite par Tahar Ben Jelloun.**

   a De quoi s'agit-il?

   b En quoi est-ce ironique?

   c Quel message veut-il faire passer?

4 **Choisissez un des thèmes et écrivez environ 350 mots, en donnant votre opinion.**

   a Le racisme est-il une maladie incurable?

   b Comment l'immigration a-t-elle enrichi votre pays?

   c Imaginez une fin à la fable de Tahar Ben Jelloun. (Ensuite, lisez la fin sur le site: www.taharbenjelloun.org → Chroniques → *Le dernier immigré*.)

   d En 2007, la Cité nationale de l'histoire de l'immigration (voir www.histoire-immigration.fr), s'est ouverte à Paris. En quoi ce lieu peut-il être un moyen de lutte contre les préjugés?

Cité nationale de l'histoire de l'immigration

Le dernier immigré

Le dernier immigré arabe, qui est en réalité un berbère, a quitté le sol français ce matin. […]

   A présent, comme dans un geste magique, un siècle de présence arabe en France vient d'être effacé. La parenthèse est fermée. Le pays ne sera plus dérangé par les odeurs de cuisine trop épicée, il ne sera plus envahi par des hordes de gens aux coutumes étranges. Le racisme n'aura plus raison de se manifester. […]

   L'extrême droite est la seule à regretter le départ de ces millions de Maghrébins. Tout en étant satisfaite de voir réalisé l'un de ses vœux les plus chers, elle se rend compte qu'un pan entier de son programme va lui manquer. Grâce à leur présence, elle avait pu se développer, progresser dans les sondages et les élections et même arriver au deuxième tour de la présidentielle de 2002. Sans les immigrés nord-africains, elle se demande ce qu'elle pourrait faire et quel épouvantail exhiber aux Français pour se maintenir en tant que force politique. Le parti de la peur et de la haine s'est trouvé tout d'un coup démuni. […]

   Mais le pays va bien. On manque de pain, de fruits et de légumes, on manque cruellement de main-d'œuvre, on manque de maçons, on manque de plombiers et de menuisiers, de cuisiniers, de peintres en bâtiment, d'ambulanciers, de laveurs de vitres à la Tour Montparnasse, de femmes de ménage dans les tours de la Défense, bref on manque de beaucoup de choses mais la France a le sentiment d'être libre ou plutôt libérée. […]

   Cependant depuis quelque temps, des faits étranges ont lieu…

La criminalité et les forces de l'ordre

2

Après cette unité, vous saurez aborder les thèmes suivants:	Vous saurez mieux:	Page	Thème
▶ la cybercriminalité	▶ utiliser les différents temps	16	Les pirates du Net
▶ la violence chez les jeunes	▶ discuter un texte	18	Rebelles ou criminels?
▶ la prison et les peines alternatives		20	Justice ou injustice?
		22	Zoom examen
		24	Au choix

1 Trouvez l'équivalent en anglais des crimes et délits ci-dessous. Discutez à deux et classez-les selon leur gravité d'après vous.

piratage
viol
RACKET
usurpation d'identité
harcèlement sexuel
consommation de drogues
INSULTES
dégradations de biens
agression à main armée
FRAUDE
homicide involontaire
port d'armes
BAGARRE
VOL
cambriolage
trafic de drogues
meurtre

La criminalité en chiffres
(pour 1000 habitants)

Vols
No 1 = Espagne: 12,32
Royaume-Uni (RU): 1,57
France (F): 0,40

Vols de voiture
No 1 = Australie: 6,92
RU: 5,60
F: 4,97

Cambriolages
No 1 = Australie: 21,74
RU: 13,83
F: 6,11

Agressions
No 1 = Afrique du Sud: 12,07
RU: 7,45
F: 1,75

Viols
No 1 = Afrique du Sud: 1,19
RU: 0,14
F: 0,13

Meurtres
No 1 = Colombie: 61,78
F: 1,7
RU: 1,4

Meurtres commis par des jeunes (10–29 ans)
No 1 = Colombie: 0,84
RU: 0,009
F: 0,006

Total des crimes
No 1: Dominique: 113,82
RU: 85,55
F: 62,18

Source: Nationmaster.com

3 Discutez à plusieurs. Répondez et expliquez:

a Avez-vous été victime d'un crime ou d'un délit?

b Pensez-vous que les jeunes soient de plus en plus violents? Pourquoi?

c Les jeunes ont souvent mauvaise presse... la méritent-ils?

2 Lisez les chiffres à droite. Avec quelles réactions ci-dessous êtes-vous d'accord? Ajoutez des réactions personnelles en utilisant les expressions en gras.

a **Je n'imaginais pas qu'**il y avait tant de vols en Espagne!

b **Je ne suis pas surpris(e) qu'**il y ait tant de meurtres en Colombie.

c **Je m'attendais à ce qu'il y ait** plus de vols en France qu'en Angleterre.

d **Je n'aurais pas cru qu'il y avait** plus de cambriolages au Royaume-Uni qu'en France.

e **Je pensais qu'il y aurait** plus de crimes en France qu'en Angleterre.

Les pirates du Net

▶ *Que savez-vous de la cybercriminalité? Pourriez-vous en être victime?*

Mineurs et hackers

Mai 2008: les forces de l'ordre ont mis en garde à vue, aux quatre coins du pays, 22 jeunes hackers français, soupçonnés de piraterie et de pillage de sites Internet à la suite de la plainte déposée par une association de pêche dont on avait piraté le site Web.

Après une enquête de plusieurs mois, les policiers, qui avaient collaboré à l'échelon national pour mener l'opération, ont remonté et démantelé un réseau d'environ 200 membres. Certains d'entre eux auraient pénétré dans le système informatique de 34 entreprises et associations, dont des sociétés françaises, mais également russes, islandaises ou espagnoles. Ils auraient également créé de faux sites pour du phishing. Ils se seraient appropriés les coordonnées bancaires des clients dont ils auraient ensuite vidé les comptes.

Des 22 hackers interpellés, le plus âgé a 25 ans et 16 sont encore mineurs: le plus jeune n'a que 13 ans et demi. Certains pourraient se voir condamnés à de lourdes peines de prison (entre deux à cinq ans) et des amendes importantes (plus de 30 000 euros). Le procès devrait s'ouvrir bientôt.

Qu'est-ce que tu fais, mon petit chéri?

Je pénètre le système informatique de la Banque de France, Maman.

OK, mais quand tu auras fini, brosse-toi les dents et va au lit!

Grammaire ➡ 139 ➡ W79

The past conditional: formation

A Here are two examples of the past conditional from the article. Find two others.

   1 ils auraient pénétré...   2 ils se seraient appropriés...

● The past conditional is a compound tense. To form it, you need: the **conditional** of *être/avoir* + **past participle** of the main verb.

B Which of these sentences use a past conditional? Translate into English.

1 Les hackers se seraient organisés en réseau.

2 Un des hackers aurait à peine 14 ans au moment du procès.

3 Les policiers avaient collaboré au niveau national.

---

1 **Lisez l'article "Mineurs et hackers". S'il fallait le résumer en deux phrases, lesquelles choisiriez-vous (a–d)? Pourquoi? Utilisez les expressions en gras pour donner d'autres idées.**

  a **Cet article porte sur** le démantèlement d'un réseau de hackers.

  b **Il relate** comment les forces de l'ordre ont collaboré pour démanteler le réseau.

  c **Dans cet article, on constate que** les cybercriminels opèrent au niveau national et international.

  d **L'auteur de l'article attire notre attention sur** le fait que les hackers sont très jeunes.

2 **Relisez et choisissez 10 mots ou expressions-clés de l'article. Utilisez-les pour résumer l'article (60–70 mots).**

3a **Relevez les verbes et notez les temps que vous reconnaissez. Expliquez leur usage en anglais.**

  *Exemples: **ont mis** = perfect: event took place in a specific moment in the past*
  __avait piraté__ = pluperfect: this action took place before the previous one

3b **Regardez *Grammaire*. A votre avis, pourquoi l'auteur utilise-t-il le conditionnel passé dans son texte?**

  a Il pense que les faits ne se sont pas passés ainsi.

  b Ces faits ne sont que des allégations puisque le procès n'a pas eu lieu.

4 **Relisez l'article et répondez aux questions à l'écrit ou à l'oral.**

  a Qu'est-ce que la majorité des hackers interpellés ont en commun?

  b Qu'est-ce qui a été à l'origine de l'enquête policière?

  c Comment la police a-t-elle réussi l'opération?

  d De quoi accuse-t-on les hackers?

  e Que risquent les jeunes hackers?

5 Lisez l'article "Voleurs d'identité" et répondez aux questions.

a Pourquoi les voleurs d'identité trouvent-ils leurs victimes sur les réseaux sociaux et les communautés virtuelles?

b Comment et pourquoi la police a-t-elle interpellé le jeune étudiant canadien?

c Qui était le vrai coupable?

d De quoi la jeune Française a-t-elle été victime?

e Comment est-ce que les deux jeunes victimes auraient pu éviter le problème?

f Comment le délit de vol d'identité a-t-il été puni?

Voleurs d'identité

Les usurpations d'identité se multiplient sur les réseaux sociaux, où chacun donne de plus en plus d'informations personnelles. Ces sites de communautés virtuelles facilitent la vie aux criminels, leur offrant un large choix de victimes potentielles.

La police a interpellé un étudiant de l'université de Charlottetown, au Canada. Il aurait préparé une attaque violente, sur le modèle de la fusillade de Columbine aux Etats-Unis. Il a nié mais les policiers lui ont montré une photocopie de sa page Facebook où il expliquait son projet. S'il ne s'en était pas vanté sur Facebook, on ne l'aurait pas identifié ou on l'aurait identifié trop tard, après le massacre. Le problème? Ce jeune étudiant est en fait complètement innocent. Ce n'est pas lui qui a écrit tout cela sur Facebook, et seulement un examen approfondi de son ordinateur a prouvé qu'il était effectivement innocent. En réalité, un inconnu lui avait volé son identité, ses renseignements personnels et sa photo pour créer une page Facebook.

En France, une jeune femme s'est fait harceler de coups de téléphone et de visites d'une cinquantaine d'hommes qu'elle ne connaissait pas et qui répondaient à une annonce très explicite d'offre de services sexuels qu'elle aurait passée sur un site de rencontres (où étaient indiqués son adresse et son numéro de téléphone). Cette annonce, ce n'était pas elle qui l'avait passée mais quelqu'un d'autre, qui s'était servi d'informations personnelles que la jeune femme n'aurait jamais dû mettre sur le site. Heureusement, la personne responsable a été retrouvée et condamnée à 6 mois de prison avec sursis et 1500 euros de dommages et intérêts.

6a Présentez le contenu de l'article oralement en utilisant les expressions de l'activité 1 (page 16).

Exemple: Cet article porte sur le danger d'usurpation d'identité sur Internet. Il relate...

6b Donnez vos réactions personnelles au texte en utilisant les expressions de l'activité 2 (page 15).

Exemple: Je suis surpris(e) que les gens donnent des informations personnelles sur Internet.

7 Lisez Grammaire ci-dessous. Trouvez des exemples des trois usages du conditionnel passé (1–3) dans l'article.

Grammaire ➡ 139 ➡ W79

Past conditional: usage

1 Use it to express an action which **would have occurred** in the past if circumstances <u>had been</u> different. It is often used with *si* + pluperfect:
Si j'avais su, **je n'aurais pas dit** *ça.*
<u>If I had known,</u> **I wouldn't have said** that.

A sa place, **je n'aurais pas donné** *mon nom.*
In her place, **I wouldn't have given** my name.

2 Use it to express an **unrealised wish or a regret** in the past:
J'aurais bien voulu y aller mais j'avais trop de travail.
I would have liked to go there but I had too much work.

3 Use it to refer **to allegations, uncertain or unverified facts:**
Il y aurait eu plusieurs cas d'usurpation d'identité.
There could have been several cases of identity theft.

Ⓐ Transform these sentences using a past conditional.

1 Vous ne devriez pas mettre d'infos personnelles sur le site.

2 A sa place, je ne donnerais pas mon nom ni mon numéro de portable.

3 La victime pourrait porter plainte si elle voulait.

4 L'étudiant pourrait se faire arrêter si la police ne retrouve pas le véritable coupable.

8 A quels dangers êtes-vous exposés en tant qu'utilisateurs d'Internet? Résumez vos idées en 200 mots.

Rebelles ou criminels?

▶ *Les jeunes sont-ils violents? Commettent-ils de plus en plus de crimes?*
Des jeunes Français mènent l'enquête.

Mais pourquoi cette violence jusque dans les regards croisés sur les trottoirs? Ornella a obtenu des explications nettes. Ils veulent exister et personne ne leur dit rien.

1 La violence caractérise-t-elle les jeunes du XXIème siècle? Selon les jeunes interrogés, la violence ne date pas d'aujourd'hui mais prend de plus en plus de place. [...]

Les six jeunes que nous avons rencontrés sont tous d'accord sur un fait: la violence existe partout, dans le regard et dans les gestes, à la ville comme à la campagne, même si les villes et les cités sont les plus touchées par cette "maladie".

2 Qu'est-ce qui rend violent un jeune? Mariama, Christine ou Nina incriminent la période de crise que nous vivons. Elle influerait sur les comportements. [...] Le chômage qui se développe ne leur laisse aucune alternative. Ils passent donc leurs journées sans occupation, dans les rues; leur solution: faire quelque chose à tout prix, que ce soit bien ou mal, et dans beaucoup de cas, on s'occupe plutôt mal que bien (bagarres, vols, etc.).

3 Mais la crise n'est évidemment pas la seule cause de la violence: le rôle des parents est lui aussi remis en question. Trois des six jeunes interrogés affirment qu'ils sont de moins en moins présents auprès de leurs enfants. Le soutien de la famille se perdrait et les jeunes seraient livrés à eux-mêmes.

4 Mais pourquoi se raccrocher à la violence alors que les générations précédentes, qui avaient aussi leurs problèmes, réagissaient différemment? Pour Mariama, 18 ans, *"il n'y a plus de respect aujourd'hui"*. D'autres jeunes donneront la même réponse. Il leur semble aussi que la crise se ressent plus durement qu'avant. Par ailleurs, les médias paraissent avoir leurs responsabilités en montrant de plus en plus de violence dans les films, dans les

journaux: *"Il y a de la violence partout; quand on allume la télé on ne voit que ça, alors on s'identifie! D'ailleurs, on est violent de plus en plus jeune parce qu'on n'en a pas conscience!"* dit Christine, 16 ans. Selon Eva, une Parisienne de 18 ans, le système capitaliste est la source de tous les problèmes et envenime la situation. D'après elle, il y a dans la société de consommation les riches d'un côté et les pauvres de l'autre; résultat: la haine qui engendre la violence.

5 Les adolescents interrogés estiment cependant que la violence des jeunes est un moyen comme un autre de s'exprimer et de s'affirmer. Il s'agit de montrer qu'on est une personne à part entière. *"Les jeunes sont bafoués, opprimés et au moyen de la violence, ils veulent s'exprimer, montrer qu'ils sont là au même titre que tout le monde! Il faut qu'on nous prenne au sérieux,"* affirme Mariama.

La violence paraît être un moyen – si ce n'est le meilleur – de se faire une réputation. Nina, 22 ans, confirme: *"On trouve des armes et de la drogue partout, alors c'est normal qu'il y ait de la violence et toutes sortes d'abus!"*

6 Quelles pourraient être les solutions? Tous les jeunes interrogés évoquent le rôle de la famille. Les parents devraient être plus présents et plus attentifs. Il faudrait entourer les jeunes pour qu'ils ne se retrouvent pas seuls dans les rues sans but précis dans leur vie. *"Il ne suffit pas de mettre deux terrains de foot et un éducateur pour résoudre le problème!"* remarque Mariama. Il faudrait du travail pour tous. Enfin, les jeunes mettent l'Etat en cause: pour certains, les répressions contre les fautes graves ne sont pas assez dures et il faudrait les renforcer, alors que d'autres pensent que la violence est dans l'ordre des choses et que l'on ne peut rien changer.

Ornella Anthony

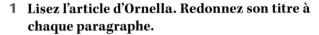

1 **Lisez l'article d'Ornella. Redonnez son titre à chaque paragraphe.**

   a La violence se banalise

   b Des solutions au problème

   c L'inactivité pousse au crime

   d La violence urbaine en hausse

   e La violence comme moyen d'expression

   f Des parents moins présents

2a **Voici des raisons possibles à la violence des jeunes. Traduisez à l'aide d'un dictionnaire si nécessaire.**

   a le chômage des jeunes

   b la crise économique

   c la culture de la violence

   d le décrochage scolaire

   e la délinquance

   f la démission parentale

   g la perte des "valeurs"

   h la précarité des familles

   i la rebellion de l'adolescence

   j la violence au sein de la famille

2b **Lesquelles sont mentionnées dans l'article? Expliquez en quelques mots.**

   Exemple: a Les jeunes au chômage n'ont pas d'occupation...

2c **D'après vous, quelles sont les raisons principales? Pouvez-vous en trouver d'autres?**

3 **Quelles solutions Ornella mentionne-t-elle dans son article? (3 points) Qu'en pensez-vous? Existe-t-il d'autres solutions? Donnez des exemples concrets.**

Les émeutes de 2005: les plus importantes agitations en France depuis mai 1968

4a **Voici l'interview d'un journaliste à propos des émeutes de 2005. Recopiez ces mots-clés et vérifiez ceux que vous ne connaissez pas dans le dictionnaire. Ecoutez l'interview et cochez les mots-clés au fur et à mesure que vous les entendez.**

progression * délits violents * amalgames * médias * émeutes * mort accidentelle * répression policière * cités dites "sensibles" * bilan lourd * état d'urgence * réaction violente * comportement inexcusable * ressentiment * chômage * précarité * rejeté * humilié * Nicolas Sarkozy * "racaille" * "karcher" * immigrés

4b **Réécoutez et choisissez les bonnes réponses. Ensuite, corrigez les réponses fausses.**

  1 Les jeunes sont-ils de plus en plus violents?

    a La délinquance juvénile a augmenté de 100% en 20 ans.

    b Plus de la moitié des moins de 18 ans ont commis un délit violent.

    c Les médias associent souvent à tort jeunes et violence.

  2 Que s'est-il passé lors des émeutes dans les banlieues en 2005?

    a Les jeunes ont réagi contre le comportement répressif des policiers.

    b Ce genre d'émeutes ne s'était encore jamais produit en France.

    c Il y a eu peu de dégâts et peu de victimes.

  3 Comment expliquer l'escalade des réactions violentes des jeunes?

    a Leur comportement est impossible à comprendre.

    b Le chômage, la pauvreté, l'isolation, le rejet, l'humiliation médiatisée, tout contribue à attiser leur ressentiment.

    c Les médias contribuent à l'amalgame "immigrés = violence".

4c **Présentez oralement les points principaux de l'interview. Aidez-vous des mots-clés et des réponses ci-dessus.**

5 **Selon vous, les jeunes dont le comportement est violent sont-ils des rebelles dans une société qui ne les comprend pas ou simplement des criminels que la loi doit punir? Utilisez les documents ci-dessus et vos propres arguments pour répondre (environ 300 mots).**

Justice ou injustice?

▶ *Comment punir le crime? La prison est-elle vraiment efficace? Existe-t-il des alternatives plus adaptées à la nature du crime et à la société moderne?*

[…] A la fin du XXème siècle, une poignée de Français réussit à imposer une idée peu populaire, celle de l'abolition de la peine de mort. Privatrice des droits fondamentaux (aller et venir, vivre en famille), et productrice de désinsertion sociale, la prison est à son tour remise en question.

[…] Dans bien des cas, la prison ne marche pas. Elle ne répond pas à ce que l'on attend d'elle: punir, dissuader et amender. Certes, l'enfermement punit. Mais dissuade-t-il le criminel en herbe? En partie peut-être. Amende-t-il? C'est beaucoup moins sûr. Depuis toujours, on parle de la prison comme d'une école du crime, où l'on apprendrait les ficelles du métier, dont l'on ressortirait plus caïd, et moins inséré, qu'à l'entrée. Une étude sur la récidive est éloquente: 60% [des détenus] sont impliqués dans une nouvelle affaire dans les cinq ans qui suivent leur libération. […] Qu'exige-t-on de la justice? Qu'elle sanctionne, bien sûr, mais efficacement. […] Selon Patrick Marest, militant des droits des prisonniers: *"La seule prison utile se tiendrait au milieu de la cité, mais vide. Comme croque-mitaine[1]. C'est le principe de la dissuasion nucléaire, qui ne fonctionne que si l'on ne s'en sert pas."* […]

La privation de liberté est un acte grave, qui ne pourrait être justifié que par une utilité publique. Or à quoi sert-elle pour le voleur, l'étranger sans papiers, le malade sexuel, le drogué, le caillasseur[2] de bus ou le coupable d'abus de biens sociaux? Est-on bien certain que ce soit la meilleure réponse? Non, souvent la prison est une réponse facile et paresseuse: *"Tu as fauté, on t'enferme en espérant que tu deviendras meilleur."* Qui évite de se poser la question de fond: qu'est-ce qui réparerait le mal causé et garantirait que cela ne se reproduise pas?

Tout dépend évidemment de la gravité des actes commis, de la dangerosité des coupables. La tendance actuelle montre que les juges ont intégré l'idée que les atteintes aux biens peuvent être sanctionnées autrement que par la prison. […] Comme la suspension du permis (y compris pour les voleurs), le TIG (travail d'intérêt général) est entré dans les mœurs. Il contraint le délinquant à travailler gratuitement pour la collectivité.

Il marche mieux que la prison en terme de récidive. Et argument non négligeable, il coûte moins cher.

Condamner et sanctionner, sans nécessairement enfermer. C'est la logique de la "médiation pénale". Coupable et victime se rencontrent et déterminent la réparation du dommage subi. L'idée de réparation oblige à penser une sanction plus adaptée et plus responsabilisante.

Restent les dangereux criminels dont il faut se protéger. Le bracelet électronique n'est plus un fantasme de science-fiction. La loi est votée, les premières expérimentations ont lieu en 2000.

De la même manière, on s'interroge sur le "traitement" des coupables de viols et d'agressions sexuelles. […] Accompagnée d'un suivi psychologique, (la castration chimique) donne de "bons" résultats là où elle est expérimentée. Jacques Lesage de la Haye est un ancien détenu devenu psychologue. *"Mettre en prison ces criminels est une méthode insécuritaire,"* dit-il. *"Mal suivis et maltraités par les autres détenus, ils y deviennent plus fous encore. Une société intelligente et généreuse pour elle-même tenterait plutôt de les guérir de leurs pulsions. Quitte à les priver de liberté le temps du traitement."* Moins de prisonniers, ce serait plus de personnel pour s'occuper vraiment des plus inquiétants d'entre nous…

Isabelle Monnin
© *le Nouvel Observateur*

[1] un croque-mitaine = quelque chose d'effrayant
[2] le caillasseur = qui lance des cailloux

1 Lisez l'article d'Isabelle Monnin et trouvez les mots et expressions suivants (dans l'ordre du texte).

a social exclusion

b reoffending

c efficiently

d obviously

e to do community service

f to punish

g makes people aware of their own responsibilities

h method which goes against security

i to attempt to

j even if it means

2a Relisez l'article et notez:

a les raisons pour emprisonner les coupables (3)

b les arguments contre l'emprisonnement (5)

c les dangers de l'incarcération pour certains criminels (2)

d les alternatives à l'incarcération (5)

2b Discutez chaque point (a–d de l'activité 2a) avec votre partenaire. Préparez une liste d'arguments pour et contre l'incarcération.

3 Utilisez les mots et expressions de l'activité 1 à la bonne forme pour compléter ce bref résumé de l'article. Faites bien attention à la fonction des mots (nom, verbe, adjectif, adverbe, etc.).

> La prison est productrice de .... Elle ne punit pas les coupables ...... : elle ne représente pas une sanction assez ...... puisque le taux de ...... est très élevé. On ne peut ...... pas laisser les criminels les plus dangereux en liberté mais les enfermer n'est pas toujours utile. Dans certains cas, comme celui d'auteurs de crimes sexuels, la prison peut même être une mesure ...... puisqu'ils risquent d'y empirer. Il vaudrait mieux ...... les guérir, ... les enfermer le temps du traitement. D'autres méthodes pour ...... les crimes sont désormais utilisées, comme ...... ou porter un bracelet électronique.

4a Ecoutez le début de l'entretien avec Philippe, un ancien détenu. Notez ce qui se serait passé ou pas s'il n'avait pas été condamné à une peine de prison.

Exemple: Il aurait réparé sa faute et payé sa dette de façon plus utile.

4b Ecoutez la deuxième partie et répondez aux questions suivantes.

a Quels sont les deux problèmes majeurs des prisons françaises?

b Quelles en sont les conséquences?

c Pourquoi la prison est-elle un "enfer" selon Philippe?

d Qu'est-ce qui démontre l'échec du système carcéral?

4c Ecoutez la fin de la conversation et complétez ces phrases avec un mot (réfléchissez à sa fonction!).

a Selon Philippe, le ...... des peines alternatives à la prison est préférable à l'amélioration des conditions de vie en prison.

b Quand on va en prison, on ...... avec les réalités de la vie extérieure.

c Actuellement, l'emprisonnement n'est pas une sanction ....

d Le TIG, c'est ...... sans être payé pour réparer la faute commise vis-à-vis de la communauté.

e Les délinquants se réinsèrent plus ...... et ....

5a Imaginez: vous devez rendre la justice. Discutez et décidez quelle sanction vous donneriez à…

a un jeune incendiaire de voiture dans une cité

b un toxicomane qui a volé l'argent de la caisse d'un supermarché

c un automobiliste ivre qui a grièvement blessé un enfant

5b A vous d'envisager d'autres cas. Discutez et comparez vos décisions entre groupes.

6 Répondez aux questions posées en haut de la page 20 en donnant votre avis (environ 350 mots). Aidez-vous des arguments des pages 20–21.

Les Travaux d'Intérêt Général: la solution aux problèmes d'incarcération?

Zoom examen

Using tenses

Check when to use each tense (see pages 133–138). Sometimes you can use tenses to enhance meaning and create impact.

Entraînez-vous!

1 **Lisez le texte et répondez aux questions.**

a Quel crime Patrick Henry a-t-il commis?

b Expliquez l'expression "procès d'un guillotiné".

c Qu'est-ce qui rend la défense de Patrick Henry difficile?

d En quoi sa condamnation a-t-elle été marquante?

e Qu'est-ce qui a motivé la décision du jury?

2 **Quel aurait été votre verdict? Répondez en utilisant des verbes au conditionnel passé (*condamner, sanctionner, incarcérer, envoyer, traiter*, etc.).**

Exemple: J'aurais condamné Patrick Henry à... parce qu'à mon avis...

3 **Explain the use of the different tenses in the text.**

Examples: verra = future tense used to refer to a past event in order to emphasise its importance
annonce = present tense used to refer to the past for impact

4 **Rewrite the text in the perfect tense. Change the other tenses as necessary.**

Example: Le 18 janvier 1977 <u>a vu</u> l'ouverture... Un hebdomadaire <u>l'a annoncé</u>... L'accusé <u>semblait</u> indéfendable.

5 **Complete the following sentences using the most appropriate tense of the verb in brackets.**

a Pour les Français, Patrick Henry était un monstre parce qu'il [*tuer*] un enfant.

b L'opinion publique pensait que Henry [*ne pas changer*] jamais.

c Selon le ministre de la Justice de l'époque, Henry [*devoir*] être exécuté.

d Le jury a pensé que Henry [*pouvoir*] peut-être se racheter.

e Patrick Henry a promis aux jurés qu'ils ne [*pas regretter*] leur décision.

6 **Now translate the above sentences into English.**

LE PROCES DE PATRICK HENRY

La peine de mort a été abolie en France par Robert Badinter, ministre de la Justice, en 1981. Mais par quoi l'a-t-on remplacée? Examinons le cas célèbre de Patrick Henry.

Le 18 janvier 1977 verra l'ouverture d'un procès mémorable, celui de Patrick Henry. Un hebdomadaire l'annonce sous le titre "Procès d'un guillotiné". L'accusé semble indéfendable. Il a enlevé un enfant dans l'espoir de rançonner ses parents, l'a séquestré dans une chambre d'hôtel et l'a tué. Il disait lorsqu'il n'avait pas encore été arrêté: "*Je suis pour l'application de la peine de mort pour ceux qui s'en prennent aux enfants*".

Avant l'arrestation, durant les recherches qui durèrent vingt jours, les déclarations se multiplient. Rompant avec la réserve qui aurait dû être la leur, les ministres de la Justice et de l'Intérieur réclament au minimum "un châtiment exceptionnel" ou précisent même qu'ils souhaitent la peine de mort. L'affaire prend un tour passionnel et les médias contribuent à sa dramatisation. Il devient difficile de trouver un défenseur à cet homme jeune, accusé de l'horrible assassinat d'un enfant. Le bâtonnier Bocquillon puis Maître Robert Badinter sont ceux qui acceptèrent "de peser sur la conscience des jurés" et de défendre Patrick Henry.

Après trois jours de débats, et deux heures de délibérations, le jury fait connaître son verdict: Patrick Henry est condamné à la réclusion à perpétuité. Un verdict qui étonne la France, la presse évite de se prononcer, elle déclare sa désapprobation en parlant des manifestations de mécontentement de la foule, mais l'envoyée spéciale du Monde conclut son billet par cet espoir: "*L'histoire rendra peut-être un hommage à ces neuf Français moyens qui, les premiers, dans l'Aube, ont eu le courage d'abolir la peine de mort*".

Patrick Henry, lui, lança au jury: "*Vous ne le regretterez pas.*"

© Amnesty International

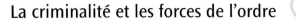

Compétences

Discussing a text

You will be given a text of about 200 words and you will have 20 minutes to prepare before discussing it with the examiner. During the discussion you will probably be asked to do the following things:

- say what the text is about in a general way
- answer specific questions on the text
- in your own words, explain one or two phrases used in the text
- discuss the theme of the text and your opinions on it
- discuss other related themes

So, as part of your preparation, you need to:

- read the text several times and get to know it really well so you can pinpoint the areas the examiner chooses to talk about
- decide what the main theme of the text is and formulate your opinions. Do you agree or disagree with what is being said? What examples will you give to back up your views?
- think about other related themes. If the text is on harsher penalties for young criminals, the examiner might then ask you what you think the causes of youth crime are, or perhaps what alternatives there are to punishment for juvenile criminals. Think about what might come up and have something to say!

Entraînez-vous!

1   Lisez l'article "Criminalité: Pas de pitié pour les jeunes" et préparez-vous à le discuter avec un(e) partenaire. Ensuite, demandez à votre partenaire de vous poser les questions de la case.

- Stephen Harper, comment veut-il changer les sanctions pour les adolescents qui commettent des crimes?
- Qu'est-ce qu'il voudrait changer concernant l'anonymat des jeunes criminels?
- Qu'est-ce que vous comprenez par le terme "les infractions violentes"?
- Que pensez-vous des changements proposés?
- À partir de quel âge est-il raisonnable de traiter les jeunes comme des adultes?

Criminalité: Pas de pitié pour les jeunes

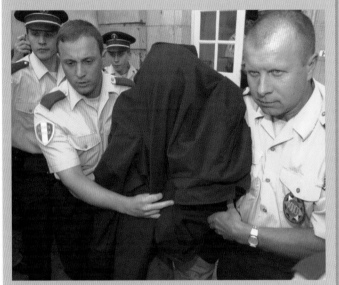

Le chef du Parti conservateur canadien, Stephen Harper, s'est engagé hier à durcir les peines contre les jeunes délinquants s'il prend le pouvoir. Il a promis que les adolescents seraient jugés automatiquement comme des adultes s'ils commettent des crimes graves. Le Parti conservateur veut remplacer l'actuelle loi sur les jeunes contrevenants par une nouvelle législation qui condamnerait à la prison à vie les adolescents de 14 à 16 ans qui ont commis un meurtre, avec ou sans préméditation. Les autres crimes graves seraient punis par 14 ans de prison.

Ainsi, les adolescents de 14 ans et plus ayant commis un crime grave, comme un meurtre, un homicide involontaire ou une agression sexuelle, verraient leur identité étalée sur la place publique, ce qui n'est pas le cas actuellement. Un juge aurait également la liberté de rendre public le nom des jeunes ayant commis un crime moins grave.

Les adolescents reconnus coupables pour des crimes sérieux seraient automatiquement soumis à des peines plus sévères, allant jusqu'à la prison à vie en cas de meurtre. La peine maximale pour les infractions violentes serait de 14 ans de pénitencier. Actuellement, un adolescent accusé de meurtre qui n'est pas jugé comme un adulte peut être condamné à six ans de prison et à quatre ans de probation ou de maison d'arrêt.

Au choix

1 **S** Ecoutez l'intervention ironique d'un journaliste sur le bracelet électronique pour les jeunes délinquants en Grande-Bretagne.

   a Expliquez ce que le bracelet électronique est exactement.

   b Pourquoi utiliser ce bracelet?

   c Le journaliste est-il d'accord pour son utilisation sur les enfants? Pourquoi, à votre avis?

   d Comment exprime-t-il ses doutes?

   e Que pensez-vous personnellement du bracelet électronique?

2 Lisez cet article et répondez aux questions.

   a De quoi parle l'article?

   b Selon vous, pourquoi la peine a-t-elle été réduite?

   c A votre avis, que veut dire Maître Vouland?

   d Avec quel commentaire du public êtes-vous le plus d'accord? Pourquoi?

Deux adolescents qui avaient participé à l'incendie d'un bus à Marseille en 2006 – où une jeune étudiante fut brûlée vive sur plus de 60% de la surface du corps – ont vu leur peine réduite de huit à quatre et six ans de prison par la chambre correctionnelle des mineurs de la cour d'appel d'Aix-en-Provence. Maître Vouland, l'un des avocats des mineurs qui n'avaient pas de passé criminel, a déclaré: "On a cette fois une décision à échelle humaine pour un gamin de 16 ans."

Des réactions du public sur les forums:

"Terrible drame pour la victime, mais ces jeunes ne sont pas de vrais criminels. Des années de prison ne serviraient qu'à en faire des délinquants."

"Un peu de prison pour les coupables, la souffrance à perpétuité pour la victime… Où est la justice?"

"Pourquoi la prison? Pourquoi ne pas plutôt forcer ces jeunes à aider leur victime?"

3 Lisez ce commentaire d'un prisonnier et commentez-le en 300 mots environ.

Après un certain temps, très différent selon les individus, l'emprisonnement n'a plus de sens et transforme le détenu en fauve violent ou en bête anéantie. Ce qui l'attend à la sortie: la récidive ou le suicide.

4 Préparez et parlez une ou deux minutes sur un des posters. Enregistrez-vous!

   a le poster du forum "Jeunes Violence Ecoute", une association pour la protection des jeunes contre toute forme de violence

   b le poster de "Stop aux Clichés", une association de jeunes qui luttent contre les clichés sur les jeunes (comme l'amalgame jeunes = danger = violence)

1 Les immigrés vivent-ils toujours dans la précarité dans la France du 21ème siècle? Ecoutez une journaliste aborder ce sujet et répondez aux questions.

a Pourquoi les immigrés sont-ils plus exposés au chômage et à la précarité que la population non-immigrée?

b Quel est l'impact de la position sociale et le niveau d'études?

c Comment/-t-il le chômage touche les immigrés différemment, selon leur pays d'origine?

d Comment les inégalités sociales se reflètent-elles dans l'accession au logement?

e En quoi cette population immigrée souffre-t-elle d'un double préjudice?

2a Lisez le texte "Le racisme sur l'Internet" à droite et complétez les phrases dans le sens du texte.

a L'auteur est horrifié par...

b Certaines organisations publient les noms des gens antiracistes pour...

c L'auteur pense qu'il faut supprimer les sites néonazis parce que...

d Pour lui, la liberté d'expression ne veut pas dire que...

e Si la démocratie continue de tolérer les sites racistes...

2b Qu'en pensez-vous? Préparez une présentation orale où vous répondez aux questions suivantes:

- Faut-il interdire les sites racistes?
- Quelle est l'influence de l'Internet en ce qui concerne le racisme?
- Pourquoi le racisme existe-t-il toujours, à votre avis?
- Que faut-il faire pour le combattre?

3 Ecoutez la conversation entre un élève et son prof à propos du cyberterrorisme et répondez aux questions.

a Quelle est la définition du cyberterrorisme donnée par le prof?

b Qu'est-ce qui a provoqué des émeutes à Tallinn?

c De quoi accuse-t-on les pirates au service du gouvernement russe?

d Comment les politiques russes ont-ils réagi à cette plainte?

e Donnez deux exemples de cyberterrorisme dans le conflit entre l'Inde et le Pakistan.

Le racisme sur l'Internet

Le spectre qui nous hante est celui du racisme qui fleurit sur l'Internet. Il faut surfer sur le Net pour comprendre ce qu'il en est, pour voir les pages de ces sites où sont publiées les listes nominatives de militants antiracistes, journalistes, artistes et syndicalistes "à assassiner"; pour voir les images atroces de ces sites néonazis qui s'illustrent par leurs appels incessants à la haine et à la violence.

Faut-il alors réglementer l'Internet ou laisser la Toile porter les pires horreurs? Toutes les images, tous les textes qui bafouent la dignité humaine? Tous les commerces qui foulent au pied les droits de l'homme, au nom d'une "liberté d'expression" affranchie de toute responsabilité envers autrui? Le vrai débat, moral et politique, est là en vérité. Quelle étrange défaite de la démocratie ce serait, encore, de laisser ses ennemis les plus redoutables envahir peu à peu les écrans de nos ordinateurs! Nous affirmons que défendre la liberté d'expression n'est pas tolérer que l'Internet devienne un tout-à-l'égout sans fond.

L'arrivée de la société de surveillance

Autour de 250 caméras surveillent la gare. Les passagers réagissent, suite à la volonté du gouvernement de renforcer la vidéosurveillance en France.

Gare du Nord, à Paris Ici, 247 caméras surveillent les allées et venues des passagers. Un avant-goût d'une situation qui pourrait se généraliser dans toute la France? Nicolas Sarkozy, séduit par l'exemple britannique, a préconisé l'installation d'un vaste réseau de caméras dans les transports en commun français. En Grande-Bretagne, 2,5 millions de caméras couvrent l'ensemble du territoire, dont 150 000 implantées à Londres. Un système qui a permis l'arrestation, en moins d'une semaine, des auteurs des attentats manqués des 29 et 30 juin 2006. Gare du Nord, il y a quelques mois, après les affrontements entre les forces de l'ordre et quelques centaines de personnes, ces caméras avaient permis l'arrestation de plusieurs émeutiers.

Au premier sous-sol, c'est le calme plat en ce lundi de vacances. Un groupe de trois militaires fait sa ronde, refusant de répondre aux touristes perdus. Devant une enseigne pillée pendant les émeutes, Mathusham est posé. Style rappeur américain et casquette sur la tête, cet étudiant de 20 ans trouve ces caméras *"utiles"*. *"A Paris, il y trop de voleurs. Après, les gens disent que ces caméras, ça limite les libertés individuelles. Mais elles ne sont pas à leur domicile, elles sont dans des endroits publics."*

Chahinez, 23 ans, attend son train. La jeune commerçante *"trouve cela pas du tout rassurant"*. Expérience personnelle. *"Ils peuvent très bien voir une personne se faire agresser et ils n'interviennent pas. Je le sais, puisque cela m'est arrivé. Ensuite, on a visionné les vidéos, mais cela n'a jamais permis de retrouver mon agresseur"*. Même quai, Paule, une retraitée de 69 ans, attend une amie portugaise. Elle se dit *"rassurée par la présence de caméras"*, est d'accord avec la volonté du gouvernement de renforcer sa lutte contre le terrorisme. *"Mais attention, je ne dis pas que j'ai peur!"*

Les écrans de télésurveillance de la gare du Nord, le 3 juillet 2007

Sur un autre quai, Enzo, 16 ans, qui habite la Cité Rose à Sarcelles, et son pote Paco, 20 ans, attendent leur train de banlieue. Le plus jeune des deux *"trouve ces caméras utiles."* Son pote lui rétorque que *"les caméras, ça ne marche pas."* *"Mais si, attends, ça a servi la dernière fois qu'il y a eu les émeutes gare du Nord"*. *"Pour moi, c'est pas 100% sécurité"* conclut Paco.

Interrogé sur le déploiement d'un tel dispositif,* le personnel d'un magasin d'une célèbre enseigne de chaussures, pillé pendant les émeutes, s'est refusé à tout commentaire.

*un dispositif *plan, measures*

4 Lisez l'article "L'arrivée de la société de surveillance". Choisissez les mots qui complètent le mieux les phrases suivantes selon le texte.

1 Le système de vidéosurveillance à la gare du Nord est ...... en France.
   a unique
   b commun
   c nouveau

2 Le gouvernement français songe à ...... les caméras de surveillance.
   a multiplier
   b remplacer
   c rénover

3 Les caméras de la gare du Nord ont fourni des preuves à la police après ....
   a un attentat terroriste
   b une série de révoltes
   c une attaque sur plusieurs passagers

4 Le journaliste note une atmosphère ....
   a menaçante
   b de vacances
   c paisible

5 Selon Mathusham, les gens qui critiquent les caméras de surveillance se plaignent ....
   a sans raison
   b en vain
   c chez eux

6 Chahinez trouve que les caméras (ne) sont ....
   a pas assez visibles
   b peu utiles
   c pas assez nombreuses

7 Dans le cas de Chahinez, la police a eu du mal à ....
   a regarder les vidéos
   b arriver sur la scène
   c trouver son attaquant

8 Paule trouve ...... plutôt sécurisantes.
   a les caméras
   b les membres du gouvernement
   c les vidéos

9 Pour Enzo, les événements récents démontrent ...... du système de surveillance.
   a les limites
   b l'inutilité
   c l'efficacité

10 Les employés du magasin ne veulent pas parler ......
   a des caméras de surveillance
   b des émeutes
   c des dégâts dont ils ont souffert

Richesse, pauvreté et chômage

3

	Après cette unité, vous saurez aborder les thèmes suivants:	Vous saurez mieux:	Page	Thème
	▸ la misère en France	▸ résoudre les problèmes typiques de la traduction anglais–français	28	La pauvreté, même chez nous?
	▸ la pauvreté dans le tiers-monde	▸ défendre et justifier votre point de vue	30	Et dans le tiers-monde?
	▸ des solutions au niveau mondial		32	Une stratégie mondiale
			34	Zoom examen
			36	Au choix

La misère en France · Les deux · La pauvreté dans le tiers-monde

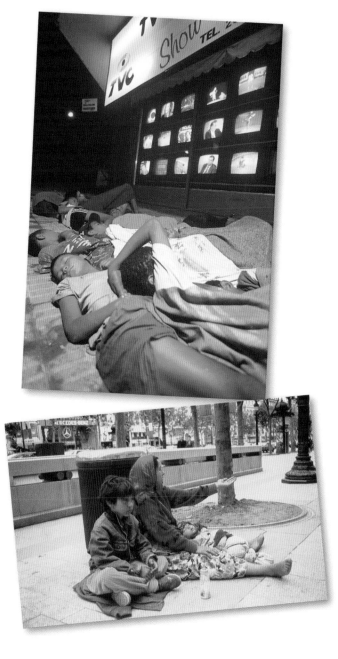

1 Regardez les photos et considérez les phrases. Recopiez le diagramme et écrivez les phrases où cela vous semble approprié.

CONDITIONS MALSAINES

eau non potable

logement inadapté

nutrition insuffisante

manque de scolarité

parents au chômage

manque de moyens

violence dans le quartier

taux de mortalité infantile important

manque de soins médicaux

2 Avez-vous d'autres idées à ajouter?

La pauvreté, même chez nous?

▶ *La pauvreté existe toujours dans la France du vingt-et-unième siècle.
Quelles en sont les causes et effets?*

1a **Classez les phrases en deux listes: nécessaire ou superflu.**

> trois repas par jour
>
> plusieurs cadeaux à Noël
>
> un logement fixe
>
> de l'eau potable
>
> une scolarité régulière
>
> de nouveaux vêtements chaque année
>
> au moins deux semaines de vacances par an
>
> au moins une voiture par famille
>
> soins médicaux
>
> deux parents
>
> un poste de télévision
>
> un ordinateur
>
> le chauffage central en hiver
>
> une place dans la société

1b **Considérez les choses qui vous semblent nécessaires. Classez-les en ordre d'importance, puis comparez vos idées avec celles d'un(e) partenaire.**

2 **Regardez la photo de Michel Lanteau. Qu'est-ce qui lui manque de la liste?**

3a **Ecoutez le témoignage de Michel. Il compare sa vie maintenant et sa vie avant. Lisez les phrases et écrivez "maintenant" ou "avant" pour chacune.**

a son domicile dans une zone industrielle

b les disputes avec les voisins

c sa vie dans une caravane

d ses copains tziganes

e le travail de ferrailleur de son père

f un conflit entre sa famille et les gendarmes

g le manque de chauffage

h les bagarres en classe

i l'aide d'une assistante sociale

3b **Ecrivez deux paragraphes pour comparer sa vie "maintenant" (donc au présent) avec sa vie "avant" (à l'imparfait).**

Exemple: *Maintenant Michel habite dans une zone industrielle où il y a des disputes...*

Avant il vivait...

3c **Réécoutez le texte afin de compléter les phrases qui décrivent sa vie actuelle.**

a Michel habite dans un immeuble de l'ancienne ZUP, près de...

b Le logement ne plaît pas à sa mère à cause de...

c Son frère s'est fait... dans une...

d C'est bien que l'appartement ait...

e Mais ils n'ont pas les moyens de...

f Sa mère a besoin de...

g Il n'aime pas tellement l'école parce que... et...

h L'assistante sociale leur donne...

i Son père rêve de...

3d **Faites un résumé de sa vie dans la caravane en vous inspirant des expressions données.**

> mieux * être ensemble * travail de ferrailleur * transporter des métaux * l'école * terrains de stationnement * louer un terrain * être expulsé * être repoussé par les gendarmes

Michel Lanteau chez lui, à Veysin

4 **Jeu de rôle. Michel entre dans un nouveau collège et une assistante sociale lui pose des questions sur sa vie. Michel exprimera non seulement les faits mais aussi ses opinions.**

Basez les questions et les réponses sur les activités précédentes et parlez du passé, du présent et de l'avenir.

La vie d'un SDF

Patrick Dullin, SDF

Comme de nombreux SDF, Patrick Dullin s'est retrouvé dans la rue à la suite d'une séparation, dont le choc fut, dans son cas, aggravé par le décès de son père. Chômeur en fin de droits, Patrick s'est retrouvé, du jour au lendemain, sans aucune ressource. Sans famille, sans travail, sans argent, sans logement, sans amis. Sans rien, si ce n'est son harmonica qui l'accompagne dans ses périples sur les routes de campagne et les pavés des villes. Il s'est dirigé vers le Midi, jugeant le climat plus clément lorsqu'on n'a pas de toit. En échange des mélodies qu'il joue et en mendiant, il reçoit de quoi se nourrir pour la journée.

Parfois, s'il a de la chance, un passant lui laisse un billet ou vient lui faire un brin de conversation qui l'encourage et lui réchauffe le cœur. Le soir, il s'installe sur des cartons qui l'isolent du froid et s'enroule dans sa couverture. C'est l'hiver qui est le plus rude. Il passe souvent aux centres d'hébergement pour qu'on lui donne des vivres et de nouveaux vêtements. Il peut également y recevoir une consultation médicale gratuite. Néanmoins, il a tendance à fuir ces centres où il se sent parqué comme un animal inutile. Il ne tient pas à jouer au Scrabble ni à rester assis dans une pièce où s'entassent pauvres et mendiants. Il préfère rester dans la rue, où il se sent plus libre et plus digne.

A l'approche de son deuxième hiver sans logement, Patrick est sur le point de faire sa demande de RMI* et il a trouvé, tant bien que mal, un garage vide que la mairie lui laisse pendant six mois. Sans chauffage, ce dernier est cependant équipé d'un réchaud à gaz et d'un matelas. Avec un tel luxe, il se sent prêt à se refaire une santé, à remonter la pente lentement… au printemps, il compte travailler comme jardinier dans une coopérative de légumes biologiques près de Béziers et il espère que bientôt, toute sa dérive ne lui semblera plus qu'un mauvais cauchemar.

*RMI = revenu minimum d'insertion

5a Survolez le texte et écrivez un sous-titre pour chaque paragraphe. Choisissez des phrases du texte même, puis comparez vos idées avec un(e) partenaire et justifiez votre choix.

5b Nommez les trois choses qui ont causé la situation actuelle de Patrick.

5c Patrick se retrouve maintenant dans un cercle vicieux. Décrivez-le en utilisant tous les mots suivants:

au chômage * argent * logement * trouver un emploi

5d Répondez aux questions sur la situation de Patrick.

a D'où vient le peu d'argent qu'il possède?

b Où a-t-il dormi jusqu'ici?

c Que fait-il s'il a besoin de soins médicaux ou de vêtements?

d Qu'est-ce qu'il va recevoir comme allocation sociale?

e Où dormira-t-il cet hiver?

f Quels seront ses deux luxes?

g Comment espère-t-il améliorer sa situation?

5e Reliez les mots des deux listes afin de reconstruire les phrases importantes du texte, puis traduisez-les en anglais.

1	en fin...	a	la pente
2	du jour...	b	de quoi se nourrir
3	lui réchauffer...	c	dans sa couverture
4	recevoir...	d	sa demande de RMI
5	s'enrouler...	e	de droits
6	être parqué...	f	comme un animal inutile
7	faire...	g	au lendemain
8	se refaire...	h	le cœur
9	remonter...	i	une santé

6 Résumez en français la situation actuelle de la pauvreté en France.

- Give an example of a family living in poverty.
- Discuss the causes of poverty today.
- List some of the effects of poverty.
- Conclude with ideas for breaking out of the vicious circle.

Le chômage en France

▸ *Quelles sont les causes du chômage? Et les conséquences? Qui est le plus touché par ce problème, à votre avis?*

1a Connaissez-vous quelqu'un qui est (ou a été) au chômage? Expliquez les détails à la classe, par exemple:

- son métier/ses qualifications
- son âge
- la durée de la période de chômage
- si la situation s'est résolue et comment

1b A deux: dressez une liste des effets du chômage, puis comparez vos idées avec d'autres paires.

> *Exemple: manque de confiance, ennui, ...*

2 Lisez le texte, puis recopiez les phrases et complétez-les avec vos propres mots.

- **a** Selon les statistiques les plus récentes, 9,5% des jeunes...
- **b** La raison principale, c'est les...
- **c** Quand les temps sont durs, les entreprises ont tendance à...
- **d** Sans contrat à durée indéterminée, il n'est pas facile de...

Les jeunes, premiers touchés par le chômage

Les jeunes restent les principales victimes du chômage en France. Alors que la moyenne nationale a pointé à 10% en février dernier, avant de redescendre, fin décembre, à 9,5%, le chômage des jeunes (15 à 24 ans) culmine à 22%, contre 8,6% des 25 à 49 ans et 6,8% des plus de 50 ans. Explication avancée: les contrats temporaires, apanage des jeunes (un jeune sur cinq occupe ce type d'emplois), ont été les premiers touchés par le ralentissement économique des derniers mois. Dans un contexte économique difficile, ces contrats sont les premiers à être supprimés. De plus, ils ne sont généralement pas convertis en CDI*, et le salarié rencontre plus de difficultés dans sa recherche d'un nouvel emploi.

*CDI *contrat à durée indéterminée*

3a Lisez les deux points de vue sur le chômage. Recopiez les termes soulignés et traduisez-les en anglais.

Yannick

Quand j'ai enfin eu ma licence de maths, j'étais très confiant. Qui ne voudrait pas embaucher un jeune avec mes capacités en mathématiques? Mais, en réalité, ce n'est pas si facile. Il y a tout simplement moins de postes par comparaison avec le passé, et comme je manque d'expérience pratique, ce n'est pas du tout évident que j'arrive en tête de la liste des candidats. J'ai eu deux contrats temporaires, mais jusque-là, rien de solide. Je me sens obligé d'accepter n'importe quoi, dans l'espoir de gagner un peu d'expérience. J'espère qu'un jour je tomberai bien, dans une entreprise où j'ai exactement l'expertise qu'il leur faut et qu'on me proposera mon premier CDI. C'est mon projet chimérique, si vous voulez.

Colette

Le gouvernement a mis en place des contrats avantageux pour les employeurs de jeunes actifs, et je comprends pourquoi, mais cela n'incite pas les entreprises à embaucher des gens plus âgées. Moi, comme quinquagénaire, je suis victime d'une discrimination. J'avais vingt-cinq ans d'expérience comme comptable, mais j'ai choisi de renoncer à mon poste parce que ma mère est devenue très fragile et avait besoin de moi. Maintenant six mois après sa mort, je veux reprendre ma profession. Je suis mobile, bien qualifiée et j'ai beaucoup d'expérience, mais tout ce qu'on m'a offert, ce sont des postes à bas salaire. J'ai l'impression qu'on ne veut plus de moi. D'ici dix ans, la France comptera 3,5 millions d'actifs supplémentaires parmi les plus de cinquante ans. Ils ne voudront pas tous travailler dans la superette du coin.

4 Jeu de rôle: A est journaliste et B est chômeur. Préparez votre rôle à l'avance.

- **A** Vous voulez écrire un article sur le chômage aujourd'hui: ses causes et son effet sur un individu. Préparez une liste de questions pertinentes.
- **B** On vous a demandé de faire une interview sur votre situation de chômeur. Imaginez tous les détails: vos études et qualifications, votre expérience, votre vie de tous les jours, vos efforts pour être embauché, vos espoirs pour l'avenir.

5 Lisez chaque section du texte et choisissez un mot de la case pour remplir chaque blanc.

Les McJobs: emplois jetables pour jeunes désespérés?

Bosser un [1] à Carrouf, KFC, Auchan, Monoprix, McDo, BricoDépot... C'est ça, un "McJob". Etre [2] vite, travailler vite, démissionner vite. Pas [3] de qualifications, pas besoin de diplôme. La définition [4] par le Oxford Dictionary, dico parmi les dicos de la langue de Shakespeare, était "un [5] non stimulant, mal [6], avec peu de débouchés", une définition jugée "insultante" par la [7] de McDonald's. Qui a raison? Nous avons trouvé des opinions très différentes [8] nos lecteurs. En voici deux.

> besoin * payé * temps * direction * parmi * donnée * emploi * embauché

Oui

Ayant [1] quelques mois à la caisse d'un grand supermarché, je suis tout à fait d'accord que ce sont des [2] à petite dignité et sans aucun avenir. Tu passes des heures à [3] des clients peu reconnaissants, tu travailles des heures [4] – un jour dès six heures du matin, le lendemain jusqu'à minuit – et tu portes un uniforme aux [5] criardes. Puis, au moment où tu fais un super [6] pour aider quelqu'un qui semble t'ignorer, tu entends ce que ton cher [7] dit à son enfant: "Si tu ne travailles pas bien à l'école, tu finiras [8] comme la dame." Ah oui, ça ne m'étonne pas du tout que la rotation du [9] s'élève à 75%.

> boulots * couleurs * personnel * bizarres * travaillé * client * effort * caissière * servir

Non

Il s'agit, dans la plupart des cas d'étudiants, qui travaillent quelques [1] par semaine et qui ne souhaitent pas en faire un [2]. Cela leur donne de quoi [3] leurs études, mais en plus ils [4] de l'expérience, ce qui pourra leur donner un avantage lorsqu'ils voudront [5] pour de vrai. L'employeur saura qu'il s'agit de quelqu'un qui sait [6] à l'heure, travailler en équipe, [7] des responsabilités et peut-être même [8] les autres. Et pour ceux qui le veulent, il y a des possibilités d'avancement. Prendre la [9] d'un fast-food avec une équipe de cinquante [10] ou plus, qui peut dire que ce n'est pas un travail [11]?

> métier * être embauchés * employés * arriver * prendre * heures * diriger * responsable * gagnent * payer * charge

6a 🗣 Relisez tous les textes et notez les arguments pour et contre ce type de travail.

> *Pour:* petit boulot utile pour les étudiants, ...
>
> *Contre:* travail non-stimulant, peu de débouchés, ...

6b 🗣 Discutez en groupe et ajoutez d'autres idées à chaque liste.

7 Ecrivez une conversation entre un lycéen/ une lycéenne et son père/sa mère. Il s'agit de la possibilité d'être embauché dans un fast-food ou un hypermarché: une personne est pour et l'autre est contre.

Exemples:

> **Lycéen:** *Tu sais que j'ai besoin de gagner vite un peu d'argent pour me payer des vacances cet été. Je pense donc chercher un petit boulot au Quick, et...*
>
> **Père:** *Ah non. Hors de question. Ne sais-tu pas que...*
>
> **Mère:** *Tu me demandes constamment de l'argent. Ne peux-tu pas chercher un petit boulot? Il doit y en avoir au McDo, et...*
>
> **Lycéenne:** *Au McDo? Non, merci. Un copain vient de commencer là-bas, et il m'a raconté que...*

Et dans le tiers-monde?

▶ *Que savez-vous sur les conditions de vie dans les pays du tiers-monde?*
Il s'agit d'une des régions les plus pauvres du monde: les îles des Sundarbans,
dans le golfe du Bengale.

Le saviez-vous?

Les Américains, qui constituent 5% de la population mondiale, consomment 25% de l'énergie utilisée dans le monde. Le citoyen américain moyen consomme autant d'énergie que 6 Mexicains, 153 Bangladais ou 499 Ethiopiens.

1 **Travaillez à plusieurs et faites des listes.**

a Quels pays du tiers-monde connaissez-vous?

b Quelles sont les choses dont nous jouissons dans le monde occidental qui manquent souvent dans le tiers-monde? Finissez les phrases suivantes:

Ici en Europe ...
Dans le tiers-monde, par contre...

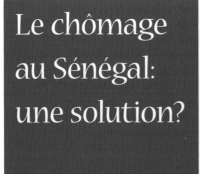

Le chômage au Sénégal: une solution?

Le chômage reste un problème au Sénégal, et ce sont surtout deux groupes qui sont touchés: les femmes et les jeunes. Le Réseau pour la promotion et le développement de l'entreprenariat féminin (RESPDEF) a trouvé une solution qui vise à soutenir ces deux groupes.

On va continuer à cultiver du riz, mais on va aussi le vendre dans des kiosques au bord des routes. Les femmes seront mobilisées pour produire le riz et pour le vendre. Selon la présidente de l'Agence de développement des petites et moyennes entreprises (ADEPME), Marie Thérèse Diédhiou, c'était une erreur stratégique d'exporter le riz produit dans cette région. Mieux vaut soutenir des entreprises locales et créer des emplois. On peut en même temps proposer des emplois stables et rémunérateurs aux jeunes de la région. Jusqu'ici ils sont tentés de partir, même de devenir émigrés clandestins, parce qu'ils ont entendu dire qu'il est plus facile d'être embauché ailleurs.

2 Lisez le texte sur le chômage au Sénégal et résumez-le en anglais, en moins de cinquante mots.

> RESPDDEF offers a solution to…

Le chômage au tiers-monde – deux autres solutions: le microcrédit et le commerce équitable

le microcrédit

le commerce équitable

3a Notez si les expressions suivantes sont en rapport avec le microcrédit (MC) ou le commerce équitable (CE).

a personnes exclues du crédit bancaire classique

b vêtements, bijoux et épicerie

c une juste rémunération des petits producteurs

d créer une micro-entreprise

e grâce aux petits prêts

f vendu à un prix équitable

g repayer les dettes plus tard

h lutter contre l'exploitation

i proposer aux consommateurs des produits de qualité

3b Ecrivez un court paragraphe pour expliquer les deux termes: "microcrédit" et "commerce équitable".

4 Lisez ce que dit Elodie. Etes-vous d'accord avec elle? Croyez-vous, comme elle, qu'il n'y a rien à faire? Ecrivez environ 250–300 mots pour exprimer votre opinion.

> Je me rends compte que, vivant dans un pays aisé, j'ai beaucoup de chance, surtout quand je regarde la télé ou que je lis un journal et que je vois des images horrifiantes d'autres pays. Mais, personnellement, je n'y peux rien. Je ne vois pas ce que je pourrais faire pour ces gens-là. J'estime que c'est inévitable qu'il y ait des inégalités dans le monde et j'apprécie davantage mon existence.

Zoom examen

The pitfalls of translating into French

Small words such as prepositions and adverbs are often the most difficult to translate correctly. Study the following examples of pitfalls to watch out for.

about	about 20 kilometres *environ* 20 kilomètres about half *à peu près* la moitié at about one o'clock in the morning *vers* une heure du matin
to think about	*penser à* or *penser de?* Politicians are thinking about the future. (thought processes) *Les hommes politiques pensent à l'avenir.* What do you think about exclusion? (opinion) *Que pensez-vous de l'exclusion?*
before	before the war *avant* la guerre before speaking *avant de* parler before he arrives *avant qu'*il arrive (subjunctive)
for	in expressions of time: Ministers were in Nice for three days. (completed action) *Les ministres ont été à Nice pendant trois jours.* He has been in Bangladesh for two weeks. (ongoing) *Il est au Bangladesh depuis deux semaines.* I am in South Africa for a month. (proposed duration) *Je suis en Afrique du Sud pour un mois.*
just	to have just done something: *venir de* The president has just arrived. *Le président vient d'arriver.* The demonstrators had just left. *Les manifestants venaient de partir.*
until	We will demonstrate until the end of the summit. (followed by a noun) *On manifestera jusqu'à la fin du sommet.* We will demonstrate until the politicians listen to us. (followed by a verb) *On manifestera jusqu'à ce que les politiques nous écoutent.* (subjunctive)

The perfect tense

Rappel

- Remember that some verbs in French are followed by *à* and an infinitive, some by *de* and an infinitive, and some just by an infinitive. See page 132 for a full list.
- Watch out for sentences where the subjunctive will be needed. See page 139 as a reminder.
- Remember the sentences you need to translate into French are often based on a text you have read. Use it for ideas for vocabulary and structures.

Entraînez-vous!

1 **Translate the following sentences into French.**

a About a thousand people gathered at the centre before the demonstration.

b Patrick was without work or housing for eighteen months.

c About a quarter of homeless people sleep on the streets.

d People with jobs don't think about the unemployed very often.

e Perhaps we should think of their problems before judging them.

f The earthquake in China has just destroyed whole towns.

g We must send food and clothing until the end of the crisis.

h We must continue trying to send aid until the government over there accepts it.

i The doctors from MSF will arrive towards the end of the month.

j They will work in the area for about six months.

Compétences

Expressing, justifying and defending a point of view

- If you are asked to give your point of view and then to defend it, either in writing or orally, think carefully which side of a particular argument you are going to support.
- Include a number of ideas which defend your viewpoint.
- Give plenty of reasons to support your view.
- Make a list of counter-arguments and decide what you will say to refute them. Phrases such as the following will be useful:

  Au contraire…
  Oui, peut-être, mais en revanche…
  Là, je ne suis pas du tout d'accord, parce que…
  Oui, mais il ne faut pas oublier que…

Entraînez-vous!

1 **Read the two opposing views below and say which one you favour. Aim to speak for about a minute.**

> Je pense que / crois que / trouve que…
> Je suis certain(e) que…
> Il est évident que…
> Pour justifier mon opinion, je dirai que…

A

Quand je regarde la télé ou que je lis un journal, je vois souvent des images horrifiantes d'autres pays où il y a des guerres ou des catastrophes. Mais personnellement, je n'y peux rien. Je ne vois pas ce que je pourrais faire pour ces gens-là. J'estime que c'est inévitable qu'il y ait des inégalités dans le monde.

B

Je crois que nous avons tous une énorme responsabilité envers les autres citoyens de notre monde. Nous vivons en paix et plus ou moins dans le luxe et nous devons donc faire tout ce que nous pouvons pour aider ceux qui n'ont pas la même chance. Moi, par exemple, je soutiens des organisations caritatives et je travaille comme bénévole.

2 **Do these arguments support text A or text B?**

a Ce n'est pas de ma faute si les autres pays du monde ne sont pas aussi bien organisés que le nôtre.

b Je sais que j'ai de la chance, donc je voudrais aider les autres.

c La somme d'argent que je pourrais donner n'est pas très élevée, mais elle vaut beaucoup plus dans les pays moins riches.

d Je paie déjà des impôts, pourquoi devrais-je donner de l'argent supplémentaire?

e Les problèmes du monde sont vastes et je ne pourrais jamais changer grand-chose.

f Si on n'a pas beaucoup d'argent à donner, on peut toujours faire des choses pratiques pour aider les autres.

g Je trouve que si on ne partage pas ce qu'on a avec ceux qui en ont besoin, on éprouve un sentiment de culpabilité.

h Si je donne trop aux autres, mois aussi je serai pauvre.

3 **Read these counter-arguments for each of texts A and B. How will you respond?**

Text A:

a N'avez-vous pas honte de voir d'autres êtres humains en difficulté?

b Ne croyez-vous pas que les pays occidentaux sont assez riches pour aider tous les pays défavorisés?

c N'est-il pas évident que si tout le monde faisait un effort, si petit soit-il, cela changerait beaucoup de choses?

Text B:

a Ne faut-il pas accepter que tout le monde est égoïste et ne veut pas aider ses voisins?

b Il y aura toujours des riches et des pauvres dans ce monde, n'est-ce pas?

c Vous ne trouvez pas qu'il y a tant de problèmes ici en Europe qu'il est ridicule d'essayer de résoudre ceux des autres?

4 **Practise defending your point of view: argue it out with your partner, who takes the opposing view. Make sure you give examples and listen to your partner's points, so that you can argue against them convincingly!**

Au choix

1a S Ecoutez la première section de l'entretien avec une bénévole et complétez le résumé.

> Carole a toujours été [1] aux autres mais elle s'est présentée à un Centre du [2] après avoir vu un [3] sur les sans-abri. Elle a été surtout impressionnée par [4] Pierre. Il travaille avec les exclus depuis [5] ans et cherche constamment à persuader les autres que chacun doit se [6] du sort des autres.

1b S Ecoutez la deuxième section et complétez les phrases.

a Que fait Carole au Restos du Cœur?

Elle fait... Elle accompagne... Elle distribue...

b Travailler dans la rue est important, selon Carole, parce qu'on peut atteindre ceux qui...

c Quels sont ses deux exemples de "la chaleur humaine"?

Savoir écouter... Leur faire sentir que...

d D'après Carole, qu'est-ce qui se passe pendant le grand repas de Noël?

L'espoir renaît pour...

1c S Ecoutez la troisième section et faites une liste des raisons de son optimisme concernant l'avenir. Il y en a au moins trois!

2 Pendant le Téléthon, on a posé la question "Comment combattre l'exclusion?" Exprimez votre opinion par écrit sur le rôle de l'Etat ainsi que le rôle de l'individu.

3a Croyez-vous que l'individu ait un rôle à jouer pour aider les plus démunis? Notez toutes les choses que vous seriez prêt(e) à faire vous-même:

- payer plus d'impôts
- travailler dans un refuge pour les sans-abri
- acheter régulièrement *Macadam Journal* (l'équivalent du *Big Issue*)
- passer le jour de Noël à servir des repas aux SDF
- travailler sans salaire dans un magasin au profit d'une organisation caritative
- mettre une chambre libre chez vous à la disposition des sans-abri
- faire une collecte pour une œuvre charitable
- verser une somme d'argent à une fondation caritative chaque mois

3b Discutez vos idées à plusieurs. Qu'est-ce que vous avez déjà fait pour aider les plus démunis? Que ferez-vous peut-être à Noël? Que feriez-vous si vous aviez le temps, les moyens...?

4 Traduisez le texte "Les enfants du monde" en anglais.

LES ENFANTS DU MONDE

- 33 000 enfants de moins de 5 ans meurent chaque jour des effets combinés de la malnutrition et des maladies infectieuses et parasitaires;
- 174 millions d'enfants de moins de 5 ans souffrent de malnutrition grave ou modérée;
- 140 millions d'enfants âgés de 6 à 11 ans, dont deux tiers de filles, ne sont pas scolarisés;
- 585 000 femmes meurent chaque année des suites de la grossesse ou de l'accouchement, laissant plus d'un million d'orphelins.

PRÉSENCE DE L'UNICEF

unicef
Fonds des Nations Unies pour l'enfance

Nos besoins énergétiques

Après cette unité, vous saurez aborder les thèmes suivants:	Vous saurez mieux:	Page	Thème

Après cette unité, vous saurez aborder les thèmes suivants:

▶ l'effet de serre: causes et solutions

▶ les sources d'énergie traditionnelles et nouvelles

▶ les arguments pour et contre le nucléaire

Vous saurez mieux:

▶ vous servir des différents temps

▶ traduire du français vers l'anglais

Page	Thème
38	L'effet de serre
40	La révolution énergétique
42	Le nucléaire: pour ou contre?
44	Zoom examen
46	Au choix

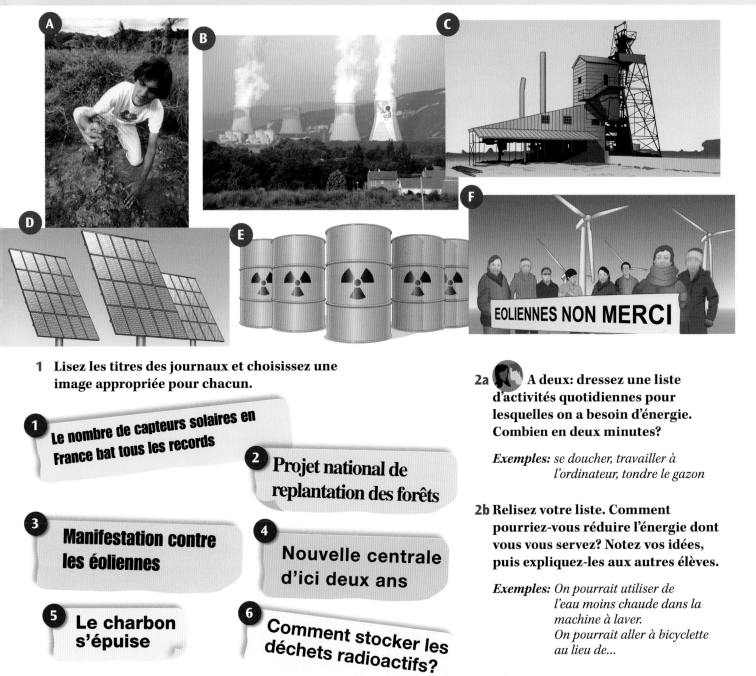

1 Lisez les titres des journaux et choisissez une image appropriée pour chacun.

1 Le nombre de capteurs solaires en France bat tous les records

2 Projet national de replantation des forêts

3 Manifestation contre les éoliennes

4 Nouvelle centrale d'ici deux ans

5 Le charbon s'épuise

6 Comment stocker les déchets radioactifs?

2a A deux: dressez une liste d'activités quotidiennes pour lesquelles on a besoin d'énergie. Combien en deux minutes?

Exemples: se doucher, travailler à l'ordinateur, tondre le gazon

2b Relisez votre liste. Comment pourriez-vous réduire l'énergie dont vous vous servez? Notez vos idées, puis expliquez-les aux autres élèves.

Exemples: On pourrait utiliser de l'eau moins chaude dans la machine à laver.
On pourrait aller à bicyclette au lieu de...

L'effet de serre

▶ *Quelles sont les causes de l'effet de serre? Quelle est son importance pour la vie de tous les jours? Comment le combattre?*

1a En groupe: classez les activités selon leur impact sur l'environnement, en commençant par le pire. Ensuite, ajoutez d'autres activités à la liste.

Pensez à votre empreinte carbonique! Ces activités font toutes du mal à l'environnement!

❖ prendre le train
❖ lire un journal
❖ acheter des pommes de Nouvelle-Zélande
❖ voyager en avion
❖ manger de la viande tous les jours
❖ profiter du chauffage central
❖ nager dans une piscine chauffée
❖ voter pour le nucléaire dans un référendum

1b Choisissez une activité de la liste et préparez-vous à en parler pendant une minute. Donnez des exemples et proposez des solutions.

2a Avant d'écouter le reportage au sujet de la déforestation, dressez une liste des expressions-clés en reliant les morceaux ci-dessous. Si besoin est, référez-vous aux expressions équivalentes en anglais. Ensuite, écoutez pour vérifier.

1 la chaîne de la	a respectueuse de la nature
2 la régulation des	b forêt
3 les écosystèmes les plus	c riches de la planète
4 la biodiversité	d vie
5 la dégradation de la	e effet de serre
6 des gaz à	f terrestre
7 une exploitation forestière peu	g climats

the chain of life   climate control
the richest ecosystems on the planet
the earth's biodiversity   damage to the forest
greenhouse gases
use of the forest which doesn't respect nature

2b Réécoutez, puis écrivez une phrase pour expliquer chaque chiffre:

a 50%   b 200 000   c 20%

3 Ecoutez le reportage sur un voyage du ministre français de l'écologie. Ecrivez un résumé, en vous servant des mots-clés ci-dessous.

> Planète Urgence * voyage au Groenland * affréter * 7000 kilomètres * voir le glacier Kanerlua * empreinte carbonique * compenser * 65 tonnes de CO_2 * 200 tonnes *

Exemple: *L'organisation Planète Urgence a critiqué... parce que...*

4 Ecoutez le reportage sur les biocarburants et répondez aux questions.

a Comment les voitures contribuent-elles à la destruction de la planète?
b Pour qui les biocarburants sont-ils une catastrophe?
c Pourquoi?
d Qu'est-ce qu'on propose comme solution?
e Donnez deux exemples de biocarburants de deuxième génération.

5 Recopiez et complétez les phrases avec un verbe de la case, mis au présent.

a Les forêts ...... un rôle vital dans la régulation des climats.
b La dégradation de la forêt ...... à un rythme inquiétant.
c Chaque semaine 200 000 hectares de forêts tropicales ....
d L'organisation Planète Urgence ...... de critiquer le ministre de l'écologie.
e On ...... savoir pourquoi c'était nécessaire d'affréter l'airbus présidentiel.
f Il ...... qu'il a mal calculé son empreinte carbonique.
g L'énorme nombre de voitures ...... à la destruction de la planète.
h La production de biocarburants ...... les surfaces disponibles pour les produits agricoles.

> vouloir * se poursuivre * paraître * réduire * contribuer * venir * jouer * disparaître

6a Read the text below and make a list in English of the changes predicted for the year 2050, using the headings "home", "transport" and "food".

6b Relisez le texte et trouvez:

- 6 verbes réguliers au futur
- 6 verbes irréguliers au futur

6c Traduisez en anglais:

- **a** There will be no more central heating.
- **b** People will have more solar panels.
- **c** Cars will disappear.
- **d** Plane journeys will be expensive.
- **e** People will do fewer long journeys.
- **f** We will eat less meat.

7 "L'effet de serre: le plus grand problème actuel, auquel personne ne propose de solutions réalistes." Etes-vous d'accord? Discutez en groupe, puis écrivez une réponse de 250 mots.

Notre défi d'ici 2050

Même si ça peut sembler encore de la science-fiction, nous devons dès maintenant préparer l'Europe (et la France en particulier) à diviser par quatre leurs émissions de gaz à effet de serre d'ici 2050.

C'est la condition pour espérer stabiliser le dérèglement climatique et un tel défi se prépare dès maintenant. Dès aujourd'hui, nous devons prendre la bonne voie et faire les bons choix de société!

Des solutions

A quoi peut ressembler une vie en 2050, dans un monde ayant jugulé ses gaz à effet de serre dans tous les domaines?

Quelques pistes

On vivra sans doute dans des logements très différents et plus ludiques: avec plusieurs peaux, des coques successives qui changeront complètement la ventilation et relègueront probablement le chauffage au musée. Nos bâtiments deviendront des sources d'énergie, ils seront truffés de panneaux solaires. Les fenêtres deviendront intelligentes, elles seront transparentes le jour et lumineuses la nuit. Les bons vieux éclairages à interrupteurs n'existeront plus, l'ambiance sera gérée automatiquement et avec le moins de dépenses énergétiques.

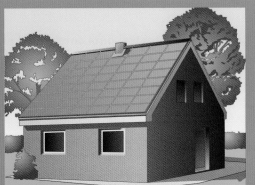

Dans 50 ans, la voiture telle qu'on la connaît aujourd'hui aura disparu. Les transports seront beaucoup plus efficaces et très modulables. En ville, on se déplacera en commun dans des petits véhicules et dans des tramways. Pour aller d'une ville à l'autre, on se délassera dans des TGV bien plus rapides qu'aujourd'hui. Ils seront alimentés par des éoliennes disposées le long des voies, ce qui ne gênera personne. Par contre, il faudra probablement faire une croix sur les voyages très lointains en avion, car les avions auront un coût prohibitif s'ils continuent à dépendre du pétrole.

Qu'est-ce qu'on mangera dans 50 ans? De bons produits locaux et de saison bien sûr! La viande provoque beaucoup d'émissions de gaz à effet de serre à cause de l'énergie que nécessite sa production. Il faudra donc faire évoluer le goût de nos enfants et les réhabituer à un régime plus varié. En plus, c'est meilleur pour la santé.

Ce monde sera différent du nôtre, mais il ne sera pas nécessairement moins agréable à vivre, bien au contraire! Il reste à l'inventer et à le mettre en place assez vite. Car si l'humanité ne jugule pas ses gaz à effet de serre, le monde de 2050 sera nettement moins enthousiasmant: climat déréglé, tempêtes, canicules, récessions économiques, réfugiés climatiques, guerres pour l'eau et le pétrole, misère extrême, destructions de la biodiversité…

La révolution énergétique

▶ *Quel rôle les énergies renouvelables ont-elles à jouer dans une politique énergétique responsable?*

1a Les ressources renouvelables sont les sources d'énergie naturelles qui se remplacent et qui ne vont jamais s'épuiser. Quelles sont les sources d'énergie de la liste qui sont renouvelables?

l'énergie solaire	le gaz	l'énergie éolienne
le charbon	le mazout	le pétrole
la biomasse	l'hydroélectricité	

1b Choisissez le symbole approprié pour chaque source d'énergie renouvelable.

2a Lisez les deux textes, puis notez si les phrases correspondent au texte A ou B.

1 Il faut d'abord réduire nos besoins énergétiques.

2 On propose un objectif précis en ce qui concerne les énergies renouvelables.

3 La France est moins coupable que beaucoup d'autres pays en ce qui concerne la pollution atmosphérique.

4 Garder la terre propre pour nos descendants, c'est une priorité.

5 L'avenir des énergies renouvelables est positif.

6 Le gouvernement reconnaît qu'il faut agir.

7 Nous devons changer d'attitude.

2b Recopiez les expressions soulignées et traduisez-les en anglais.

3 🎧 Ecoutez le reportage sur les énergies renouvelables. Recopiez et complétez les phrases.

Les ressources renouvelables
Définition: ressources naturelles et [1]
Exemples:
• le [2] (lumière et [3])
• [4] et [5] (force [6] et motrice)
• les [7]
Avantages:
• ne dégagent pas de [8]
• aucun risque de [9] ou de [10]

4 👤 Jeu de rôle. A est journaliste: vous allez interviewer un expert en énergies renouvelables. B est l'expert.

Préparez vos questions et vos réponses à partir de la liste des thèmes à discuter.

A

Une politique responsable

Une politique énergétique responsable offre aux citoyens une énergie sûre et propre, dont l'utilisation permettra aux générations futures de vivre dans un monde aussi beau que celui d'aujourd'hui.

Pour les Amis de la Terre, la "source" énergétique la plus importante est avant tout l'arrêt du gaspillage. En le combinant avec l'usage des énergies renouvelables prometteuses, la révolution énergétique sera possible.

B

L'avenir des énergies renouvelables

La Commission européenne vient de présenter son "paquet énergie" et propose un objectif de 23% d'énergie renouvelable d'ici 2020 pour la France. La France plaide pour une réduction de cet objectif et pour une prise en compte du nucléaire dans la lutte contre le réchauffement climatique. Dans une lettre adressée mardi 15 janvier au président de la Commission José-Manuel Barroso, Nicolas Sarkozy estime que "compte tenu de la faible contribution française aux émissions de gaz à effet de serre, nous ne pourrions accepter un objectif national opposable supérieur à 20%".

Thèmes à discuter:
– une définition des énergies renouvelables et quelques exemples
– comment s'en servir dans la vie quotidienne
– les avantages écologiques
– les inconvénients

5a Read the first three paragraphs of the text and expand the notes in English to summarise how the system works.

solar panels * APEVES * vouchers * subsidy * EDF network

5b Lisez l'interview et pour chacune des phrases, notez vrai (V), faux (F) ou information non-donnée (ND).

a Au début, Monsieur Lefèvre était plutôt contre ce projet.

b On a dû adapter la maison pour installer le générateur.

c Monsieur Lefèvre tire un bénéfice financier de ce projet.

d Il utilise plus d'électricité solaire qu'hydraulique.

e Il espère servir de modèle pour d'autres.

f Il veut persuader les autres de réduire leur consommation d'électricité.

5c Trouvez dans les deux textes:

- 5 exemples de verbes au passé composé
- 5 exemples de verbes à l'imparfait

5d Complétez le texte avec la forme appropriée des verbes. Attention: passé composé ou imparfait?

Exemple: **1** *a choisi*

L'APEVES [**1** *choisir*] de monter un générateur photovoltaïque chez Monsieur Lefèvre, dont la maison [**2** *se trouve*] près du distributeur local d'électricité et qui [**3** *s'intéresse*] déjà à l'idée d'électricité renouvelable. On [**4** *ne pas avoir besoin*] d'adapter sa maison, donc on [**5** *pouvoir*] réduire le coût. Monsieur Lefèvre [**6** *avoir*] déjà un moulin qui [**7** *produire*) de l'électricité hydraulique et il [**8** *expliquer*] que ce nouveau générateur [**9** *être*] utile en été, quand le soleil [**10** *briller*] et qu'il [**11** *utiliser*] plus d'électricité hydraulique en hiver. Il [**12** *vouloir*] non seulement profiter d'électricité verte, mais aussi montrer l'exemple aux autres.

6 Croyez-vous que les énergies renouvelables soient la seule solution au problème de nos besoins croissants d'énergie? Ecrivez environ 250 mots pour expliquer et justifier votre opinion.

Verdissons notre électricité!

Les générateurs photovoltaïques raccordés au réseau nous offrent la possibilité d'utiliser l'électricité solaire. Cependant, pour le moment, il n'y en a pas beaucoup en France pour, entre autres, des raisons de coût des systèmes et de complexité des procédures. C'est pourquoi nous avons créé l'Association pour la Production et la Valorisation de l'Electricité Solaire (APEVES). Avant nous, il n'y avait pas d'aide pour ceux qui voulaient que leur électricité soit "verte", mais maintenant, ça existe.

Nous mettons en place des générateurs raccordés au réseau. Nous vendons des bons aux personnes qui veulent participer au développement de l'électricité solaire mais à qui il manque la place ou les moyens. Un bon représente une "portion" de panneaux et garantit au propriétaire qu'une part de son électricité est solaire.

Pour financer ce projet, nous avons obtenu une subvention du Conseil Régional de Franche-Comté et nous avons déjà inscrit 270 personnes. Nous recherchons activement des souscripteurs supplémentaires. Nous utilisons le toit de deux professeurs retraités et nous produisons de l'électricité 100% renouvelable que nous vendons à EDF*, le distributeur local d'électricité.

*Electricité de France

Pour en savoir plus...

Philippe Lefèvre a permis à l'APEVES d'installer leur premier générateur photovoltaïque sur son toit. Il nous a parlé.

● **Pourquoi vouliez-vous participer à ce projet?**

■ J'ai toujours été très intéressé par l'idée des énergies renouvelables. On nous a dit qu'on cherchait un endroit près d'ici pour monter un générateur photovoltaïque et puis j'ai invité un représentant de l'APEVES à venir nous voir. Il paraît que notre maison était juste ce qu'il fallait…

● **Et ça veut dire quoi, exactement?**

■ En fait, beaucoup de toits sont aptes à accueillir des générateurs photovoltaïques. Il faut tout simplement un toit incliné et qui ne comporte pas d'ombrage significatif. Ce qui était encore mieux ici, c'est que la ligne aérienne du distributeur local d'électricité n'est pas loin, donc le coût du raccordement au réseau est réduit.

● **Et êtes-vous content du projet?**

■ Je suis très fier de faire partie d'un projet si innovateur. Nous avons aussi un moulin qui produit de l'électricité hydraulique. Ces deux systèmes sont complémentaires: on se sert du photovoltaïque plutôt en été et de l'hydraulique plutôt en hiver, et je crois que cela constitue un exemple d'un "mix" intelligent vis-à-vis de la consommation d'électricité. Toute notre électricité est renouvelable, ce qui montre que c'est possible et donne, je l'espère, un bon exemple aux autres.

Le nucléaire: pour ou contre?

Nous savons que les combustibles fossiles vont s'épuiser et qu'il faut trouver d'autres sources d'énergie. Est-ce que le nucléaire nous offre une solution efficace et sans risques?

1a Survolez les extraits A–H de la page 43 et notez s'ils sont pour ou contre l'énergie nucléaire.

1b Dans quel article lit-on que...?

1 On ne sait pas comment disposer des déchets nucléaires.

2 Construire des centres d'énergie renouvelables peut détruire l'environnement.

3 En ce qui concerne le dioxyde de carbone, la France pollue moins que les autres pays européens.

4 On a caché la vérité concernant le nombre de victimes d'un accident nucléaire.

5 On ne peut jamais éliminer tous les risques du nucléaire.

6 La production d'énergie traditionnelle est beaucoup moins efficace que le nucléaire.

7 On a peur que quelqu'un aille profiter du nucléaire pour faire la guerre.

8 La plupart des Français sont pour le nucléaire.

9 On a manifesté récemment contre le nucléaire.

10 On devrait dépenser plus d'argent pour rechercher de nouvelles possibilités.

11 Les énergies renouvelables sont moins efficaces que les centrales nucléaires.

12 Le nucléaire offre des avantages économiques pour la France.

1c Inventez un titre pour les extraits A–H.

Exemple: A – La France: moins polluante que ses voisins?

2a Ecoutez cinq personnes donner leur opinion sur le nucléaire. Qui est pour et qui est contre?

2b Réécoutez et complétez ces phrases.

a On devrait cesser au plus tôt le nucléaire à cause...

b Aux Etats-Unis, on...

c Deux avantages du nucléaire sont...

d Il y a des coûts associés au nucléaire qu'on risque d'oublier, par exemple...

e On devrait organiser...

3 Oui ou non à l'énergie nucléaire? Pour en discuter, répondez aux questions suivantes.

a Donnez trois dangers liés au nucléaire.

b Expliquez trois arguments pour la sécurité du nucléaire.

c Etes-vous plutôt pour ou contre le nucléaire? Pourquoi?

Compétences

Translating into English

● Be careful when translating words which look similar to English words. Sometimes the closest English word is not the best translation.

A Look at these words in context in texts A to C (page 43), then decide which is the best translation for each.

1 rejet

   a *rejection* b *emission* c *reject*

2 centrale nucléaire

   a *nuclear centre* b *nucleus* c *nuclear power station*

3 élevé

   a *high* b *elevated* c *rise*

4 pétrole

   a *petrol* b *high* c *petroleum*

5 inédit

   a *unedited* b *incorrect* c *unpublished*

6 largement

   a *greatly* b *largely* c *widely*

7 provoquées

   a *provoked* b *caused* c *irritated*

8 efficacité

   a *efficiency* b *effect* c *efficiently*

● When you are translating in an exam, you will have to guess the words you do not know. Look at the context of the word before deciding what it is likely to mean.

B Look at these words in context in passages E to H (page 43), then decide what they might mean.

1 le littoral   4 empêche

2 glissements de terre   5 atout

3 sont... survenus   6 partisans

4 Faites un débat en classe sur le thème suivant:

"On ne peut jamais justifier les risques du nucléaire. Il nous faut absolument trouver d'autres réponses à nos besoins en énergie."

5 Etes-vous d'accord avec la citation de l'activité 4? Ecrivez environ 300 mots pour expliquer et justifier votre opinion.

A

Le recours de la France au nucléaire fait de la France l'un des pays de l'OCDE les moins émetteurs en CO_2: en terme de <u>rejet</u> de CO_2 dû à la consommation d'énergie, la France n'émet que 1,6 tonnes de carbone par habitant, contre 2,7 pour l'Allemagne, 2,5 pour le Royaume-Uni et une moyenne de 2,27 pour l'Union européenne.

B

Une <u>centrale nucléaire</u> produit plus d'énergie qu'une centrale thermique classique, une tonne de charbon produisant autant d'énergie qu'un gramme d'uranium, et occupe beaucoup moins de place. Les ressources naturelles de la planète (gaz, charbon, pétrole) étant de plus en plus rares, le nucléaire permet d'économiser ces ressources, notamment pendant les phases de prix <u>élevé</u> des énergies primaires et en particulier du <u>pétrole</u>.

C

A l'occasion du 22e "anniversaire" de la catastrophe de Tchernobyl, de nombreux groupes locaux de Greenpeace ont organisé plus de 160 initiatives partout en France dans le cadre du "Chernobyl Day". Cette journée était l'occasion de rappeler le scandale qui perdure sur la minimisation des conséquences de cette catastrophe nucléaire. En 2006, Greenpeace a publié un rapport <u>inédit</u> réalisé par 60 scientifiques du Bélarus, d'Ukraine et de Russie, qui démontre que l'impact sanitaire de la catastrophe de Tchernobyl est <u>largement</u> sous-estimé par l'Agence Internationale de l'Energie Atomique (AIEA). Ce rapport conclut que 200 000 décès dus à la catastrophe ont déjà été constatés en Russie, au Bélarus et en Ukraine et qu'à l'avenir plus de 250 000 cancers, dont près de 100 000 mortels, découleront de la catastrophe.

Ces chiffres prouvent que le bilan mis en avant par l'AIEA, qui table sur 4 000 décès, représente une minimisation grossière de l'étendue des souffrances <u>provoquées</u> par Tchernobyl. "Vingt-deux ans après la catastrophe" déclare Frédéric Marillier, chargé de campagne nucléaire à Greenpeace France. "Il est temps de tourner la page du nucléaire et de construire une autre politique énergétique, axée sur la sobriété, l'<u>efficacité</u> et les énergies renouvelables."

D

Le réacteur nucléaire est la machine la plus complexe, la plus dangereuse et la plus chère que l'homme ait inventée pour faire bouillir de l'eau. Pire, il risque de proliférer à des fins militaires.

E

En installant des centrales éoliennes le long de tout le <u>littoral</u> français, de Dunkerque à Nice, et en espaçant de 300 mètres chaque unité, la production totale serait inférieure à celle réalisée par quatre centrales nucléaires. Les barrages (centrales hydrauliques) provoquent des modifications de l'environnement, entraînant des inondations, des <u>glissements</u> de terrain...

F

Le nucléaire est dangereux: l'installation d'une centrale nucléaire nécessite des précautions énormes et on ne peut pas être sûr d'une sécurité absolue. Beaucoup d'accidents <u>sont</u> déjà <u>survenus</u> dans des centrales, par exemple en Pennsylvanie et à Tchernobyl. Les déchets radioactifs posent un très gros problème: l'industrie nucléaire ne cesse d'en produire et on ne sait même pas quoi en faire. On les maintient donc en surface, ce qui met en danger les générations futures.

G

Le nucléaire <u>empêche</u> le développement des énergies renouvelables comme les éoliennes, les centrales hydrauliques, ou, dans certaines régions, l'énergie solaire, pourtant moins polluantes et moins chères. Le gouvernement n'investit pas assez dans la recherche en énergies renouvelables.

H

Le nucléaire présente un <u>atout</u> pour l'emploi en France et contribue au maintien d'un haut niveau scientifique sur le territoire national. Notre indépendance énergétique étant un objectif prioritaire, le choix du nucléaire pour produire les trois quarts de l'électricité en France retrouve une majorité de <u>partisans</u>.

Pronouns

Rappel

You need to be really familiar with all the different types of pronoun. Below is a summary of the most important types: check the grammar reference section (pages 128–131) for more information.

- direct object pronouns
  *Ces problèmes **nous** menacent tous.*
- indirect object pronouns
  *Je **lui** ai dit qu'il faut nous méfier du nucléaire.*
  *On **vous** a expliqué le problème?*
- reflexive pronouns
  *Tu **te** rappelles l'accident?*
  *Il ne **s'**est pas inquiété.*
- emphatic pronouns
  *Ce sont **eux** qui sont responsables.*
  *Tu veux venir à l'exposition avec **moi**?*
- *y* and *en*
  *Et la manifestation? Vous **y** allez?*
  *Non, je n'**en** ai pas entendu parler.*

Entraînez-vous!

1 Complétez chaque blanc avec le pronom qui convient.

a Ici en France, il ne ...... faut pas davantage de centrales nucléaires.

b ......, je ne crois pas que l'exposition soit intéressante.

c Comment ...... expliquer qu'il a tort?

d Les panneaux? Je ...... ai déjà commandés.

e On court le risque que cet accident ...... reproduira un jour.

f Je ne veux point ...... penser!

g Les ressources renouvelables? Oui, il faut ...... parler.

h Tu comprends les avantages? On .... a expliqués?

i Quels ...... sont les inconvénients?

2 Traduisez en français.

a Give it to me!
b I saw it yesterday.
c Talk about it!
d He showed it to them.
e Him? He has no idea!
f They argue constantly about that.

Rappel

Check the grammar section (pages 131–132) for lists of verbs which follow these patterns:

- verbs or verbal expressions which are followed by an infinitive
  *Qu'est-ce qui se passera? On **va voir**!*
  *Il **faut faire** plus de recherches avant de décider.*
  *Vous **pouvez demander** aux experts, si vous **voulez** en **savoir** plus.*
- verbs which are followed by *à* + an infinitive
  *Quand allez-vous **commencer à faire** des recherches?*
  *N'**hésitez** pas **à demander** de l'aide.*
  *Vous avez **pensé à acheter** des panneaux solaires?*
- verbs which are followed by *de* + an infinitive
  *J'ai **choisi de manifester** contre le nucléaire.*
  *On nous a **promis d'introduire** de nouvelles mesures.*
  *Le gouvernement **va essayer de** nous persuader.*

Entraînez-vous!

1 Écrivez des listes:

- 5 verbes suivis d'un infinitif
- 8 verbes suivis de *à* + infinitif
- 8 verbes suivis de *de* + infinitif

2 Complétez chaque blanc en utilisant un verbe de la case et la préposition qui convient.

a Mes voisins ont ...... mettre des panneaux solaires, parce qu'ils les trouvent laids.

b Nous devons ...... nous débrouiller avec moins d'énergie.

c On ne peut pas ...... gaspiller nos ressources!

d Les médias ont un rôle à jouer pour nous ...... comprendre la situation.

continuer * apprendre * refuser * aider

3 Traduisez en français.

a What should we do now?
b Will you accept reducing your energy needs?
c I'm afraid there is no choice.
d We must start to show a more responsible attitude.
e Perhaps we will succeed in solving the problem.
f Let's try to begin straightaway.
g We have just read the statistics.

Compétences

Translating from French into English

- Your translation should:
  - reflect the meaning of the original (activity 1)
  - match the style and register of the original (activity 2)
  - read like an original piece

  Some useful translation techniques to remember:
- look at phrases rather than individual words

  a Translate:

  Qu'est-ce que ça veut dire?

  Il faut de l'énergie pour faire bouillir de l'eau.
- beware of *faux-amis*

  b Translate: *Un jour, il n'y aura plus de pétrole.*

  Tu étudies l'environnement au collège?
- use context clues

  c Translate:

  Il faut produire des quantités inférieures. (translate as "inferior" or as "smaller"?)
- ensure you translate all details correctly, including adverbs, conjunctions and prepositions (*à, de, sur, on* are not always translated by the same word)

  d Translate: *Ne juge pas sur les apparences.*

  C'est à 200 km au nord du cercle polaire.
- pay attention to verb tenses and remember that some are different in French and in English

  e Translate: *Les débats sur ces thèmes existent depuis toujours.*
- translate a subjunctive with the English form that best fits: present, infinitive, etc.

  f Translate: *Bien que ce ne soit pas tout à fait une catastrophe, je m'inquiète quand même.*

  Il semblerait que les écologistes aient raison.

Entraînez-vous!

1 First, make sure you understand what the French text says. Discuss the paragraph of the text on page 39, which begins "Dans 50 ans, la voiture telle qu'on la connaît…" and discuss with a partner what the main points are.

2 Always think about the style of the passage. Look at the two sections of the article "Verdissons notre électricité" on page 41. How is the style of each different and how will your translation reflect this?

3 Compare the French passage below and its literal translation. Can you improve this translation? Write it out again using more natural English.

Selon les scientifiques, les forêts du monde renferment plus de 50 % de la biodiversité terrestre. Or dans le monde la dégradation de la forêt se poursuit à un rythme inquiétant. Chaque semaine, 200 000 hectares de forêts tropicales disparaissent. On estime que 20% des gaz à effet de serre émis dans l'atmosphère proviendraient de la déforestation. Une exploitation forestière peu respectueuse de la nature et de l'homme, ainsi que des coupes pour installer des plantations industrielles, telles que le palmier à huile et le soja, sont les causes principales de cette disparition.

Example: *According to scientists, the world's forests contain…*

According to the scientists, the forests of the world enclose more than 50% of the earth's biodiversity. Well, in the world the destruction of the forest is continuing at a worrying rhythm. Each week, 200,000 hectares of tropical forests disappear. One estimates that 20% of the greenhouse gases emitted in the atmosphere would come from deforestation. An exploitation of forests which is little respectful of nature and of man, as well as cutting down in order to install industrial plantations, such as palm oil trees and soya, are the main causes of this disappearance.

4 Now translate text C on page 43, making sure your English is as natural as possible.

Au choix

1a S  **Ecoutez et complétez la grille.**

Changements dans la consommation d'énergie		
	hausse (H) ou baisse (B)?	pourcentage
Domicile	H	1%
Transports		
Industrie		
Carburants routiers		
Hydroélectrique		
Eolien		
Photovoltaïque		

1b S **Réécoutez et répondez aux questions.**

a Les statistiques se réfèrent à quelle année?

b Pourquoi est-il surprenant qu'on ait vendu plus de carburants routiers?

c Qu'est-ce que cela montre?

d Qu'est-ce qui explique les statistiques concernant la production hydroélectrique?

e Pourquoi est-ce que les émissions par le secteur énergétique ont baissé?

2a Lisez l'article "Enfin des progrès!". Ensuite, recopiez les phrases suivantes et complétez-les avec vos propres mots.

a Dans l'avenir, on espère utiliser plus de ....

b Les émissions de gaz à effet de serre seront donc ....

c Encore mieux, cela ne coûtera ....

d Les deux sources principales d'énergies renouvelables sont ....

e Dans vingt ans, deux milliards de foyers ....

2b Relisez et retrouvez:

a 4 verbes au présent

b 2 verbes au conditionnel

c 1 verbe au passé composé

d 1 expression au passif

2c Traduisez l'article "Enfin des progrès!" en anglais.

Enfin des progrès!

Un peu partout dans le monde, on prend progressivement conscience de la rentabilité de ces sources d'énergie renouvelables. Certains scientifiques estiment que le potentiel en énergies renouvelables permettrait de stabiliser, voire de réduire les émissions mondiales des gaz à effet de serre d'ici à 2010 sans coûts supplémentaires. L'utilisation de l'éolien s'accroît de 30% chaque année: 20% des besoins en électricité du Danemark sont déjà couverts par des champs d'éoliennes. L'énergie solaire est aussi en pleine expansion et de récentes avancées technologiques ont amené les industriels à prédire qu'elle pourrait alimenter deux milliards de foyers en vingt ans.

3 Vous devez écrire un article pour un magazine français sur les attitudes des jeunes Britanniques envers l'énergie de l'avenir. Dressez une liste de questions que vous pouvez poser à d'autres élèves de la classe et notez leurs réponses. Ensuite, écrivez un article de 250 à 300 mots.

Exemples de thèmes à aborder:

- nos besoins énergétiques
- le gaspillage
- les différentes possibilités actuelles et futures
- votre opinion quant aux meilleures solutions

1 **Lisez le texte sur les camps d'été Emmaüs. Pour chacune des phrases, notez vrai (V), faux (F) ou information non-donnée (ND). Justifiez vos réponses.**

   a   Les volontaires des camps d'été sont des chômeurs ou des SDF (sans domicile fixe).

   b   Le camp dure un mois en été.

   c   Les jeunes doivent savoir travailler sur des machines en atelier.

   d   Les jeunes vivent séparément des compagnons de la communauté.

   e   Les jeunes peuvent participer à des discussions et à des débats.

   f   Après le camp d'été, les jeunes continuent à faire du bénévolat pour des œuvres caritatives.

2   **Partenaire A: Vous voulez participer à un camp d'été d'Emmaüs mais vos parents préfèrent que vous alliez en vacances avec eux ou que vous trouviez un job payé.**

   Préparez vos arguments pour les convaincre des avantages de cette expérience chez Emmaüs. Défendez votre point de vue en utilisant les renseignements donnés dans le texte et les expressions page 35.

   Partenaire B joue le rôle de votre père/mère.

Volontariat Emmaüs
Un camp de jeunes c'est quoi?

Tous les ans, durant l'été, des communautés Emmaüs en France et à l'étranger accueillent des jeunes volontaires français ou étrangers. Nourri et logé, tu vivras au rythme de la communauté en t'intégrant dans les ateliers ainsi qu'aux activités quotidiennes. Pendant le temps libre, les communautés organisent des activités afin de te faire découvrir la région. Elles organisent des rencontres afin de débattre sur des sujets d'actualité.

Travail

De 8 h à 12 h et de 14 h à 18 h, cinq jours par semaine. Tu travailleras en fonction de tes capacités. Le travail principal des communautés consiste à la récupération, au tri et à la vente d'objets. Tu pourras participer aux ramassages, aux ateliers et à la vente. Des équipes de deux à trois personnes récupèrent avec les camions chez les particuliers ou entreprises, les dons, meubles, objets divers, vêtements, etc. Des ateliers sont aménagés afin de revaloriser et de mettre en état ce qui a été récupéré. Les articles sont vendus dans les magasins appelés bric-à-brac.

But

▸ Découvrir les valeurs (politiques, économiques, sociales, culturelles) et le quotidien d'une communauté Emmaüs.

▸ Découvrir un engagement fort et développer ses propres initiatives.

▸ Rencontrer des compagnons et des jeunes du monde entier.

▸ Les recettes de vente permettent de faire vivre la Communauté et d'organiser des actions de solidarité au niveau local, national et international.

Les pionniers en écologie

– **Vous m'avez dit que vous habitez un quartier écologique. Alors, c'est quoi exactement?**

– Notre quartier se trouve en plein cœur de la ville, mais c'est un espace habité où l'on respecte l'environnement. Nous sommes fiers qu'aucun arbre n'ait été abattu pendant la construction et que les habitations

aient été réalisées en bois, en pierre ou en briques naturelles. Sur les toits une couverture herbeuse assure une bonne isolation.

– **Vous êtes alimentés en électricité?**

– Oui, quand même! Mais nous économisons le plus possible. Il y a un décompte mensuel qui donne un bilan-chauffage à chaque famille. Personne ne veut redescendre dans la liste et chacun fait de son mieux pour utiliser le moins possible. Nos toilettes à compost permettent d'économiser l'eau, tout en produisant un engrais pour le jardin.

– **C'est une bonne idée! Vous êtes combien ici?**

– 82 personnes, dont 39 adultes et 43 enfants. Nous avons construit cinq groupes d'habitations, reliées par une route non-asphaltée tout autour d'une place où l'on trouve la maison communautaire ainsi qu'un étang rempli d'eau douce.

– **Donc il s'agit d'une vraie communauté?**

– Oui et en plus nous nous sommes organisés en coopérative. Toutes les décisions concernant l'avenir de notre coopérative écologique doivent être prises après délibération et vote de tous les membres de la communauté.

– **Et tout cela sans disputes?**

– A dire vrai, pas tout à fait! Celui qui se sert trop de son auto se fait critiquer. Et quand, l'année dernière à Noël, le responsable des poubelles a trouvé une grande quantité d'emballages dans les ordures, la discussion a été animée!

– **Vous ne vous prenez pas trop au sérieux?**

– J'espère que non. Pour moi, apprendre l'esprit communautaire et la tolérance est aussi important que de tenir le rôle de pionnier en écologie.

3a Lisez notre interview avec Anne-Marie, habitante d'un quartier écologique. Aimeriez-vous mener une telle vie, vous aussi? Pourquoi?

3b Relisez l'interview sur le quartier écologique, puis recopiez et complétez les phrases avec vos propres mots.

a Les habitants se servent de matériaux "verts" pour leurs projets de construction, par exemple...

b Tout le monde peut voir le bilan d'électricité de ses voisins, donc chaque habitant essaie...

c Deux avantages des toilettes à compost sont...

d Le village comprend...

e Les habitants prennent leurs décisions ensemble, après avoir...

f Deux causes de disputes sont...

g Anne-Marie trouve qu'il est aussi important de... que de...

4a  Ecoutez quatre personnes qui parlent de leur visite du quartier écologique, puis recopiez et complétez la grille.

	Pour ou contre?	Raisons
Cédric	pour	il aime...
Louise		
Juliette		
Sébastien		

4b Réécoutez et notez en français les expressions suivantes.

Cédric

a It's not bad at all.

Louise

b If you really want to know what I think...

Juliette

c I'm really taken with the idea of...

Sébastien

d If we are discussing this project from a purely ecological point of view...

e There are lots of improvements to be made...

Comment protéger la planète

5

Après cette unité, vous saurez aborder les thèmes suivants:

▶ les petits gestes individuels qu'il faut faire pour être écolo

▶ comment se mobiliser pour protéger la planète

▶ les responsabilités des divers pays du monde envers l'environnement

Vous saurez mieux:

▶ vous servir du passif

▶ faire des épreuves à l'écoute

Page	Thème
50	Les petits gestes individuels
52	On se mobilise pour la planète
54	A l'échelle mondiale
56	Zoom examen
58	Au choix

Quiz: vous pensez écolo?

1 Quand vous achetez un bloc-notes, choisissez-vous...

  a parfois du papier recyclé?

  b sans exception du papier recyclé?

  c le moins cher?

2 Quels déchets ménagers recyclez-vous?

  a les journaux, les boîtes de conserve et les produits en verre

  b les bouteilles

  c rien du tout

3 Que faites-vous pour votre hygiène intime?

  a je prends une douche tous les jours

  b je prends un bain tous les jours

  c je fais les deux tous les jours

4 Que faites-vous avec les épluchures de légume?

  a je les mets à la poubelle

  b je les mets dans un sac en plastique avant de les jeter

  c nous avons un tas de compost dans le jardin

5 Est-ce que vous utilisez les sacs en plastique?

  a ah non, jamais! je préfère mon panier

  b oui, c'est super, les magasins en offrent toujours

  c oui, j'en ai toute une collection à la maison

6 Vous vivez à un kilomètre de votre lycée: vous y allez comment?

  a je prends le bus

  b j'y vais en voiture ou en taxi

  c j'y vais à pied ou en vélo

7 Utilisez-vous des produits verts pour faire le ménage?

  a ah oui, il faut faire un effort quand même

  b non, je ne les trouve pas efficaces

  c c'est quoi, les produits verts?

8 Est-ce que vous faites beaucoup de shopping?

  a c'est mon passe-temps préféré

  b ah oui, tous les week-ends

  c oui, mais je n'achète rien dont je n'ai pas vraiment besoin

SOLUTIONS

Lisez les solutions et puis trouvez votre "étiquette". Donnez-vous un point pour chaque bonne réponse.

1b 2a 3a 4c 5a 6c 7a 8c

8 ou 7	écolo accro
6 ou 5	écolo beaucoup
4 ou 3	écolo un peu
2 ou 1	écolo zéro

1a Faites le quiz: choisissez la réponse qui vous convient le mieux.

1b 🗣 Comparez vos réponses avec un(e) partenaire, puis discutez-en en classe.

Les petits gestes individuels

▶ *Quels sont les petits gestes individuels qu'il faut faire pour être écolo. En faites-vous assez pour sauver la planète? Suffiront-ils pour sauver la planète?*

1a  **A deux: vous avez deux minutes pour dresser une liste de choses qu'on peut faire au quotidien pour être écolo.**

1b **Présentez votre liste à la classe, puis écoutez les idées des autres.**

2 **Font-ils de leur mieux pour l'environnement? Marquez chaque phrase d'une coche (✓) ou d'une croix (✗).**

A Je sais que je gaspille parfois l'électricité.

B J'essaie toujours d'éteindre les lumières quand nous n'en avons plus besoin.

C Je devrais baisser un peu le chauffage central, mais je n'aime pas avoir froid.

D Je fais du covoiturage avec deux de mes voisins.

E La plupart du temps je mange des plats cuisinés que je réchauffe au micro-ondes.

F J'essaie d'éviter les emballages autant que possible.

3 **Ecoutez cinq personnes parler de ce qu'elles font, et ce qu'elles devraient ou pourraient faire en plus, pour protéger l'environnement. Recopiez et complétez la grille.**

4 **Lisez le texte et choisissez un mot de la case pour compléter chaque blanc.**

a Je ...... les déchets.

b Je place chaque élément ...... dans le ...... approprié.

c J'utilise des sacs ...... et je refuse les sacs ....

d Je privilégie les produits en plastique ....

e J'achète une ...... multicompartiments.

f Avant de ...... un journal, j'ôte le plastique qui l'...... .

g J'achète seulement la ...... dont j'ai besoin.

h Je recycle mes déchets pour en faire des objets ....

i J'...... de brûler les déchets ....

j Je ...... les emballages qui ...... un minimum de déchets.

* poubelle * utiles * génèrent * recyclable * entoure
* évite * jeter * conteneur * quantité * privilégie * trie
* biodégradables * recyclé * ménagers * en plastique

5a  **A deux: chacun(e) essaie de convaincre qu'il (elle) a une attitude plus responsable envers l'environnement que l'autre.**

Exemple: **A** *Je recycle tous mes journaux et mes boîtes de conserve.*
B *Oui, moi aussi, mais je trie aussi tous mes déchets, donc je recycle aussi... En plus, je...*
A *C'est bien, mais moi, je...*

5b **Préparez-vous à parler pendant 1–2 minutes au sujet des petits gestes que vous faites (ou ne faites pas!) pour protéger l'environnement. Utilisez plusieurs temps différents.**

Chez nous, nous essayons toujours de...
Moi, personnellement, je ne...
Nous devrions aussi...
Mais je ne me servirai jamais de...

action	devrait/pourrait faire
1	
2	

6a Dans quel paragraphe du texte lit-on les infos suivantes? Ecrivez A, B, C ou D.

1 Il faut se servir de nouvelles sources d'énergie.

2 Il vaut mieux expliquer pourquoi ces changements sont nécessaires.

3 Tout le monde peut jouer un rôle dans la protection de notre terre.

4 On explique un petit geste quotidien pour chaque jour.

5 Certains gestes ne donnent pas de résultats immédiats.

6 Il faut une attitude plus responsable envers la consommation d'énergie.

7 Il y aura des avantages pour les individus, mais aussi pour le pays entier.

8 La sensibilisation est aussi importante que les actions.

6b Find in the text the French for these expressions.

a restricting

b aiming to

c to improve

d behaviour

e the stakes

f many

6c Use ideas from the text to help you translate these sentences into French.

a Even simple ideas will have a big impact without constraining you.

b Reduce your energy waste by using renewable sources of energy.

c Plant a tree and you will reduce the effect of greenhouse gases on our planet.

d A change of behaviour is important, but awareness is just as important.

e The stakes are high and even simple gestures will make a difference.

f The good news is that we can improve everyone's quality of life.

7 "Les petits gestes individuels ne vont jamais sauver la planète." Etes-vous d'accord? Ecrivez environ 250–300 mots pour expliquer et justifier votre opinion.

Notre livre du mois: Sauver la Terre

A
Dans ce livre, on vous propose une action à mettre en œuvre chaque jour. Les gestes proposés ici sont simples, non contraignants et à la portée de tous. Et pourtant, ils peuvent avoir un impact énorme. Parfois aussi, l'acte proposé ne peut être accompli le jour même et représente davantage une information visant à susciter un changement de comportement à long terme.

B
L'idée qui sous-tend chacune des actions énoncées ici consiste, d'une part, à réduire le gaspillage énergétique, consommer de façon plus responsable, employer les énergies renouvelables et, d'autre part, à améliorer les capacités d'absorption des gaz à effet de serre de notre planète, par exemple en plantant un arbre. Par de tels actes et aussi par des prises de conscience pouvant influer sur un comportement futur, il est possible d'avoir un impact écologique majeur.

C
Pour agir, il faut comprendre. Pour chaque action proposée, on vous présente donc les enjeux et les conséquences que peuvent avoir un geste simple, un réflexe salutaire, maintes fois répété. La bonne nouvelle, c'est que ce qui est bon pour l'écologie est invariablement, à plus ou moins long terme, une solution rationnelle qui profite aussi bien à l'économie des ménages qu'à celle des gouvernements, ainsi qu'à la qualité de vie de chacun.

D
Le livre *Sauver la Terre* permet ainsi à tout un chacun de contribuer à son niveau à la sauvegarde de cette si belle planète que nous aimons tant!

Sauver la Terre
365 gestes verts au quotidien

l'Archipel

5

On se mobilise pour la planète

▶ *Comment se mobiliser pour l'environnement*

1 Vous voulez organiser une campagne écologique avec quelques amis au lycée. Parlez en groupe et faites une liste des choses que vous pourriez faire.

On pourrait... créer des posters, écrire..., organiser..., etc.

2a Survolez le texte et inventez un titre pour l'article et un sous-titre pour chaque paragraphe.

Changement climatique, pollution atmosphérique, maîtrise de l'énergie, érosion de la biodiversité: l'urgence environnementale est devenue l'un des défis majeurs de ce XXIème siècle. Un défi que les étudiants sont de plus en plus nombreux à vouloir relever. Sur les campus, les initiatives des associations étudiantes en faveur de l'environnement se multiplient: réalisation du diagnostic environnemental de leur université, promotion des transports alternatifs, création d'AMAP, mise en place de brigades de tri sélectif sur les festivals...

Pour créer une synergie entre leurs projets et donner plus d'écho à leurs actions, les associations du réseau Animafac ont décidé de se joindre et de porter collectivement une campagne nationale, en partenariat avec la Fondation Macif, l'ADEME et la Fondation Nicolas Hulot: "la Semaine étudiante de l'environnement".

2b Relisez et notez:
- trois problèmes concernant l'environnement
- trois projets typiquement organisés par des étudiants

2c Inventez un nom plus attirant pour "la Semaine étudiante de l'environnement".

3a Ecoutez l'interview sur une action écologique organisée par des étudiants de Besançon et complétez la phrase en moins de 15 mots.

Exemple: *The extract is about a group of students in Besançon who have...*

3b Réécoutez et répondez aux questions.

a Quel est le thème de l'action d'information?
b Expliquez les chiffres sur le recyclage en France et en Europe.
c Quand et où peut-on écouter l'émission Eco Action?
d Quels thèmes a-t-on déjà traités?
e Quel sera le thème des deux prochaines émissions?
f Pourquoi a-t-on décidé de faire une campagne de sensibilisation au tri des déchets sur le campus?
g Nommez deux autres choses organisées par ces étudiants.
h Expliquez les deux actions complémentaires organisées par d'autres étudiants.
i Quel est le but de ce groupe?
j Et quel sera peut-être leur nouveau slogan?

3c Complétez les blancs avec des constructions au passif. Utilisez les participes passés donnés, et faites attention aux temps et aux terminaisons.

Exemple: *Seulement 18% des déchets* **sont recyclés** *en France.*

a Seulement 18% des déchets ...... en France. [*recyclé*]
b Eco-Campus ...... tous les vendredis par Radio Campus Besançon. [*diffusé*]
c Deux émissions à venir ...... à la prévention des déchets. [*consacré*]
d Une action citoyenne ...... déjà .... [*organisé*]
e On avait remarqué que les bennes de recyclage du campus ...... peu .... [*utilisé*]
f Des bacs à papier ...... en place récemment dans les bureaux administratifs. [*mis*]
g Jusqu'ici, ces initiatives ...... et ...... à petite échelle et sur une période réduite. [*conçu, réalisé*]
h Pourtant, elles ...... dans l'avenir. [*développé*]

3d Traduisez les phrases de l'activité 3c en anglais.

Action Rivière Nature

Il ne faut pas être étudiant pour sauver la nature! Notre reportage sur un projet écologique à Neufchâteau dans les Vosges, montre ce qu'on peut réussir à faire lorsque toute une communauté se réunit pour agir. Notre reporteur a parlé avec le chef du projet "Action Rivière Nature", Bernard Grandet.

■ **En deux mots, comment peut-on décrire le projet Action Rivière Nature?**

● Eh bien, nous avons travaillé pendant dix ans pour transformer un cours d'eau insalubre en un paradis de la truite sauvage.

■ **Et c'est où exactement que vous avez fait ce miracle?**

● Il s'agit d'un ruisseau, un résurgence de la Meuse, longue de 1,5 kilomètres et large de 10 mètres. C'est un lieu situé dans l'ouest vosgien qui avait été dévasté par la pollution et l'érosion.

■ **Et vous avez travaillé à combien?**

● Il y a dix ans, 45 volontaires ont retroussé leurs manches et depuis ils ont effectué plus de 9500 heures de travail.

■ **Ce sont des gens du quartier?**

● Oui, des pêcheurs et d'autres amoureux de la nature.

■ **Vous avez travaillé le week-end?**

● En fait, nous avons travaillé exclusivement le dimanche, à l'exception des retraités qui sont venus aussi en semaine.

■ **Et quelles étaient les tâches principales?**

● Nous avons ramassé des débris de toutes sortes, redressé et nettoyé les rives, enlevé plus de 400 camions de vase, rechargé la terre végétale et restauré des édifices historiques.

■ **Je crois que vous avez planté des arbres aussi?**

● Ah oui, des saules et des aulnes. En plus, nous avons fait l'inventaire et le suivi de la faune aquatique.

■ **Et là aussi vous avez eu du succès?**

● Oui, oui, je suis très fier de pouvoir vous dire que la truite fario, autrefois si rare, y a incroyablement prospéré. On compte aujourd'hui un spécimen de 60 centimètres (donc, environ 2 kilos) tous les 10 mètres.

■ **Quel a été le facteur clé de cette réussite?**

● Alors là, je n'hésite pas – notre réussite est due à la force humaine. Grâce aux bénévoles nous avons pu restituer ses droits à la nature.

4a Lisez le reportage et choisissez un verbe pour compléter chaque expression ci-dessous.

a ...... un cours d'eau insalubre

b ...... ses manches

c ...... 9500 heures de travail

d ...... des débris

e ...... les rives

f ...... des tonnes de vase

g ...... des édifices

h ...... des arbres

i ...... le suivi de la faune aquatique

j ...... ses droits à la nature

4b Ecrivez un court résumé du projet.

Exemple: *Action Rivière Nature a travaillé pendant dix ans sur un ruisseau pollué. Quarante-cinq volontaires...*

5 Choisissez ou inventez une action écolo et préparez une présentation (1–2 minutes). Vous devez expliquer:

Le nom du projet et pourquoi vous le considérez important...
Ce que vous allez faire...
Avec qui vous allez travailler...
Les résultats que vous espérez obtenir...

6 Faites des recherches sur un projet écologique en France et écrivez un rapport de 200 mots. Expliquez les détails, puis donnez votre opinion personnelle sur les buts et le succès de l'action.

A l'échelle mondiale

▶ *Jusqu'à quel point les pays industriels ont-ils provoqué la crise écologique? Quelles sont leurs responsabilités? Les autres pays ont-ils eux aussi des devoirs dans ce domaine?*

1a **Ecoutez et lisez les opinions des quatre jeunes et discutez-en en groupe. Avec qui êtes-vous d'accord? Connaissez-vous des exemples concrets?**

1b Reliez chaque jeune avec le texte (A–D) de la page 55 qui parle du même problème.

1

Nous, dans les pays industrialisés, on achète des marchandises et des matières premières aux pays moins riches à des prix fous. Peu importe si on exploite les ouvriers d'un autre pays ou si on détruit leur paysage.

2

Les grandes entreprises internationales ont une énorme responsabilité à cet égard. Elles sont toutes-puissantes et pourraient vraiment changer les choses si elles le voulaient. Mais, évidemment, elles ne pensent qu'aux bénéfices.

3

Eh oui, surtout parce que parmi les pays en voie de développement il y en a pas mal qui sont très polluants. Leur économie est en pleine croissance, leur industrie se développe à une vitesse incroyable, et cela cause d'énormes problèmes.

4

Les pays riches n'ont pas peur d'endommager les autres. Si on a des déchets et qu'on ne sait pas comment s'en débarrasser, on peut toujours les envoyer ailleurs. Facile, non?

2a Relisez l'article "De plus en plus de pollution en Chine" et pour chacune des phrases, notez vrai (V), faux (F) ou information non-donnée (ND).

a La Chine est un des pays les plus pollués du monde.

b Les Chinois sont plutôt positifs concernant l'avenir du point de vue écologique.

c Des mesures ont déjà été prises pour améliorer la situation.

d L'atmosphère du pays est souvent nocive.

2b Relisez l'article "Hors de vue" sur les déchets d'uranium et complétez les phrases.

a Depuis des décennies, on exporte ....

b Puisque les données sont rares et bien cachées, on ne sait pas ....

c Mais on sait que l'entreprise TENEX ....

2c Relisez l'article "Les Amis de Nanga Eboko" sur la déforestation et choisissez la bonne réponse à chaque question.

1 La BAD est-elle pour ou contre l'importation du bois du Cameroun?

a pour b contre c pour, sous certaines conditions

2 Est-ce que la société importatrice a agi illégalement en France?

a oui b non c on ne sait pas

2d Relisez l'article "Les 'orangs-outans' manifestent" et traduisez ces phrases en français.

a Greenpeace wants all multinational companies to join their appeal against the destruction of forests in Indonesia.

b Activists disguised themselves as orang-utangs and demonstrated in a number of towns where Unilever have factories.

c Following the demonstration, Unilever's chief executive agreed to support the demands.

d He even promised that Unilever would use only sustainable palm oil in its products by the year 2015.

3 **Ecoutez le reportage sur le sommet MEM (*Major Economies Meeting*) et répondez aux questions.**

a Quels pays participent au sommet?

b Quelle est leur contribution à l'effet de serre?

c Quels seront les deux thèmes principaux de ce sommet?

d Qu'est-ce que les Etats-Unis ont accepté de faire?

e Quels pays sont les deux premiers pollueurs du monde?

f Qu'est-ce qu'ils ont en commun?

g Quels pays sont contraints par le Protocole de Kyoto?

h Quelle est la limite de la "déclaration des leaders" qu'on espère publier à la fin du sommet?

4 Faites des recherches sur un problème écologique qui vous semble d'une importance mondiale. Ensuite, préparez un exposé de 2 à 3 minutes que vous présenterez à la classe.

A

De plus en plus de pollution en Chine
Les risques écologiques majeurs se multiplient. La cause: la nature de la croissance économique.

"Le mode de croissance ici en Chine entraîne de graves dommages environnementaux. Le tiers de nos sols est souillé par des pluies acides; 41% des sept grands fleuves chinois souffrent d'une pollution de niveau 5; un quart de la population boit et utilise une eau non potable; cinq des villes les plus polluées au monde se trouvent en Chine… Si nous ne mettons pas un frein à la pollution liée au développement en restructurant l'industrie, en promouvant une économie de recyclage et les énergies nouvelles, il est à craindre que la pollution atteigne un niveau irréparable." Ce bilan terrible est dressé par les Chinois eux-mêmes. Ils sont de plus en plus nombreux en Chine à s'alarmer des conséquences écologiques d'une industrialisation fulgurante et non contrôlée sur le plan écologique.

Plus de 400 000 personnes meurent prématurément chaque année en Chine en raison de la pollution de l'air, affirmait encore la semaine dernière un expert d'un centre de recherches gouvernemental. Les centrales électriques au charbon sont la cause principale de la pollution de l'air, avec les usines et le nombre croissant d'automobiles.

B

Hors de vue

Devant les montagnes de déchets d'uranium qui s'accumulent, les industriels français, ont trouvé une solution: l'exportation vers la Russie. Depuis les premières exportations il y a quarante ans, plusieurs dizaines de milliers de tonnes de déchets d'uranium ont été entreposées en Russie par des pays européens. Il est difficile de connaître les chiffres exacts de déchets d'uranium envoyés en Russie parce que les données sont rares et bien cachées. Cependant diverses preuves d'un tel commerce existent et démontrent l'ampleur du trafic.

Lors du débat public organisé le 8 octobre à la Villette, EDF a reconnu avoir des contrats avec plusieurs compagnies étrangères dont l'entreprise russe TENEX. Mais lorsque les questions se sont faites plus précises afin de connaître les quantités, Monsieur Granger représentant EDF a alors estimé que c'était "indécent" de parler de telles choses.

C

Les Amis de Nanga Eboko

La Brigade d'Action contre la Déforestation (BAD), un groupe de militants issus des Amis de la Terre a organisé une première saisie de bois illégal dans le port de Nantes et verbalisé la société importatrice. Ses buts: dénoncer l'absence de loi contre le commerce de bois illégal et réclamer que seulement du bois coupé légalement entre en Europe.

Ce bois saisi aujourd'hui est issu du pillage de plusieurs milliers d'hectares de forêts autour de Nanga Eboko (Province du Centre, Cameroun). Cet exemple n'est pas isolé: un rapport des Amis de la Terre montre comment du bois coupé illégalement au Cameroun peut être importé légalement en France.

D

Les "orangs-outans" manifestent

Greenpeace salue l'appel d'Unilever pour un moratoire immédiat sur la destruction des forêts indonésiennes et invite les autres multinationales qui utilisent de l'huile de palme dans leurs produits, telles Nestlé et Procter & Gamble, à se joindre à cet appel.

Ce moratoire est une excellente nouvelle pour les orangs-outans vivant dans les forêts indonésiennes, qui sont menacés d'extinction. Lundi 21 avril, des activistes de Greenpeace déguisés en orangs-outans s'étaient introduits dans les bureaux et les usines d'Unilever de plusieurs villes européennes pour dénoncer le rôle de la multinationale dans la déforestation en Indonésie.

Depuis le 21 avril, Greenpeace mène une campagne pour faire pression sur Unilever dont les produits *Dove* contiennent de l'huile de palme. Suite à cette campagne, Patrick Cescau, PDG[1] d'Unilever, a annoncé hier qu'il soutenait la demande de Greenpeace de cesser de contribuer à la destruction des forêts anciennes et des tourbières[2] en Indonésie. Il s'est également engagé à n'utiliser dans ses produits que de l'huile de palme durable d'ici 2015.

[1]PDG (président-directeur général) *managing director*
[2]tourbières *peat bogs*

Zoom examen

The passive

Rappel

The passive is formed using *être* and a past participle:
*C'est vite **oublié**.*
The past participle in a passive construction must agree with the noun to which it refers:
*Tous les problèmes **sont résolus**.*
The passive can be found in any tense:
*Une nouvelle centrale **sera construite**.*
*La manifestation **a été organisée** par un groupe d'étudiants.*

Rappel

The passive occurs less often in French than in English and can sound clumsy. Some ways to avoid it include:
use *on*
*Des communiqués de presse **seront écrits**.*
→ ***On écrira** des communiqués de presse.*
change the subject of the sentence
*La manifestation **est organisée** par les étudiants.*
→ ***Les étudiants organisent** la manifestation.*
use a reflexive verb
*Un débat sur les déchets toxiques **a été ouvert**.*
→ *Un débat sur les déchets toxiques **s'est ouvert**.*

Entraînez-vous!

1 Read the extracts, then copy and translate the passive form in each one.

*Example: **a** seront fermés – will be closed*

a La plupart de nos réacteurs seront fermés avant 2020.

b La sécurité doit être assurée.

c Une vaste consultation a été organisée.

d Un héritage toxique nous sera légué.

e Combien de cancers auront été causés?

f Cette politique n'est pas du tout justifiée.

g Notre indépendance énergétique est menacée.

h Des gaz toxiques avaient été libérés.

i L'accident nucléaire ne va jamais être oublié.

j Toute une région était contaminée.

2 Tick the past participles in your notes from activity 1 to which agreement has been added, and give the noun with which each agrees. Explain why some past participles have no added agreement.

Example: fermés – réacteurs

3 Translate into French.

a A new campaign will be organised.

b The press were invited to the open day.

c These problems are not well known.

d The leaflets had not been distributed to all areas of town.

e Posters will be designed and sent out to everyone.

f Journalists will be invited to write articles about our project.

Entraînez-vous!

4 Rewrite each sentence avoiding the passive.

a Est-ce qu'assez de déchets sont recyclés?

b Trop de sacs en plastique sont distribués à la caisse.

c Le tas de compost sera construit par qui?

d Toutes ces ordures doivent être ramassées.

e Des abris à bicyclette ont été mis à la disposition des élèves.

f Tous les papiers ont été jetés par terre par les enfants.

Compétences

Listening skills: general tips

The easiest way to improve understanding when listening to French is to do plenty of it! Ways to practise include:

● Ask your teacher for some listening material, and preferably for the transcripts to go with it. Listen first, then follow the printed text at the same time, then listen again. By then, you should understand everything.

● Watch French films – watching with English subtitles is still good practice, but try short sections with the subtitles switched off.

● Find some French TV or radio stations and tune in for short periods. You will find it fast and furious, but you will definitely understand more after some practice. Keep going – and remember this will make examination recordings seem much easier by comparison!

Compétences

Listening skills: practice

The activities below practise some useful skills for listening tasks:

● guessing unknown vocabulary

● giving enough information to get all the marks

● answering questions precisely and using the wording of questions in French to help you formulate the answers

Entraînez-vous!

1 Listen to the passage "Les vacances vertes" and guess the meaning of any of these words which are unfamiliar to you.

a une tortue marine   f (quelques) consignes (simples)

b un thermos   g contourner

c l'ancre   h balisés

d (en bon) état   i graver

e la fuite

2 Read the questions (activity 3) and discuss with a partner why the answers to certain questions are worth more than one mark.

3 Listen to the whole passage again and answer the questions in English.

a What should listeners do when they are on holiday? (1)

b What two measures should you take to avoid polluting the beach with your rubbish? (2)

c Which sea creature will be helped by your actions and why? (3)

d What should people in charge of a boat do as little as possible? (1)

e Why is important to keep the engine in good condition? (2)

f List four things you should do to protect the countryside when visiting. (4)

g Name two things you should not do in a natural environment. (2)

4 Listen to the passage "Des puits pour le Niger" and match the questions (1–7) to the phrases (a–g), which summarise what sort of answer you might expect.

1 Pourquoi est-ce que ce projet est différent de beaucoup d'autres initiatives d'étudiants? (1)

2 De quoi est-ce le communauté au Niger avait besoin? (1)

3 Comment voulaient les étudiants de Languedoc Roussillon les aider? (1)

4 Où et quand est-ce que ce projet a commencé? (2)

5 Comment est-ce que les étudiants ont collecté des fonds? (1)

6 Pourquoi ont-ils choisi le Niger ? (1)

7 Qu'est-ce que le représentant de la communauté nigérienne a fait pendant sa visite en France? (2)

a a date and a place

b link already existed? help was urgently needed?

c a comparison of some kind – cheaper? more successful?

d buying them something? building them something?

e thanked them? brought a gift? showed photos?

f sponsored events? street collections? cake sales?

g money? something practical?

5 Write an answer to question 2 which begins "Les gens au Niger avaient besoin…"

6 Use vocabulary from the sentence below, taken from the text, to formulate your answer to question 5. (Tip: turn either "*organisées*" or "*manifestations*" into a verb to help you.)

De nombreuses manifestations ont été organisées afin de sensibiliser à la problématique de l'eau dans le monde et de collecter des fonds pour…

7 Complete your answers to the other questions in activity 4.

Au choix

1 S 🎧 **Ecoutez les deux extraits et répondez aux questions.**

1 Une journée d'action

  a Quel est le but de la journée? (1)

  b Donnez un exemple concret du problème dont il s'agit. (2)

  c Expliquez pourquoi il s'agit d'un problème urgent. (4)

2 Encore une campagne Greenpeace

  a Comment décrit-on l'exploitation actuelle des ressources marines? (1)

  b Pourquoi représente-t-elle un problème? (2)

  c Quel est le but de la campagne de Greenpeace? (2)

2a Survolez les quatre extraits (A–D) et écrivez un titre pour chacun.

2b Relisez les quatre extraits, puis traduisez en français.

  a Does putting a sticker on your windscreen encourage other drivers to protect the environment?

  b The "*covoiturage*" system encourages drivers to share their car and take a passenger who is going to the same place.

  c This helps in the fight against pollution and helps people get to know their neighbours.

  d If you are allowed to drive your car only on "odd" or "even" number days, that will reduce the traffic problems in built-up areas.

  e On no-car days, people should leave their car in the garage and use public transport.

  f This new habit will reduce air pollution and the other disadvantages of cars.

3 En groupe: vous fondez un groupe "Action Ecologie" au lycée et il y a trois tâches à faire:

  a Préparez une publicité pour votre première campagne, soit à publier dans un journal, soit à diffuser sur la radio locale. Expliquez les détails du projet, le travail qu'il faut faire et demandez aux lecteurs/auditeurs de venir vous aider.

  b Préparez un discours à présenter aux autres classes. Parlez du respect pour l'environnement dans la vie quotidienne, par exemple la vie domestique, l'école, les transports, le shopping.

  c Ecrivez une liste de slogans pour toutes les campagnes que vous mènerez pendant l'année scolaire.

A **La pastille verte**

La pastille verte est un auto-collant que le conducteur affiche sur son pare-brise. Il montre que son véhicule est équipé d'un pot d'échappement anti-pollution. Par ce geste, on espère faire de la publicité pour inciter les autres à en faire autant.

B **Le covoiturage**

Trop de voitures circulent conduites par une personne sans passager. Le covoiturage veut dire que les gens partagent la même voiture, par exemple pour se rendre à leur travail ou au centre commercial, ou encore s'organisent quand ils ont les mêmes occupations, comme des cours du soir ou une sortie à la piscine. Ce système a l'avantage de combattre la pollution mais aussi de rapprocher les gens dans leur environnement immédiat.

C **La circulation alternée**

Dans les agglomérations où le problème de circulation est sévère, nous proposons la circulation alternée. Celle-ci permet aux conducteurs qui ont une plaque d'immatriculation avec un chiffre pair de circuler les jours pairs et aux autres véhicules de circuler les jours impairs.

D **La journée sans voitures**

En organisant des journées sans voitures, nous aimerions inciter la population à utiliser les transports en commun. Ces journées réduisent de manière considérable la pollution atmosphérique, le bruit et les accidents de la route, tout en créant des habitudes nouvelles.

Les technologies nouvelles

6

Après cette unité, vous saurez aborder les thèmes suivants:	Vous saurez mieux:	Page	Thème

Après cette unité, vous saurez aborder les thèmes suivants:

▶ les technologies nouvelles dans la vie quotidienne

▶ l'avenir de la génétique humaine

▶ le pour et le contre des organismes génétiquement modifiés

Vous saurez mieux:

▶ utiliser le futur antérieur

▶ vous exprimer dans un français plus complexe

Page	Thème
60	Ma vision du futur
62	Progrès et peurs
64	Les OGM: danger planétaire?
66	Zoom examen
68	Au choix

1 La pollution génétique menace notre santé, notre environnement et notre alimentation!

2 Nous vivrons demain dans un monde piloté par des ordinateurs intelligents.

3 Non à la société de surveillance!

4 Les Européens ne veulent toujours pas d'OGM dans leur assiette.

5 Les conséquences du clonage humain?

6 Le séquençage du génome a ouvert des horizons médicaux.

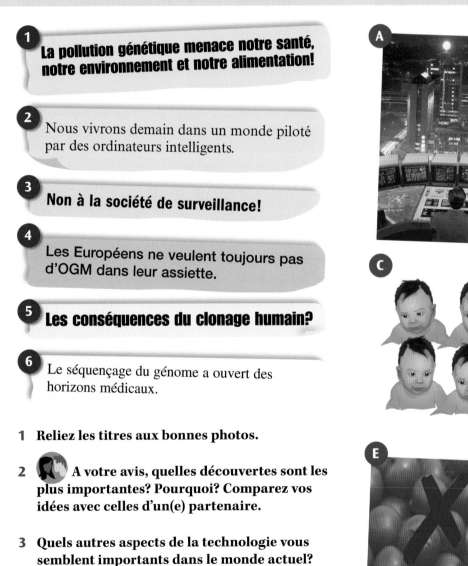

1 Reliez les titres aux bonnes photos.

2 🗣 A votre avis, quelles découvertes sont les plus importantes? Pourquoi? Comparez vos idées avec celles d'un(e) partenaire.

3 Quels autres aspects de la technologie vous semblent importants dans le monde actuel?

Ma vision du futur

▶ *Comment vivrons-nous demain avec les technologies nouvelles?*
Comment imaginez-vous la vie quotidienne de l'avenir?

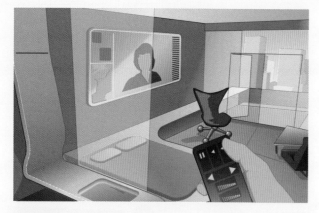

Ce matin, comme d'habitude, l'ordinateur central lance le programme de la journée. Réveillé par la musique de son choix, Thomas fonce dans la salle de bains, où l'eau de la douche, programmée à la bonne température, le réveille en douceur. Mais au moment de se brosser les dents, sa bonne humeur disparaît. Le lavabo a détecté des traces de sang gingival et l'avertit: *"Attention! Il est temps de prendre rendez-vous chez le dentiste."*

Dans la cuisine, le café est prêt et il y a des croissants chauds dans le four. Le petit déjeuner est programmé pour sept heures

précises. Dès que Thomas s'assied, l'écran vidéo sur le mur de la cuisine s'allume et il regarde le bulletin d'infos, que le système a téléchargé avant. Quand il sort de la cuisine, tout s'éteint automatiquement, sauf le petit robot domestique qui remplit le lave-vaisselle et déclenche le nettoyage électronique.

Retour dans la chambre: aujourd'hui, c'est jour de réunion, et Thomas ne peut pas travailler chez lui dans son bureau virtuel. Pour décider de sa tenue, il demande conseil à l'ordinateur incrusté dans son armoire. Aussitôt qu'il a choisi sa chemise, le robot-valet lui apporte une cravate parfaitement coordonnée.

Une sonnerie indique qu'il est temps de partir, et Thomas sort de la maison. Il voit la porte et les fenêtres se fermer à clé derrière lui et l'alarme antivol s'allumer automatiquement. En montant dans la voiture, il scanne le code à barres imprimé sur sa carte d'identité, qui indique le lieu de la réunion. Thomas a bien programmé sa voiture, qui le transportera directement à sa destination. Son GPS intégré reste muet. Thomas ferme les yeux…

1a Lisez l'article sur la vie quotidienne de l'avenir. A deux, relevez les phrases dans le texte qui décrivent les technologies nouvelles.

> *Exemples: l'ordinateur central, programmée, …*

1b Complétez le résumé avec les verbes de la case.

A l'avenir, on **[1]** dans une maison intelligente, où il y **[2]** des ordinateurs partout. Dans la salle de bains, la température de l'eau **[3]** programmée et le lavabo vous **[4]** des problèmes dentaires. Dans la cuisine, les repas **[5]** automatiquement et des robots **[6]** du travail ménager. Dans la chambre, des ordinateurs vous **[7]** à choisir des vêtements convenables.

avertira * sera * aideront * vivra * s'occuperont
* ont * aura * se prépareront

1c Comment sera la vie à l'avenir? Lisez ce que fait Thomas, et complétez les phrases suivantes, en utilisant des verbes au futur.

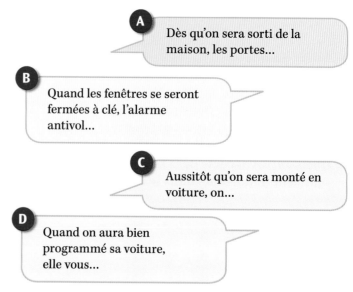

A Dès qu'on sera sorti de la maison, les portes…

B Quand les fenêtres se seront fermées à clé, l'alarme antivol…

C Aussitôt qu'on sera monté en voiture, on…

D Quand on aura bien programmé sa voiture, elle vous…

2a **Ecoutez Caroline, Julien et Marion, qui parlent de la vie en 2050, telle qu'ils l'imaginent. Qui mentionne les aspects suivants?**

- les déplacements en ville
- le monde du numérique
- la paix mondiale
- les jet-pack individuels
- la consommation d'énergie
- les achats au cybermarché
- le tourisme spatial

2b **Ecoutez encore une fois. Pour chaque expression de l'activité 2a, écrivez une phrase pour expliquer ce qu'on dit à ce sujet. Utilisez les verbes clés ci-dessous.**

s'adapter * inventer * gaspiller * limiter * équiper * s'unir * résoudre * développer * se déplacer * établir * prendre (des mesures)

2c **Ecoutez encore une fois. Pour chaque personne, notez au moins un autre détail.**

3 **Voyage dans le futur! Imaginez que vous avez la possibilité de voyager dans le temps et que vous arrivez en France en 2050. Vous y faites la connaissance d'un(e) jeune de 18 ans. Vous lui posez des questions sur sa vie quotidienne.**

A deux, préparez la conversation. Utilisez les idées et les expressions tirés des activités précédentes.

Comment est ta maison?   Où travailles-tu?
Que fais-tu le soir?

4 **"Ma vision du futur". Comment voyez-vous le monde de demain? Comment sera la vie quotidienne? Le travail? Le temps libre? Les déplacements? L'environnement? Ecrivez une description à ce sujet. Utilisez le futur et le futur antérieur.**

Grammaire ➡️ 138 ➡️ W78

The future perfect tense

- Most of the verbs in this unit are in the **future** tense, as people are describing how things will be in the future.
- The **future perfect** (*futur antérieur*) is used to say what **will have happened** before something else in the future. It is often used after conjunctions such as *quand* (when), *aussitôt que* (as soon as) and *dès que* (after), and is formed by using the future tense of the auxiliary verb *avoir* or *être* with the past participle:

*Aussitôt que **j'aurai programmé** l'ordinateur, **il fera** tout automatiquement.*

As soon as **I (will) have programmed** the computer, **it will do** everything automatically.

A Study the sentences in activity 1c, which contain both the future and the future perfect tense. Can you explain why the future perfect is needed each time?

B Translate into English the following sentences from the activity 2 interview.
   a On aura inventé beaucoup de nouvelles machines, qui nous rendront la vie quotidienne plus confortable.
   b Dès qu'on aura mis en place des transports publics rapides et gratuits, on n'aura plus besoin de voiture individuelle.
   c Les scientifiques auront développé des moyens de transport non-polluants; on se déplacera dans une voiture volante.

C Listen again to the speakers in activity 2. Note down the other examples of the future perfect tense used and translate them into English.

Progrès et peurs

▶ *Quelles sont les conséquences des avancées génétiques? Permettront-elles de mieux soigner les maladies génétiques? Quels problèmes éthiques soulèvent-elles?*

1a Etes-vous bien informé(e) en ce qui concerne les avancées médicales? Reliez les découvertes et les inventions à la bonne date.

> 1796 * 1853 * 1895 * 1928 * 1954 * 1967 * 1978 * 2000

a la pilule contraceptive

b l'aspirine

c la greffe du cœur

d les rayons X

e le premier bébé-éprouvette (enfant né par fécondation in vitro)

f la vaccination

g la pénicilline

h le séquençage du génome humain

1b A deux, choisissez les trois découvertes de la liste a–h qui ont été, selon vous, les plus importantes pour l'humanité. Présentez vos idées à la classe et justifiez votre choix.

2 A votre avis, quelle sera la prochaine grande avancée médicale? Quelle sera son importance? Quelles découvertes espérez-vous qu'on fera au cours des vingt prochaines années?

3a Lisez les cinq messages (page 63). Notez pour chaque personne si elle est plutôt optimiste ou pessimiste en ce qui concerne la génétique.

3b Qui parle?

a Les avancées génétiques facilitent le diagnostic des maladies graves.

b L'identification génétique joue un rôle important dans la criminalistique.

c Les manipulations génétiques pourraient créer un monde peuplé de personnes trop parfaites.

d Il faut réfléchir avant de créer des banques d'organes.

e Dans le futur, les scientifiques pourront influencer la façon dont l'humanité évoluera.

f Grâce à la génétique, on aura la possibilité de guérir beaucoup de maladies héréditaires.

3c Relisez les messages et faites une liste des arguments pour et contre les manipulations génétiques.

3d Avec qui êtes-vous d'accord? Comparez vos opinions avec celles d'un(e) partenaire, et justifiez votre point de vue.

4a Vous allez écouter une interview avec un généticien qui parle de son travail et de l'importance du séquençage du génome humain. Avant d'écouter, cherchez ces mots clés dans un dictionnaire bilingue.

> le malentendu * un handicap auditif
> une malformation congénitale
> une riposte thérapeutique
> une vision d'ensemble * la topographie * la mutation
> la mise au point * l'incapacité * l'excitation médiatique

4b Ecoutez l'interview avec le docteur Munnich. Résumez ce qu'il dit en anglais, en traitant les aspects suivants:

- the work of the *Centre Necker*
- developments in genetics in the 1980s and 90s
- how the mapping of the human genome helped their work
- future progress
- factors affecting public understanding of science

5 "Les avancées génétiques sont en train de transformer notre société". Etes-vous d'accord? Rédigez une courte dissertation à ce sujet où vous considérez les avantages et les inconvénients des progrès génétiques.

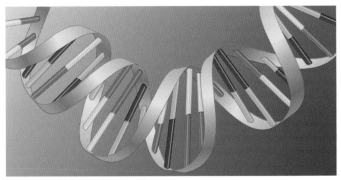

Structure de la molécule d'ADN

tribune**ados**

Message de: Vincent

Sujet: Progrès et peurs

Les manipulations génétiques soulèvent bien évidemment un problème éthique considérable, mais ce dernier ne doit pas faire oublier tout ce que les avancées dans ce domaine pourraient nous procurer. La connaissance des gènes permet déjà de savoir si une personne a un gène de prédisposition au cancer du sein ou de résistance au sida, par exemple. A mon avis, le séquençage du génome humain, le déchiffrement[1] de l'ADN[2] humain, représente un tremplin formidable pour la recherche biomédicale.

Message de: Mylène

Sujet: Progrès et peurs

Je ne suis pas tout à fait d'accord avec Vincent. Du point de vue scientifique, c'était une découverte formidable, mais à mon avis, intervenir dans la génétique humaine soulève à raison beaucoup de peurs. On voit déjà des populations uniformes, des parents choisissant le bébé de leurs rêves, des êtres écartés parce qu'ils ne correspondent pas à un certain type. Il me semble que la science va vite dégénérer dans le mauvais côté de la science-fiction.

Message de: Jérémy

Sujet: Progrès et peurs

Les découvertes en génétique permettent aux chercheurs d'identifier les gènes qui contrôlent la vie, la maladie, la mort, et donc d'acquérir la maîtrise de l'évolution de l'espèce. En commençant par la guérison ou la prévention de milliers de maladies dites héréditaires. Mais il faut que les scientifiques et les politiciens agissent de façon responsable, car leurs décisions entraîneront des conséquences graves pour l'humanité.

Message de: Julie

Sujet: Progrès et peurs

Ce qui m'inquiète, c'est le rôle de la génétique dans les greffes, où on utilise déjà des organes d'animaux pour les hommes. Il paraît qu'on transmet à des porcs des gènes humains qui rendent leurs organes moins sujets à rejet après leur transfert chez l'homme. Comment seront-ils, ces porcs? Et quels monstres la recherche médicale va-t-elle créer à l'avenir?

Message de: Théo

Sujet: Progrès et peurs

N'oublions pas que la police aussi a tiré d'immenses bénéfices des progrès génétiques. L'information génétique d'un individu est unique. En identifiant l'ADN laissé sur les lieux d'un crime, il est possible de disculper ou de confondre un suspect avec une très grande sûreté. Dès qu'on aura créé une base de données génétiques nationale, il y aura donc beaucoup moins de crime.

[1] le déchiffrement *deciphering*
[2] l'ADN (= abréviation de: l'acide désoxyribonucléique) *DNA*

Les OGM: danger planétaire?

▶ Quels sont les avantages des OGM? Présentent-ils un danger pour notre santé ou pour notre environnement?

Infos OGM

Un OGM (Organisme Génétiquement Modifié) est un organisme vivant qui a été créé artificiellement par l'homme en manipulant son patrimoine héréditaire.

Les techniques du génie génétique consistent à extraire un ou plusieurs gènes d'un organisme (virus, bactérie, végétal ou animal) et les insérer dans le génome d'un autre organisme.

1

Selon les scientifiques, les OGM offrent une solution à la faim dans le monde. On compte à présent 800 millions de sous-alimentés. Les OGM nous donnent la possibilité de développer des espèces adaptées à différentes conditions, pour assurer de bonnes récoltes, et ainsi nourrir correctement la planète.

2

Les OGM vont diminuer l'utilisation des pesticides. Un grand nombre de plantes sont manipulées génétiquement pour être tolérantes aux herbicides. Une autre manipulation génétique commune consiste à introduire dans les plantes un gène qui produit une substance insecticide, les protégeant ainsi des insectes ravageurs.

3

Les techniques de transfert de gènes interespèces sont extrêmement récentes et en pleine évolution. La première commercialisation d'une espèce génétiquement modifiée, une tomate à mûrissement retardé, ne date que de 1994.

4

Les allergies alimentaires sont provoquées par des protéines auxquelles l'organisme réagit de manière exacerbée. L'introduction de nouveaux gènes dans des plantes cultivées à destination de la consommation humaine ou animale signifie la synthèse de nouvelles protéines, qui peuvent éventuellement déclencher de nouvelles allergies.

5

Les plantes transgéniques cultivées peuvent échanger leurs gènes par croisements avec des mauvaises herbes. Cette pollution génétique est irréversible. Un gène qui "s'échappe" des plantes dans lesquelles il a été introduit ne peut pas être rappelé au laboratoire.

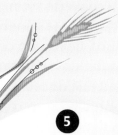

1a Analysez les faits présentés dans "Infos OGM"(page 64). Décidez pour chacun s'il mentionne les avantages ou les inconvénients des OGM, ou s'il est neutre.

1b Inventez un titre pour chaque article (1–5).

1c Résumez en français les principaux arguments cités ici en faveur des OGM. En connaissez-vous d'autres?

1d Traduisez les articles 1 et 3 en anglais.

2a Regardez le dessin. De quoi s'agit-il ici?

2b A votre avis, les groupes suivants sont-ils pour ou contre les OGM?

a les associations de protection des consommateurs

b les associations pour l'environnement

c les syndicats paysans

d les gouvernements européens

e les multinationales agro-chimiques

f les agriculteurs

g les distributeurs et fabricants

2c Ecoutez ce que disent les Amis de la Terre à ce sujet, et comparez vos réponses.

butiner = recueillir le nectar et le pollen des fleurs

2d Ecoutez encore une fois et trouvez parmi les phrases suivantes les trois qui sont fausses. Corrigez-les.

a Les syndicats paysans se méfient des cultures transgéniques.

b Il est prouvé que les OGM posent un risque à la santé publique.

c Les abeilles peuvent transporter du pollen sur plus de 4,5 kilomètres.

d Les distances de sécurité autour des cultures d'OGM ne sont pas suffisantes.

e La plupart des Européens sont inquiets au sujet des OGM.

f Les fabricants ne veulent pas retirer les OGM de leurs produits.

g Toute viande doit porter une étiquette qui indique si elle provient d'un animal nourri avec des OGM.

2e Ecoutez encore une fois. Notez et expliquez trois problèmes en ce qui concerne les OGM.

3 Une société multinationale veut cultiver des OGM près d'un village français, mais les habitants sont contre le projet. Travaillez en deux groupes:

A: les représentants de la société multinationale, qui présentent les arguments pour les OGM

B: les habitants du village, qui se méfient des OGM

Préparez vos arguments. Utilisez les expressions tirées des activités 2 et les expressions clés. Ensuite, discutez du projet en classe.

Expressions-clés

Les scientifiques affirment que…

Il est prouvé que…

On ne sait pas encore si…

Il faut tenir compte du fait que…

Les experts constatent que…

4 "Les OGM – danger planétaire?" A deux, préparez une présentation PowerPoint à ce sujet, où vous résumez les arguments pour et contre les OGM. En conclusion, expliquez et justifiez votre point de vue.

The future perfect tense

Rappel

The future perfect is used to refer to something that **will have** taken place before something else in the future:

Aussitôt que j'aurai programmé l'ordinateur, il fera tout automatiquement.

Entraînez-vous!

1 **Que pensez-vous des nouvelles technologies? Lisez les opinions des jeunes. Ensuite, faites les activités.**

A Il me semble que la vie quotidienne changera beaucoup. Quand on **aura connecté** tous les appareils ménagers à l'Internet, on aura plus de loisirs.

B Moi, je suis d'avis qu'on exagère beaucoup. Peut-être que dans trente ans les écrans géants **auront remplacé** la télévision à la maison, qu'on ne lira plus de journaux. Mais moi, je ne le crois pas.

C J'avoue que j'apprécie beaucoup mon téléphone portable, mon agenda électronique, mon MP3... mais je trouve que ça va trop loin maintenant. Un jour, on verra qu'on **aura supprimé** le monde réel en faveur du monde virtuel.

D A mon avis, la technologie, c'est amusant, ça rend la vie moins monotone. Dès qu'on **aura inventé** des jeux vidéo plus avancés, j'en achèterai!

E Je comprends bien que la technologie évolue très vite, mais je pense que nous, les humains, nous évoluons beaucoup plus lentement. Et à l'avenir, ce sera encore pire. Aussitôt qu'on **se sera habitué** à une nouvelle machine, elle sera démodée.

2 **Read the different opinions about life in the future (A–E). In each one, one sentence contains both a future and a future perfect tense.**

a How is the future perfect tense formed? What rule can you deduce?

b Study the verb in the future perfect tense (in bold type) each time. Can you explain why this tense is needed? Refer back to page 61 for more examples.

c Translate the sentences which contain a future perfect tense into English.

3 **Complete each of the following sentences with one verb in the future perfect and one in the future.**

a Quand on ...... un vaccin efficace contre le sida, on ...... arrêter l'épidémie en Afrique. [*développer, pouvoir*]

b Dès que les chercheurs ...... les difficultés immunologiques, les greffes d'organes ...... plus faciles. [*surmonter, être*]

c Aussitôt qu'on ...... le cancer, d'autres maladies graves ...... [*éliminer, se présenter*]

d Dès que les médecins ...... les gènes responsables, ils ...... la possibilité de guérir les maladies héréditaires [*identifier, avoir*]

4 **Revise the language and ideas relating to GM crops on pages 64–65. Then rewrite each of the following sentences, adding a clause containing a verb in the future perfect tense.**

a Les aliments génétiquement modifiés feront partie de la vie quotidienne.

b Les bonnes récoltes seront assurées.

c Nous pourrons résoudre le problème de la faim dans le monde.

d Les pays pauvres ne seront plus forcés d'acheter des pesticides chers.

5 **Translate the following sentences into French, paying particular attention to verb tenses.**

a When scientists have identified the gene for an illness, they will be able to look for a cure.

b As soon as researchers have discovered a new treatment, everyone will expect to receive it.

c When pollen from GM crops has contaminated other fields, there will be irreversible genetic pollution.

d When more research has been done, we will know whether GM foods are safe.

Compétences

Building up complex sentences

When discussing or writing about serious issues, you need to adopt a more formal style of French. Using specialised vocabulary is one way of making your argument sound well researched and convincing. Even more important is the way in which you use specialised language.

Here are some tips:

● Longer sentences make your French flow better, and help to carry the reader along with you.

● Conjunctions help you to avoid too many short sentences.

● Impersonal constructions such as *il est évident que* add weight to an argument and make your language more complex.

Entraînez-vous!

1 Study the transcript below of Julien's contribution in the listening activity you worked through on page 61. With a partner, find examples of the style tips suggested.

> Moi, je pense qu'en 2050, le gouvernement aura pris des mesures pour limiter les déplacements, afin de **protéger davantage l'environnement**. Finis les vols bon marché, les 4x4! Dès qu'on aura mis en place des transports publics rapides et gratuits, on n'aura plus besoin de voiture individuelle. De toute façon, il ne sera presque plus nécessaire de sortir de la maison, car on aura tout ce qu'il faut chez soi. On y travaillera, on fera ses achats au cybermarché, et en plus, chaque maison sera équipée d'un home cinéma. Quant aux vacances, les voyages virtuels, qui ne consomment pas d'énergie, deviendront de plus en plus populaires.

2 Make a list of the conjunctions and linking phrases which Julien uses in the text.

3 Make up an ending for each of the following sentences.

a Dans le futur, tout le monde vivra jusqu'à l'âge de 150 ans, car...

b Les jeunes se déplaceront grâce à un jet-pack individuel, tandis que...

c On ira souvent sur la lune, pourtant...

● **Impersonal constructions often take the form *Il est... que...***
Il est évident que..., il est indisputable que...

● **Other useful structures to introduce a point of view include:**
Il va sans dire que..., on constate que...

● **Where doubt is implied, you will need to use the subjunctive, e.g. after phrases such as:**
Il n'est pas certain que... Il est possible que... Je ne pense pas que...

4 Rewrite the following sentences starting with one of the impersonal constructions above.

a Le clonage des animaux pourrait apporter de grands avantages à l'humanité.

b Le clonage des cellules souches nous permettra d'éliminer les maladies héréditaires.

c Le clonage humain soulève toute une gamme de problèmes éthiques.

5 Write 40–50 words on each of the following topics. Write no more than two sentences each time; use conjunctions and impersonal constructions to build up long, flowing sentences.

a les robots

b les greffes d'organes

c les OGM

Au choix

1 Lisez l'article "Vos prochaines vacances dans l'espace!" Pour chaque phrase, écrivez V (vrai), F (faux) ou ND (information non-donnée).

  a Des touristes américains ont déjà fait un voyage dans l'espace.

  b On boit beaucoup dans l'espace.

  c On n'accepte que les candidats qui sont en bonne forme.

  d Il est impossible de se mouvoir librement dans le simulateur d'apesanteur.

  e Tous les astronautes se sentent malades à cause de l'apesanteur.

  f Un voyage dans l'espace provoque des changements physiques à long terme.

Vos prochaines vacances dans l'espace!

40 000 personnes ont déjà réservé leur billet à destination de l'espace. Une agence de voyages spatiaux américaine vient d'envoyer plusieurs touristes à bord de la Station Spatiale Internationale. Chacun rêve de voyager dans l'espace, mais cette aventure n'est pas pour tout le monde…

Avant de pouvoir voyager en orbite, il est nécessaire d'intégrer toutes les contraintes liées à la vie dans l'espace. L'apesanteur[1] implique de nouvelles façons de se mouvoir, mais aussi de se nourrir: les aliments sont basiques et déshydratés et il n'y pas non plus d'eau courante.

L'entraînement d'un touriste spatial dure un an. Avant tout, il faut obtenir un certificat médical complet. L'entraînement commence alors dans un simulateur de force centrifuge qui projette les individus contre ses parois.[2] Les candidats doivent passer ensuite dans le simulateur d'apesanteur, où ils flottent et apprennent à gérer leurs mouvements.

Cet entraînement est absolument nécessaire. En effet, l'apesanteur peut créer un "mal de l'espace", comparable au mal de mer. L'absence de gravité a aussi des conséquences qui peuvent s'avérer plus graves pour le corps. Les os se fragilisent, ce qui fait grandir les astronautes. Le sang remonte vers le cerveau, déformant légèrement le visage qui gonfle.

Le tourisme spatial, va-t-il devenir celui de demain? Ou vaudrait-il mieux rester sur Terre, au moins jusqu'à la mort? On note que la société américaine Celestis, qui se spécialise dans les funérailles spatiales, a déjà déversé les cendres de 150 défunts[3] dans l'univers.

[1] l'apesanteur *weightlessness*
[2] la paroi *wall*
[3] défunt *deceased*

2 Que pensez-vous du tourisme spatial? Est-ce une grande aventure ou un gaspillage d'argent et d'énergie? Préparez une courte présentation pour élaborer et justifier votre point de vue personnel.

3 S   Ecoutez le reportage sur les nanotechnologies* dans l'alimentation et choisissez les quatre phrases qui sont vraies selon le texte.

> *les nanotechnologies = les techniques de manipulation de la matière au niveau de l'atome et des molécules

  a Les produits nanométriques pourraient poser un danger à notre santé.

  b Jusqu'à présent, les nano-aliments ne sont pas en vente en Europe.

  c On trouve des nano-matériaux dans les emballages alimentaires.

  d Les nanotechnologies sont utilisées dans la fabrication des boissons chocolatées.

  e Jusqu'à présent, l'industrie alimentaire n'accorde pas beaucoup d'importance aux nanotechnologies.

  f Les allergies alimentaires poseront toujours des problèmes à l'avenir.

  g Un emballage intelligent pourrait nous aider à rester en bonne santé.

  h La boisson intelligente de Kraft propose cent goûts possibles.

4 Que pensez-vous des technologies nouvelles? Est-ce que les progrès scientifiques nous rendront la vie plus agréable, ou est-ce qu'ils soulèveront trop de problèmes? Ecrivez une réponse à ces questions, en traitant les avantages et les inconvénients des technologies nouvelles.

5 Translate these sentences from English into French.

  a Everybody agrees that new technology will change everyday life in the future.

  b Nobody wants to live in a world where parents choose their ideal babies and only perfect people are tolerated.

  c Friends of the Earth insist that the majority of people do not want to eat genetically modified foods any more.

Les petits gestes écologiques

L'environnement est l'affaire de tous: voilà de petits gestes tout simples qui peu à peu deviennent des habitudes. Combien en faites-vous?

Dans la cuisine:

▶ J'évite le jetable et j'utilise des torchons et des éponges pour faire des économies et produire moins de déchets. ☐

▶ Je trie mes déchets pour favoriser leur recyclage. ☐

▶ J'économise l'eau lorsque je fais la vaisselle. ☐

Au salon:

▶ Je profite de la lumière du jour quand je peux. ☐

▶ Je choisis mon éclairage en adoptant les lampes basse consommation et en renonçant aux lampes halogènes. ☐

▶ J'éteins la lumière lorsque je quitte une pièce.

▶ Je coupe la veille des appareils électriques pour éviter toute dépense inutile. ☐

▶ Je limite la température pour économiser de l'énergie. ☐

Dans la salle de bain:

▶ Je préfère la douche au bain. ☐

▶ Je ferme le robinet lorsque l'eau coule sans raison. ☐

Au jardin:

▶ Je fais mon compost avec les déchets organiques de la maison et du jardin. ☐

▶ Je préserve l'eau en arrosant à la tombée du jour et en récupérant l'eau de pluie. ☐

▶ Je refuse les traitements chimiques et j'utilise des produits biologiques. ☐

▶ Je me sers du fil à linge pour profiter du soleil et du vent. ☐

Dans les transports:

▶ Je fais de l'exercice en marchant dès que je le peux. ☐

▶ J'évite de prendre l'avion pour les courtes et moyennes distances. ☐

▶ Je privilégie les transports en commun qui sont moins polluants, plus sûrs et plus rapides. ☐

Les achats:

▶ Je repère les écolabels parce qu'ils garantissent une bonne qualité et un impact limité sur l'environnement. ☐

▶ Je préfère les produits de saison, ainsi que les produits locaux. ☐

▶ Je mange bio. ☐

▶ Je m'informe sur les OGM en lisant les étiquettes. ☐

▶ Je modifie ma consommation de viande, un aliment qui coûte cher à produire. ☐

▶ J'utilise mon panier au lieu des sacs en plastique. ☐

▶ J'évite les emballages superflus. ☐

▶ Je recycle les piles usagées en les déposant chez le revendeur. ☐

▶ Je préserve la forêt tropicale en évitant d'acheter des produits en bois tropical. ☐

▶ Je répare et je réutilise les objets pour augmenter leur longévité. ☐

Dans la nature:

▶ Je reste dans les zones autorisées et je renonce au camping sauvage car la nature est fragile. ☐

▶ Je gère mes détritus pour ne rien abandonner dans la nature. ☐

▶ J'évite les incendies par une vigilance de chaque instant et des comportements préventifs. ☐

▶ Je surveille mon animal domestique pour l'empêcher d'effrayer les animaux sauvages ou les troupeaux aux alentours. ☐

Autres:

▶ Je réutilise les objets ou je fais des heureux en les donnant à des associations qui récupèrent livres, vêtements, jouets, ou appareils électroménagers. ☐

1a Lisez "Les petits gestes écologiques". Combien des choses mentionnées faites-vous personnellement? A deux, comparez vos scores.

1b Discutez du questionnaire avec un(e) partenaire: Qui fait quoi et pourquoi? Y a-t-il des choses que vous ne faites pas? Pourquoi? Quelles choses allez-vous peut-être faire dès maintenant?

2 Vous avez participé à une journée d'action écologique, où les discours et les expositions étaient très impressionnants. Ecrivez un rapport pour expliquer ce que vous avez appris et comment vous allez changer vos habitudes maintenant.

3 Ecoutez le reportage sur la culture des organismes génétiquement modifiés en Afrique et choisissez les cinq phrases qui sont vraies.

1	Le président du Sénégal vient d'autoriser la culture des OGM dans son pays.
2	Il a annoncé sa décision dans une interview avec un magazine français.
3	Il va bientôt approuver l'introduction du coton OGM.
4	Il n'a pas encore décidé si le Sénégal cultiverait du maïs OGM.
5	Abdoulaye Wade se sent responsable des effets des OGM dans les autres pays.
6	Dans les pays en développement, le riz coûte de plus en plus cher.
7	Selon le reportage, les plantes génétiquement modifiées pourraient résoudre la crise alimentaire dans les pays qui ont un climat très sec.
8	Les Américains font moins confiance aux OGM que les Européens.
9	Les recherches européennes au sujet des OGM sont soumises à un contrôle rigoureux.
10	Plusieurs pays africains ont déjà voté des lois sur la culture des OGM.

4 L'innovation technologique joue un rôle de plus en plus important dans la lutte contre le crime. Y voyez-vous pourtant des problèmes? Ecrivez une réponse à cette question (280–350 mots).

les dispositifs biométriques * les empreintes digitales
la géolocalisation des voitures * Internet *
les caméras de surveillance *
la protection des données et des libertés * les erreurs

5 A deux. Les recherches sur les cellules souches embryonnaires, sont-elles justifiées? Prenez chacun(e) un point de vue et préparez vos arguments, en vous référant aux idées ci-dessous et aux pages 62–3. Ensuite, discutez de la question.

Oui:

- elles permettent des progrès thérapeutiques majeurs
- les scientifiques peuvent étudier les maladies humaines
- il est possible de réparer les organes malades
- les embryons sont conçus in vitro

Non:

- cela soulève trop de questions éthiques et morales
- c'est un crime contre l'espèce humaine, contre la nature
- chaque embryon est un être humain, qui mérite le respect
- où tout cela va-t-il finir?

6 Traduisez les phrases suivantes en français.

a Small gestures must become habits if we are to change our actions and attitude enough to make a real difference.

b Scientists hope that cloning will help us cure diseases such as Aids and cancer.

c Before buying, read the labels to find out about the products which allow you to limit your impact on the environment.

d So that the whole world can profit from technological advances, we will have to find new sources of energy.

La littérature et les arts

Après cette unité, vous saurez aborder les thèmes suivants:	Vous saurez mieux:	Page	Thème

Après cette unité, vous saurez aborder les thèmes suivants:

▸ les idées littéraires et philosophiques de Camus

▸ la vie et les films de Truffaut

▸ l'importance de la peinture impressionniste

Vous saurez mieux:

▸ comprendre le passé simple

▸ analyser et commenter un texte littéraire

▸ décrire la vie et l'influence d'un artiste

Page	Thème
72	Albert Camus – *La Peste*
74	François Truffaut et la Nouvelle Vague
76	L'impressionnisme
78	Zoom examen
80	Au choix

beauté artifice *fonctionnalité*
artisan technique TRAVAIL ESPRIT liberté
génie création imitation JUGEMENT
sentiment GOÛT plaisir divertissement
chef d'œuvre communication langage
PERCEPTION
sens INTERPRÉTATION contemplation
vérité

1 Lisez les mots associés aux arts dans la case ci-dessus. Classez-les en trois catégories: ceux qui s'appliquent à une œuvre, ceux qui s'appliquent à un artiste et ceux qui s'appliquent au grand public.

Les sept arts

1	la danse	5	la sculpture
2	la musique	6	l'architecture
3	la poésie	7	le cinéma
4	la peinture		

Le philosophe allemand Hegel distingue six arts. "Le septième art" est une expression proposée en 1919 pour désigner l'art cinématographique.

2a Mettez les sept arts par ordre de préférence personnelle. Ensuite, comparez vos préférences avec celles d'un(e) partenaire. Justifiez votre choix.

2b Proposez encore trois arts pour le 21ème siècle et présentez-les à la classe. Expliquez et justifiez votre choix.

la télévision? la mode? le jeu vidéo?
le multimédia? la cuisine?

3 Les arts en France: testez vos connaissances!

1 Combien de personnes ont visité le Musée d'Orsay à Paris en 2007?
a moins de 2 000 000 **b** entre 2 000 et 3 000 **c** plus de 3 000 000

2 Quel est le tableau français le plus cher au monde, qui a été vendu pour $78 000 000 en 1990 à New York?
a *Bal au moulin de la Galette, Montmartre* par Pierre-Auguste Renoir
b *Rideau, cruchon et compotier* par Paul Cézanne
c *Les Tournesols* par Vincent Van Gogh

3 Quel acteur français a joué dans tous ces films: *Le Dernier métro, Jean de Florette* et *Astérix aux Jeux Olympiques*?
a Philippe Noiret **b** Gérard Depardieu **c** Daniel Auteuil

4 Quel écrivain français du 19ème siècle a écrit le roman *Les Misérables*, sur lequel est basée la célèbre comédie musicale?
a Emile Zola **b** Honoré de Balzac **c** Victor Hugo

5 Comment s'appelle le ballet français qui raconte l'histoire d'un jeune homme qui tombe amoureux d'une belle poupée?
a Casse-noisette **b** Le Lac des cygnes **c** Coppélia

6 Quel monument parisien a été construit le plus récemment?
a Le Musée de l'institut du Monde Arabe
b La Pyramide du Louvre
c Le Centre Georges Pompidou

7 Le Festival de Cannes est un festival international
a de musique **b** de film **c** de danse

8 Quel poète français a été condamné pour immoralité après la publication des *Fleurs du Mal* en 1857?
a Paul Verlaine **b** Gérard de Nerval **c** Charles Baudelaire

Albert Camus – *La Peste*

▶ *Qui était Albert Camus? De quoi s'agit-il dans* La Peste? *Dans quelle mesure ce roman reflète-t-il la philosophie et les expériences de Camus?*

Biographie

1913: Albert Camus naît en en Algérie. Après le bac, il fait des études de philosophie.

1936: Il fonde le Théâtre du Travail où il écrit, joue et adapte de nombreuses pièces.

1938: Il devient journaliste à Alger-Républicain.

1942: Il part pour Paris, où il milite dans un mouvement de Résistance.

1942: Il publie *L'Etranger* et accède à la célébrité.

1947: Il publie *La Peste* qui connaît un immense succès.

1957: Après avoir publié plusieurs romans, pièces de théâtre et essais philosophiques, il obtient le prix Nobel "pour l'ensemble d'une œuvre qui met en lumière, avec un sérieux pénétrant, les problèmes qui se posent de nos jours à la conscience des hommes".

1960: Il meurt dans un accident de voiture.

La Peste

L'intrigue de La Peste se déroule à Oran, une ville ordinaire sur la côte algérienne, en 194.,

Le matin du 16 avril, le docteur Bernard Rieux **sortit** de son cabinet et **buta** sur un rat mort, au milieu du palier. Sur le moment, il **écarta** la bête sans y prendre garde et **descendit** l'escalier. Mais, arrivé dans la rue, la pensée lui **vint** que ce rat n'était pas à sa place et il **retourna** sur ses pas pour avertir le concierge […]

Le soir même, Bernard Rieux, debout dans le couloir de l'immeuble, cherchait ses clefs avant de monter chez lui, lorsqu'il **vit** surgir, du fond obscur du corridor, un gros rat <u>à la démarche incertaine et au pelage mouillé</u>. La bête **s'arrêta, sembla** chercher un équilibre, **prit** sa course vers le docteur, **s'arrêta** encore, **tourna** sur elle-même avec un petit cri et **tomba** enfin en rejetant du sang par ses babines entrouvertes. Le docteur la **contempla** un moment et **remonta** chez lui […]

Le lendemain 17 avril, à huit heures, <u>le concierge</u> **arrêta** le docteur au passage et **accusa** <u>des mauvais plaisants d'avoir déposé trois rats morts au milieu du couloir</u>. On avait dû les prendre avec de gros pièges, car ils étaient pleins de sang […]

Intrigué, Rieux **décida** de commencer sa tournée par les quartiers extérieurs où habitaient les plus pauvres de ses clients. La collecte des ordures s'y faisait beaucoup plus tard et l'auto qui roulait le long des voies droites et poussiéreuses de ce quartier frôlait les boîtes de détritus, laissées au bord du trottoir. Dans une rue qu'il longeait ainsi, le docteur **compta** une douzaine de rats jetés sur les débris de légumes et les chiffons sales […]

La situation s'aggrave vite […]

C'est à peu près à cette époque en tout cas que nos concitoyens **commencèrent** à s'inquiéter. Car, à partir du 18, <u>les usines et les entrepôts</u> **dégorgèrent**, <u>en effet, des centaines de cadavres de rats</u>. Dans quelques cas, on **fut** obligé d'achever les bêtes, dont l'agonie était trop longue. Mais, depuis les quartiers extérieurs jusqu'au centre de la ville, partout où le docteur Rieux venait à passer, partout où nos concitoyens se rassemblaient, les rats attendaient en tas, dans les poubelles, ou en longues files, dans les ruisseaux […]

1a Lisez l'extrait de *La Peste* (page 72) et complétez les phrases suivantes en français. Attention aux verbes: on emploie habituellement le présent pour parler d'un livre ou d'un film.

a Le matin du 16, Rieux rentre pour dire au concierge qu' ....

b Le soir, il voit un rat qui ....

c Il sait que le rat est malade parce qu' ....

d Parmi les ordures dans un quartier pauvre, Rieux remarque ....

e Les citoyens tuent les rats mourants parce qu' ....

1b Expliquez en anglais le sens des trois phrases qui sont soulignées dans le texte.

1c Traduisez en anglais le quatrième paragraphe de l'extrait ("Intrigué, [...] chiffons sales").

2a À deux, lisez les affirmations suivantes et dites si vous êtes d'accord ou pas. Justifiez votre opinion en citant des expressions du texte.

a Rieux est un homme calme et logique.

b Camus utilise un style très sobre.

c Cet extrait ressemble plutôt à un reportage.

d Camus évoque la vie de tous les jours dans une ville ordinaire.

e L'auteur crée de la tension en indiquant chaque jour le nombre de rats morts.

f Camus utilise du langage imagé pour que le lecteur voie la scène devant lui.

g On ne ressent pas les émotions du chroniqueur.

h Camus crée une atmosphère menaçante.

2b Lisez la biographie de Camus (page 72). Trouvez-vous des rapports entre sa vie et cet extrait?

3a Vous êtes reporter au journal d'Oran. Le 19 juin, le problème des rats est à la Une. Inventez un titre percutant et écrivez l'article. Utilisez un style populaire.

ou

3b À deux, préparez un reportage sur les rats pour la station de radio locale d'Oran et présentez-le à la classe. Attention aux verbes: le passé simple ne s'emploie que dans la langue littéraire, écrite. Utilisez plutôt le passé composé.

4a Ecoutez les élèves de terminale qui ont étudié *La Peste*, puis répondez aux questions en anglais.

a What does Antoine say about Camus' choice of characters and setting?

b What effect does this have on the reader?

c What two aspects of Camus' life does he mention, and what influence does he suggest they had?

d What aspect of the novel interests Caroline most?

e What specific situation does she think it refers to?

f What evidence does she offer for her interpretation?

g What aspect of Camus' work does Léon find most interesting?

h How does he sum up Camus' attitude to religion?

i How does Camus suggest we give meaning to our lives?

j What choice do the characters in the novel face?

4b Réécoutez et résumez en français ce que disent les élèves sur les sujets suivants:

a *La Peste* et la vie de Camus.

b *La Peste* en tant qu'allégorie.

c Les idées philosophiques exprimées dans *La Peste*.

Grammaire ➡ 137 ➡ W52

The past historic/*Le passé simple* (1)

The past historic is used in formal historical and literary texts where the perfect tense would be used in everyday language. It is never used in spoken French. The *il/elle* and *ils/elles* forms are used most often.

Past historic	English meaning	Perfect tense equivalent
il sortit	he went out	*il est sorti*
il tomba	he fell	*il est tombé*
ils commencèrent	they started	*ils ont commencé*

Irregular past historic forms which you might not recognise immediately include:

il fut (être) – he was

il eut (avoir) – he had

il vint (venir) – he came

Ⓐ Copy and complete the chart above adding the other past historic verbs from the *La Peste* extract.

François Truffaut et la Nouvelle Vague

▸ *Qui était François Truffaut? Quelle était son importance dans l'histoire du cinéma français? Comment la Nouvelle Vague représente-t-elle une autre manière de faire du cinéma?*

Biographie

Enfant malheureux, François Truffaut se réfugia dans la lecture et la fréquentation des salles obscures[1]. Ayant quitté l'école en 1946, il fonda un ciné-club et vécut de petits boulots. Il s'engagea dans l'armée, déserta et fit de la prison militaire, avant de débuter sa carrière comme critique de cinéma en 1953 dans les *Cahiers du cinéma*. Il fit la connaissance d'autres jeunes cinéastes comme Jean-Luc Godard, Claude Chabrol et Eric Rohmer; découvrant le cinéma américain d'Alfred Hitchcock et d'Orson Welles, ils rejettèrent le cinéma français officiel. En 1956, François Truffaut publia des interviews avec Hitchcock dans les *Cahiers du cinéma*.

A la fin des années 50, François Truffaut réalisa son premier long métrage *Les 400 coups*. Ce film obtint un succès considérable à sa présentation au festival de Cannes en 1959, ouvrant la porte au mouvement de la Nouvelle Vague et à sa carrière mondiale.

A partir de 1959, François Truffaut tourna un film par an. Passant du film noir à la science-fiction ou à la comédie, il s'essaya à tous les genres avec succès. En 1973, il remporta l'Oscar du meilleur film de langue étrangère pour *La Nuit américaine*. En 1980, *Le Dernier métro* fut récompensé par dix Césars[2]. Toujours passionné de cinéma, François Truffaut enchaîna les films jusqu'à sa mort en 1984.

[1] les salles obscures = les cinémas
[2] les César = l'équivalent français des Oscars américains

François Truffaut

- Réalisateur, Acteur, Producteur, Scénariste, Dialoguiste, Auteur, Adaptateur français
- Né le 6 février 1932 à Paris, France
- Décédé le 21 octobre 1984 à Paris, France

Le style Truffaldien

Les films de Truffaut mêlent le comique, l'émotion, le suspense et le mélodrame. Il mélange avec habileté les moments de gaieté et les scènes de suspense.

Citations de François Truffaut

"L'adolescence ne laisse un bon souvenir qu'aux adultes ayant mauvaise mémoire."

"La vie a beaucoup plus d'imagination que nous."

La Nouvelle Vague

Un mouvement cinématographique qui apparaît en France à la fin des années 1950. Un groupe de jeunes cinéastes proposent une autre manière de concevoir et de faire du cinéma, pour mieux représenter la réalité de la vie contemporaine.

Les 400 coups

C'est le film qui, en terme de reconnaissance publique, lança la Nouvelle Vague. Il s'agit presque d'une autobiographie, narrant les premiers pas dans la vie d'un "enfant terrible" qui était l'alter ego de Truffaut, et qu'interprétait un jeune acteur (Jean-Pierre Léaud), qui lui ressemblait comme un frère. Tourné dans la rue, avec de jeunes acteurs pour la plupart inconnus, ce film fut monté avec très peu d'argent.

François Truffaut à Hollywood

François Truffaut apparaît comme acteur dans le film de Steven Spielberg, *Rencontres du troisième type* en 1977, où il incarne le rôle du savant français, Claude Lacombe.

Quelques films de Truffaut

Tirez sur le pianiste (1960): l'adaptation d'un roman policier américain
Jules et Jim (1962): l'histoire d'un ménage à trois
Fahrenheit 451 (1966): la mise en scène d'un roman de science-fiction américain
La Nuit américaine (1973): l'histoire du tournage d'un film dans des studios à Nice
Le Dernier métro (1980): une histoire qui se déroule pendant l'occupation allemande en France

1 Lisez les textes au sujet de François Truffaut et de ses films (page 74). Notez de quel film il est question dans chacune des affirmations suivantes.

 a C'est une histoire inspirée par l'enfance de Truffaut.

 b Il traite de l'amour de deux amis pour la même femme.

 c Il a gagné un prix prestigieux aux Etats-Unis.

 d L'action se déroule pendant la Deuxième Guerre mondiale.

 e C'est un polar qui reflète l'admiration du cinéaste pour la littérature américaine.

2 À deux. Relisez la biographie et posez des questions à votre partenaire au sujet de la vie de Truffaut. Utilisez le passé composé.

 Exemple: *Qu'est-ce qu'il a fait en 1946? en 1953?*
  A-t-il eu une enfance heureuse?

3 Enrichissez votre vocabulaire! Trouvez dans les textes un ou deux synonymes pour les verbes soulignés.

 a jouer un rôle (2)   **d** raconter une histoire (1)

 b tourner un film (2)   **e** commencer une carrière (1)

 c gagner un prix (1)

Grammaire ➡137 ➡W52

The past historic/*Le passé simple* (2)

Ⓐ Study the texts on page 74. Which of them use the past historic? Can you explain why?

Ⓑ Add the past historic verb forms in the texts to your chart (see page 73).

Ⓒ Use the texts on page 74 to translate the following sentences into French. Change the past historic forms in the original text to the perfect.

 1 He took refuge in reading.

 2 He got to know other young film makers.

 3 This film was very successful.

 4 He won the Oscar for the best foreign language film.

4a Ecoutez la première partie du reportage sur la Nouvelle Vague et corrigez les phrases qui sont fausses.

 a Les thèmes des films de la Nouvelle Vague n'étaient pas originaux à l'époque.

 b Le tournage des films de la Nouvelle Vague coûtait cher.

 c Les jeunes cinéastes tournaient de préférence dehors.

 d Ils utilisaient un magnétophone fixe et une caméra traditionnelle.

 e Le titre *La Nuit américaine* fait référence aux réalisateurs qui filment pendant la nuit.

4b Ecoutez la deuxième partie du reportage. Notez et expliquez cinq techniques novatrices qui caractérisent la Nouvelle Vague.

4c Ecoutez la troisième partie du reportage. Expliquez l'importance de la Nouvelle Vague en ce qui concerne:

 a les sujets traités par les cinéastes

 b l'attitude du réalisateur envers les personnages

 c les innovations techniques

5 Quelles influences reconnaît-on dans les films de François Truffaut? Ecrivez une réponse à cette question en 250 à 300 mots. Mentionnez les aspects suivants:

 • son enfance

 • son adolescence turbulente

 • sa passion pour la lecture et les films américains

 • les autres jeunes cinéastes

 • les idées de la Nouvelle Vague

L'impressionnisme

Qu'est-ce qui caractérise la peinture impressionniste? Comment une femme peintre a-t-elle réussi dans un monde artistique dominé par les hommes?

Le Berceau

Gelée blanche

La Gare Saint-Lazare

Bal au moulin de la Galette, Montmartre

1

Cette œuvre est sans doute la plus importante de Renoir au milieu des années 1870. Le peintre s'attache avant tout à rendre l'atmosphère véhémente et joyeuse de cet établissement populaire de la Butte Montmartre en représentant la foule en mouvement dans une lumière à la fois naturelle et artificielle. Ce tableau, par son sujet ancré dans la vie parisienne contemporaine et son style novateur, est un des chefs-d'œuvre des débuts de l'impressionnisme.

2

Après plusieurs années passées à peindre la campagne, Claude Monet s'installe à Paris et s'intéresse aux paysages urbains. La gare est, en effet, le lieu idéal pour qui recherche les effets changeants de la luminosité, la mobilité du sujet et les nuages de vapeur. Malgré l'apparente géométrie de l'architecture métallique, ce sont bien les effets colorés et lumineux qui prévalent ici.

3

Berthe Morisot représente dans son tableau le plus célèbre l'une de ses sœurs, Edma, veillant sur le sommeil de sa fille, Blanche. C'est la première apparition d'une image de maternité dans l'œuvre de Morisot, sujet qui deviendra l'un de ses thèmes de prédilection. Le geste d'Edma, qui tire le voilage du berceau entre le spectateur et le bébé, vient renforcer un peu plus le sentiment d'intimité et d'amour protecteur exprimé dans le tableau.

4

Ce tableau est présenté par Camille Pissarro à la première exposition du groupe impressionniste en 1874. Le travail au couteau, la densité de la touche donnent un paysage compact, où l'air semble ne pas circuler. Cette sensation est accentuée par les diagonales des sillons. Le personnage qui porte un fardeau paraît également écrasé par la lourdeur de ce paysage hivernal. *Gelée blanche* saisit ainsi un instant particulier d'une journée hivernale.

1b En vous référant aux textes ci-dessus, identifiez les peintres décrits ici. Qui...

a ... choisit un sujet quasi-industriel?

b ... représente un paysage froid et immobile?

c ... dépeint le bonheur familial?

d ... évoque une atmosphère de fête?

1c Traduisez en anglais les quatre phrases soulignées.

2a Enrichissez votre vocabulaire! Relevez les adjectifs qui décrivent:

a une atmosphère   c la lumière

b un paysage   d les effets

2b A deux. Suggérez encore au moins un adjectif pour décrire chaque nom. Ensuite, comparez vos idées avec la classe.

3 Quel tableau préférez-vous? Discutez avec un(e) partenaire, en expliquant les raisons de votre choix.

1a Reliez chaque tableau à son titre et au commentaire approprié.

Les clés de l'impressionnisme

A leur époque, les peintres impressionnistes menèrent un combat contre l'art d'atelier vieilli pour faire reconnaître une nouvelle peinture réaliste contemporaine. Qu'est-ce qui caractérise cette nouvelle peinture?

1 Une vision personnelle

L'acte de peindre est revendiqué comme un plaisir personnel. "Je peins ce que je vois, et non ce qu'il plaît aux autres de voir." (Manet)

2 Les thèmes

Délaissant les sujets historiques ou mythologiques, les impressionnistes vont rendre compte du monde contemporain. Ils recherchent leurs thèmes aussi bien dans le monde de la nature que dans le monde quotidien.

3 La rapidité

La démarche impressionniste visant à représenter une réalité qui n'est pertinente qu'à un moment et sous des conditions données, l'exécution d'un tableau est rapide. Il s'agit d'une peinture d'un instant, d'une impression fugitive.

4 Les couleurs

Les peintres cherchent à rendre les couleurs aussi riches et vibrantes que possible en les appliquant par couches juxtaposées. Ils peignent à l'extérieur, face aux couleurs vives des paysages, s'attachant à l'impression que produisent les éléments, le vent, la lumière, le brouillard, la neige…

La peinture impressionniste inventa un nouveau mode de représentation artistique qui allait marquer le commencement de la peinture moderne non figurative.

4a Lisez le texte "Les clés de l'impressionnisme". Travaillez à deux. Pour chaque aspect de la peinture impressionniste, trouvez un exemple parmi les quatre tableaux illustrés. Justifiez votre choix. Ensuite, partagez vos idées avec la classe.

Exemple: 1 Une vision personnelle – Le Berceau représente la sœur de Berthe Morisot…

4b Traduisez les phrases suivantes en français. Utilisez le passé composé.

a The Impressionist painters rejected historical and mythological subjects, choosing scenes from nature and from contemporary city life.

b The artists preferred to paint out of doors and worked fast, using rich, vibrant colours.

c They painted fast, trying to capture an atmosphere, a fleeting impression.

Compétences

Writing about literature and the arts

● The present tense is normally used to discuss characters, events or atmosphere in literature, films or art.

● The present tense is often used in French where English uses the past, to give greater immediacy.

A Study the reading texts about Impressionism and identify the tenses used.

B What is the main tense used in the interview with Berthe Morisot's biographer (activity 5a)?

5a Ecoutez l'interview sur la vie de Berthe Morisot. Choisissez les cinq phrases vraies.

a A l'âge de seize ans, Berthe est entrée à l'Ecole des Beaux-Arts.

b Avant de peindre en plein air, elle a étudié des tableaux célèbres au Musée du Louvre.

c Berthe et sa sœur ont fait la connaissance de beaucoup d'artistes chez leurs parents.

d Berthe est devenue le modèle préféré d'Edouard Manet.

e Après le mariage de sa sœur, Berthe a abandonné la peinture pendant quelques mois.

f Berthe a été choquée par l'exposition de 1874.

g Berthe a exposé ses peintures à l'occasion de presque toutes les expositions impressionnistes.

h Son exposition personnelle n'a pas été un succès.

i Elle choisissait de préférence des sujets familiaux.

j Malgré son esprit indépendant, Berthe n'était pas ambitieuse.

5b Réécoutez et corrigez les phrases fausses.

5c Réécoutez et notez encore un détail pour cinq phrases au moins.

6 Travaillez en groupe et préparez une présentation PowerPoint au sujet d'un autre peintre impressionniste français (Monet, Manet, Pissarro, Renoir…).

• Racontez sa vie.
• Décrivez son œuvre et ses principales influences.
• Présentez quelques-uns de ses tableaux.
• Résumez son importance à son époque et après.

Zoom examen

The past historic/
Le passé simple

Rappel

- The past historic is used in written French only.
- It is used in historical and literary texts where the perfect tense would be used in everyday spoken language.
- It is translated by the simple past tense in English.
- You are unlikely ever to need to use this tense, but you will have to recognise and understand it.

Past historic verb endings	
1st person singular (*je*)	-ai -is -us -ins
3rd person singular (*il/elle*)	-a -it -ut -int
1st person plural (*nous*)	-âmes -îmes -ûmes -inmes
3rd person plural (*ils/elles*)	-èrent -irent -urent -inrent

Identifying the past historic
Some past historic forms are the same as the present tense of the verb. It should be clear from the context whether the verb is in the present tense or the past historic.

Entraînez-vous!

1 Study sentences a–o and note down the verbs in the past historic.

2 Translate the sentences into English.

3a Study the sentences again. Write down the two verbs which could be the past historic or the present tense form.

3b One of these two verbs could be the present tense of one verb or the past historic of another verb with a different meaning. Which verb is this?

a   Le château fut construit en 1244.

b   **Nous rentrâmes à la maison.**

c   François Truffaut mourut en 1984.

d   Les visiteurs étrangers parlèrent entre eux.

e   Il prit le petit déjeuner de bonne heure, puis il fit ses bagages et s'en alla.

f   Soudain ils comprirent tout, et ils eurent peur.

g   Je la vis de loin et je la reconnus tout de suite.

h   La guerre finit en 1945.

i   Les deux acteurs se regardèrent.

j   **L'enfant se mit à pleurer.**

k   Nous choisîmes un cadeau, et mon compagnon le paya.

l   Elle vint s'asseoir et but son café en silence.

m   Je montai à ma chambre et je lui écrivis une longue lettre.

n   A ce moment, il sut qu'elle ne l'aimait plus.

o   *Elle dut abandonner sa carrière.*

Compétences

● Discussing literature and the arts

The work you have done in this unit has prepared you for discussing a literary or artistic topic in your oral examination. The activities on this page will give you more practice in planning effectively and in using specialised language.

When researching a topic based on literature and the arts, you may want to find out about the following aspects, but remember that what is really important is your own opinion of his or her work. You need to be able to evaluate the artist's work, giving examples to back up your views.

1 the artist's life
2 his / her most important works
3 influences on the artist
4 detailed analysis of one or more works
5 how the artist was viewed at the time
6 how he / she is viewed today
7 his / her influence on other artists

● Verb tenses

– To describe a writer's life: either **present** or **perfect** tense.
– To describe aspects of his/her work: storyline, characters, atmosphere, etc: **present** tense.

If you are working from source materials written in the past historic, you will need to change the verbs.

● Using specialised language

In this unit, you have met a number of specialist terms for writing about literature and the arts. Use as many of these as you can to add variety to your language.

● Translating "character" in French

un personnage = *a character in a book or play*
le personnage principal = *the main character*
Le caractère means "character" in the sense of "personality":
Les personnages ont des caractères différents.

Entraînez-vous!

● Talking about an artist

1a Give the French for the following:

a the writer
b the author
c the novelist
d the dramatist
e the film director
f the painter
g the artist
h the critic

1b Add to the list above any other nouns you have learnt in this unit to describe an artist.

2a Copy the verbs listed at the top of column 2 and check using a bilingual dictionary.

> décrire* • dépeindre* • créer • évoquer • représenter
> • utiliser • aborder • traiter • se servir de* • raconter
> • éveiller • refléter* • insister sur • souligner le fait que

2b Write the 3rd person singular (*il*) form of each verb listed above. Those marked * are irregular.

2c Complete each of the following sentences with a suitable verb from the list. There are several possible answers to most questions.

a L'auteur ...... le problème de la pauvreté.
b Il ...... la société de son temps.
c Il ...... l'histoire d'un couple malheureux.
d Il ...... une atmosphère mystérieuse.
e Il ...... notre pitié.

● Talking about reactions to the work

3a Decide whether each of the following statements refers to a) a work of literature b) a play or film c) a painting, or d) any combination of these.

1 Le lecteur ressent de la pitié pour ces pauvres gens, victimes de leur sort.
2 Dès la première scène, on s'identifie au héros.
3 Si l'on regarde la toile de près, on a le sentiment d'une totale abstraction.
4 Les spectateurs reconnaissent dans les personnages leurs propres défauts.

3b Translate the sentences into English.

● Giving your opinion

4a Use the notes below to write sentences explaining your opinion on any French writers or artists.

a J'admire X surtout parce que.....
b Ce que je trouve intéressant dans l'œuvre de X, c'est
c Mais j'aime moins la façon dont X ....
d Un thème important dans l'œuvre de X est ....
e X exerce encore aujourd'hui une influence, parce que

4b Research a French writer, painter, musician or other artist and be prepared to discuss him/her and his/her work. Answer and give opinions on the following areas:

- Comment est-ce que sa vie a influencé son œuvre ?
- Décrivez son œuvre et évaluez-le.
- Quels thèmes aborde-t-il / elle et comment les trouvez-vous ?
- Est-ce qu'il/elle exerce une influence encore aujourd'hui? Dans quel sens ?
- Admirez-vous ses techniques? Pourquoi (pas) ?

Au choix

Yasmina Reza, romancière et auteur dramatique

Yasmina Reza est née en 1959 à Paris. Fille d'une violoniste hongroise et d'un homme d'affaires d'origine juive et russe, elle évolue dès son enfance dans une atmosphère aussi artistique que cosmopolite. Ayant suivi des études de théâtre et de sociologie, elle travaille comme actrice et écrit sa première pièce, *Conversations après un enterrement*, qui lui remporte le Molière* du meilleur auteur en 1987.

En 1994, Yasmina Reza connaît son premier véritable grand succès public avec *Art*. Cette pièce, qui aborde des questions liées à l'art contemporain et son implication dans la vie quotidienne, sera couronnée en 1995 de deux Molières du théâtre; elle a ensuite été montée à Londres par la Royal Shakespeare Company et a depuis fait le tour du monde. Le premier roman de Yasmina Reza, *Désolation*, sort en 1999; il se vend immédiatement à plus de 100 000 exemplaires, malgré le refus de l'auteur de participer aux émissions de télévision. Parmi les œuvres suivantes, se succèderont avec toujours autant de succès au théâtre *Trois versions de la vie* (2000) et *Le dieu du carnage* (2007), et en librairie *Nulle part* (2005). L'actrice jouera également dans le film *Loin d'André Téchiné* (2001).

Tous les livres de Yasmina Reza sont maintenant traduits dans une trentaine de langues et ses pièces de théâtre, qui ont reçu entre autres les prix anglo-saxons les plus prestigieux comme le Laurence Olivier Award (Grande-Bretagne) et le Tony Award (Etats-Unis), sont jouées dans le monde entier. Son dernier ouvrage, intitulé *L'aube, le soir ou la nuit* (2007), raconte la conquête de l'Elysée par Nicolas Sarkozy, qu'elle a suivi pendant plusieurs mois lors de la campagne pour l'élection présidentielle de 2007.

* les Molières = les Oscars du théâtre français

1 Lisez l'article au sujet de Yasmina Reza. Pour chacune des phrases, notez vrai (V), faux (F) ou information non-donnée (ND).

a Yasmina Reza a grandi dans un milieu culturel assez international.

b Toute enfant, elle espérait devenir sociologue.

c Sa première pièce n'a pas été bien reçue.

d Elle a reçu le Molière du meilleur auteur pour *Art*.

e Yasmina Reza ne participe jamais aux émissions de télévision.

f *Nulle part* est une pièce de théâtre récente.

g Yasmina Reza a abandonné sa carrière d'actrice pour devenir écrivain.

h Elle a maintenant une renommée internationale.

i Elle est plus populaire en Europe qu'en Amérique.

j Elle vient d'écrire un livre sur un sujet politique.

2 S Ecoutez le reportage sur *Art* et complétez les phrases suivantes avec un mot de la case.

un liseré *border*

a *Art* a fait connaître Yasmina Reza sur les ...... du monde entier.

b Serge est ...... d'art moderne.

c Marc est le gardien des ...... traditionnelles.

d Marc trouve que le ...... du tableau est trop élevé.

e Yvan a eu des ...... au travail et dans sa vie privée.

f L'acquisition d'un tableau vient semer le ...... entre les amis.

g Le tableau n'a pas de ....

h Serge voulait acheter cette toile depuis ....

i Les disputes entre les trois amis sont décrites d'une manière ....

j Yasmina Reza traite ici des ...... universels.

œuvres * bonheur * amateur * ironique * longtemps * théâtres * problèmes * couleurs * professeur * valeurs * prix * comique * thèmes * niveau * succès * scènes * samedi * amis * trouble

3 A deux. Préparez une interview avec Yasmina Reza pour une émission de radio, en utilisant les informations données dans le texte, et présentez-la à la classe.

Vos parents n'étaient pas Français, n'est-ce pas?

Vous avez grandi dans quelle sorte de milieu?

4 A votre avis, lequel des artistes que vous avez étudiés dans cette unité est le plus important? Ecrivez une réponse de 300 mots environ à cette question, en expliquant et en justifiant votre choix.

Questions de politique

	Page	Thème
Après cette unité, vous saurez aborder les thèmes suivants:		
▶ la politique et comment faire entendre votre voix		
▶ la politique nationale et européenne		
▶ opinions sur la guerre et le terrorisme		

Vous saurez mieux:

▶ vous servir du subjonctif

▶ réviser les compétences apprises

Page	Thème
82	La politique t'intéresse?
84	En France et en Europe
86	La guerre et le terrorisme
88	Zoom examen
90	Au choix

1 Quel slogan convient à chaque thème politique ci-dessous?

2 Avec quels slogans êtes-vous d'accord?

3 Ecrivez un slogan supplémentaire.

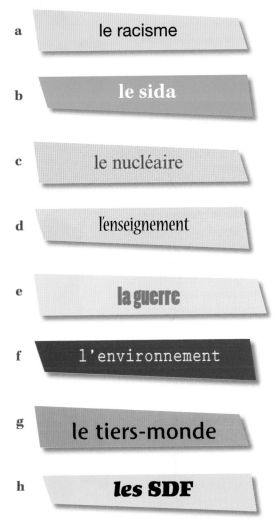

a le racisme

b le sida

c le nucléaire

d l'enseignement

e la guerre

f l'environnement

g le tiers-monde

h les SDF

Sauvons la planète!

Inactifs aujourd'hui, radioactifs demain

PROTÉGEZ-VOUS

UN TOIT POUR EUX

Touche pas à mon pote!

Non aux armes et aux conflits!

ANNULONS LEURS DETTES

Disons "non" aux classes surchargées

La politique t'intéresse?

▶ *Vous vous intéressez à la politique? Y a-t-il des causes pour lesquelles vous seriez prêt(e) à manifester ou organiser une campagne?*

1a 👥 Survolez les quatre témoignages à droite avec un(e) partenaire et écrivez un sous-titre pour chacun. Comparez vos idées avec le reste de la classe.

1b Relisez les quatre témoignages et choisissez la réponse qui convient.

1 Alioune trouve que les discours politiques sont...

   a ... trop difficiles à comprendre.

   b ... plus faciles si on va écouter les discours des candidats.

   c ... barbants.

2 Nadège pense que les étudiants...

   a ... devraient s'intéresser davantage à la politique.

   b ... sont passionnés par la politique.

   c ... devraient se présenter comme candidat aux élections.

3 Charlène...

   a ... est passionnée par les quotas dans l'agriculture.

   b ... ne voit pas de lien fort entre la politique et sa vie à elle.

   c ... est convaincue de l'importance de l'Assemblée nationale.

4 Simon...

   a ... doute de l'importance des décisions politiques.

   b ... remet en question les décisions prises par les politiciens.

   c ... se sent touché par la politique.

1c Traduisez les expressions soulignées en anglais.

2 👤 Voici une liste de groupes et d'associations. Choisissez ceux qui vous intéressent. Ensuite, comparez vos idées avec un(e) partenaire.

   a SOS Racisme

   b Lutte contre le sida

   c Droit au logement (DAL)

   d Les Amis de la Terre

   e Solidarités nouvelles face au chômage (SNC)

   f Mix-Cité (mouvement mixte pour l'égalité des sexes)

   g Association nationale de prévention de l'alcoolisme (ANPAA)

Je vote, donc je suis.

En Terminale ES au lycée Julliot de la Morandière on parle de politique.

1 Alioune

Il est vital que la démocratie se porte bien! J'aimerais bien plus savoir et plus comprendre, mais ce n'est pas du tout facile. Le discours politique est parfois alambiqué mais je pense qu'il faut faire un effort. Moi, par exemple, je vais parfois à un meeting, voir les candidats en chair et en os. Cela m'aide à comprendre de quoi il s'agit.

2 Nadège

En tant qu'étudiante en histoire je dois dire que je m'intéresse quand même à la politique. Il s'agit de participation, de faire entendre sa voix, de réfléchir sur ce qui se passe autour de soi. Je connais des étudiants inscrits en lettres qui ne pensent qu'à leurs partiels ou aux soirées du vendredi. Pour moi ceci n'est guère une attitude intelligente!

3 Charlène

Est-ce que tu peux m'expliquer ce qu'ils font à l'Assemblée nationale ou à Strasbourg pour améliorer ma vie quotidienne? Je n'y comprends rien! Quand j'entends parler de politique, ce sont des discussions sur les quotas dans l'agriculture ou des comités et des sous-comités. En France ou ailleurs, les hommes politiques s'en mettent plein les poches. Ça ne donne pas envie de voter!

4 Simon

Pour dire vrai, la politique c'est un peu loin de mes préoccupations. Je sais bien que le parlement français et les lois qu'on y crée ont une influence réelle sur notre vie de tous les jours: les 35 heures, par exemple, ou les réformes que l'on demande dans les lycées. A la prochaine élection, j'irai voter si je ne suis pas parti en week-end!

© L'Etudiant

3a Ecoutez l'interview sur la Marche des Jeunes et complétez la phrase suivante en moins de 10 mots.

- Les jeunes défilent pour attirer l'attention du public sur ......

3b Ecrivez une phrase pour expliquer chaque chiffre.

   a 30 000 **b** 200 000 **c** 1 sur 5

3c Qu'est-ce qu'on cite comme raison principale de la difficulté des jeunes à trouver un emploi?

4 Lisez l'article "Des milliers de lycéens protestent...", puis traduisez les phrases en français.

   a The lycée pupils were against the idea of cutting thousands of teaching jobs.

   b During the seven days of action in Paris, pupils and teachers demonstrated together.

   c During this period, thousands of people have marched in the capital.

   d Primary school teachers are furious because the government proposes closing classes.

   e Pupils say they are at war with the government because reason has been lost.

5 Travaillez en groupe et choisissez une campagne qui vous est importante, de la liste ci-dessous ou autre chose.

- le besoin urgent d'une route de contournement pour un village près de chez vous
- une réduction du nombre d'élèves par classe dans les établissements secondaires
- une campagne anti-drogue qui vise les jeunes

Préparez un plan de campagne publicitaire pour votre cause. Vous pourriez:

- dessiner un poster ou rédiger un dépliant
- prononcer un discours
- enregistrer une interview pour la radio ou la télévision
- élaborer un sondage
- écrire un communiqué de presse, un article ou une lettre à la rédaction d'un journal

MARCHE DES JEUNES POUR L'EMPLOI

▶ IL FAUT S'ATTAQUER AU CHÔMAGE PAS AUX CHÔMEURS!
▶ PAS DE TRAVAIL PRÉCAIRE, MAIS DE VRAIS EMPLOIS AVEC UN VRAI SALAIRE!
▶ 32H/SEMAINE, SANS PERTE DE SALAIRE ET AVEC EMBAUCHES COMPENSATOIRES!
▶ TOUT CE QUI NOUS DIVISE NOUS AFFAIBLIT!

www.socialisme.be

Des milliers de lycéens protestent contre les réductions budgétaires parce qu'on propose de fermer des classes

Entre 40 000 et 50 000 lycéens ont manifesté le 29 avril dans la plupart des grandes villes de France contre le plan d'austérité du gouvernement concernant l'enseignement primaire et le secondaire. Ce plan prévoit de supprimer 11 200 postes d'enseignants à la rentrée prochaine.

Ces manifestations font suite à celles qui ont eu lieu dans la région parisienne ces trois dernières semaines et qui ont consisté en sept journées d'action durant lesquelles les étudiants ont été rejoints par un grand nombre d'enseignants lors de manifestations qui ont vu défiler de 30 000 à 40 000 personnes dans Paris.

La mobilisation du 29 avril a rassemblé 4000 manifestants à Toulon, 2000 à Nice, 3000 à Tours et Rouen, 2000 à Marseille et plus de 1000 à Orléans, Strasbourg et Toulouse. D'après *l'Agence France Presse*, près de 3500 enseignants du primaire ont manifesté à Rennes contre la fermeture de classes. Dans le département du Gard, le rectorat a annoncé 66 pour cent de lycéens en grève.

Dans les différentes manifestations, on pouvait lire ou entendre des slogans tels que: "Nous sommes les lycéens en guerre contre l'Etat", "C'est la rue qui décide quand la raison déraille", ou encore "Moins de flics, plus de profs".

En France et en Europe

▶ *Comment la France est-elle gouvernée? Et quel rôle joue l'Union européenne?*

1a Ecoutez les jeunes – Nadine, Guy, Mélanie, Patrick, Nadia, Catherine et Julien – qui parlent des causes qui les passionnent et dites qui...

a ... est préoccupé(e) surtout par une question de santé.

b ... veut qu'on recherche de nouvelles sources d'énergie.

c ... critique les attitudes du gouvernement envers la culture des jeunes.

d ... n'est pas toujours en faveur du progrès technologique.

e ... se sent concerné(e) par le tiers-monde.

f ... trouve qu'on ne fait pas assez pour les sans-abri.

g ... est contre la discrimination.

1b A quel ministre/secrétaire d'Etat ces jeunes devraient-ils s'adresser à propos des thèmes qui les concernent?

Exemple: Nadine devrait s'adresser au...

ministre de l'Agriculture et de la Pêche

ministre de la Jeunesse et des Sports

ministre de l'Economie et des Finances

ministre de la Santé   MiNiSTRe De L'eNViRoNNeMeNT

ministre de l'Education Nationale et de la Recherche

ministre de la Culture et de la Communication

ministre de l'Intérieur

secrétaire d'Etat à la Coopération

2 Les systèmes gouvernementaux français et britanniques se ressemblent sur certains points. Choisissez dans la case les mots qui correspondent aux termes suivants.

a l'Assemblée nationale

b un député

c les ministères

d le Conseil des ministres

e le Premier ministre

f l'hôtel Matignon

g les questions du mercredi

h le Sénat

i un projet de loi

j un parti politique

an MP * the House of Commons * Question Time * Downing Street * the prime minister * the House of Lords * the government * the Cabinet * a political party * a bill

3a Quelles sont les responsabilités du président de la République? Ecoutez la première section du texte et écrivez 10 phrases, en vous basant sur les mots-clés donnés.

a reçoit

b audiences

c dossiers

d voyages

e choisit

f préside

g nomme

h signe

i chef

j référendum

3b Ecoutez la deuxième section et répondez aux questions.

a Le gouvernement, c'est qui exactement?

b Nommez les trois ministres dont on parle ici.

c Quand est-ce que les ministres se réunissent auprès du président de la République?

d Que font-ils?

3c Ecoutez la troisième section et résumez en anglais ce qui se passe quand une nouvelle loi est votée. Servez-vous des termes suivants:

the Assemblée nationale * the Sénat * disagreement * compromise * final say

4 Quel sujet vous paraît important dans la société actuelle? Choisissez un thème qui vous passionne et préparez-vous à en parler pendant deux minutes devant la classe. Expliquez les causes du problème et essayez de suggérer quelques solutions.

Exemples: – *Notre société ne dépense pas assez pour les arts et la culture.*

– *On ne fait pas assez pour aider les jeunes au chômage.*

– *Vraiment, il faut faire quelque chose pour améliorer les transports en commun.*

– *Il faut absolument réduire les coûts des études universitaires.*

– *Le parlement européen a trop d'influence sur les gouvernements nationaux. Ce n'est point démocratique.*

5 Lisez la liste ci-dessous et faites des catégories:

a trois pays fondateurs de l'Union européenne

b trois pays qui sont devenus membres en 1973

c trois pays qui sont devenus membres en 2004

d trois pays qui sont en train de devenir membres

e trois pays qui ne sont pas membres

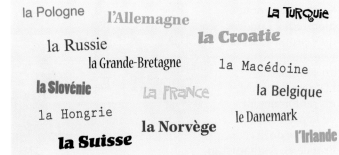

la Pologne   l'Allemagne   la Turquie
la Russie   la Croatie
la Grande-Bretagne   la Macédoine
la Slovénie   La France   la Belgique
la Hongrie   le Danemark
la Norvège   l'Irlande
la Suisse

6a Lisez les textes A–C à droite et choisissez une description appropriée pour chacun.

1 une opinion personnelle qui est très négative

2 un texte officiel qui explique tout

3 une opinion personnelle qui donne le pour et le contre

4 un texte officiel qui donne des informations de base

5 l'opinion positive d'un individu

6b Relisez le texte A et trouvez le français pour les expressions suivantes.

a *which aims to*

b *elected by*

c *with which it is confronted*

d *to make more efficient*

e *a strengthening*

6c Traduisez le texte B en anglais.

6d Relisez le texte C, puis traduisez ces phrases en français.

a I can quite see that it is better to work with other countries.

b If France belongs to the European Union, she is not alone against all the other countries of the world.

c I would like to make my voice heard and that will be easier if France works with the EU.

7 A quel niveau gouvernemental – local, national ou international – pensez-vous avoir la meilleure chance de faire entendre votre voix? Ecrivez environ 300 mots pour expliquer et justifier votre point de vue.

 A

Le 13 décembre 2007, le traité de Lisbonne a été signé par les chefs d'Etat et de gouvernement de tous les pays membres de l'Union. Ce traité vise à rendre l'Union plus efficace, plus démocratique et plus transparente. Celle-ci sera ainsi mieux armée pour continuer de progresser et répondre aux enjeux stratégiques auxquels elle est aujourd'hui confrontée.

Parmi les changements institutionnels agréés sont les suivants:

* Parlement européen (nouvelle composition)

* Conseil européen, transformation en une nouvelle institution et création de la fonction de président de l'Union

* Commission européenne, nouvelle composition (passage à 18 commissaires au lieu de 27 commissaires), renforcement du rôle du président qui est élu par le Parlement européen

* Cour de justice de l'Union européenne (nouvelle dénomination de la Cour de justice des Communautés européennes)

* Haut représentant de l'Union pour les affaires étrangères et la politique de sécurité

 B

Vingt-sept pays et une seule constitution? Voilà la folie que nous propose le traité de Lisbonne, signé par tous les 27 états membres de l'Union européenne mais pas encore – Dieu merci –"ratifié". N'oublions pas que trois pays – la France, les Pays-Bas et l'Irlande – ont déjà dit un fort "non" à cette idée ridicule dans des référendums. On nous écoute? Mais non, on propose d'abandonner la souveraineté de la France et nous soumettre à des pouvoirs mal compris et distants. Si je n'aime pas ce que font les politiques français, je le dis quand je vote. Mais si je suis gouverné de Bruxelles ou de Strasbourg, qui m'écoutera?

 C

Je vois bien qu'il y a des avantages si les pays d'Europe se rapprochent et travaillent ensemble sur les grandes questions de notre époque: l'écologie, la sécurité, le développement d'industries durables face à l'épuisement de nos sources d'énergie. Quant aux questions fondamentales économiques ou militaires, il faut dire que les autres citoyens du monde se regroupent en grands blocs: les Etats-Unis, la Chine, les pays musulmans. Il vaut mieux appartenir à l'Union européenne que de rester seul pays contre tous. Ce sera plus facile de faire entendre sa voix.

La guerre et le terrorisme

▶ *Quelle est votre attitude envers la guerre et le terrorisme? Sont-ils jamais justifiés?*

1a A deux, écrivez une liste des régions du monde où il y a des conflits.

> tension en Israël * guerre civile au / en… *
> terrorisme au / en… * conflits au / en… * guerre au / en …

1b Comparez votre liste avec celle des autres.

2 Lisez l'article "L'envoi de troupes françaises en Afghanistan", puis répondez aux questions.

  a Qu'est-ce que le président Sarkozy propose de renforcer?

  b Que veut-il que les troupes françaises réussissent à faire en Afghanistan?

  c D'après le Président, quel événement serait une défaite?

  d Combien de soldats français étaient en Afghanistan lorsqu'il prononçait son discours?

  e Combien de renforts a-t-il proposé d'envoyer?

  f Pourquoi croit-il qu'une victoire en Afghanistan soit si importante?

3 Ecoutez Isabelle, étudiante en politique, qui parle de l'envoi de troupes françaises en Afghanistan. Ensuite, complétez les phrases.

  a Comme Isabelle, la plupart des Français ....

  b 65% s'opposent à ....

  c Elle trouve que la France devrait plutôt ....

  d Elle doute que l'Afghanistan ....

  e Elle préférerait que les pays du monde ....

  f Elle trouve que, plutôt que de faire la guerre, il vaudrait mieux combattre les problèmes en Afghanistan, tels que ....

4 Et vous? Que pensez-vous de la guerre? Préparez une présentation de 1 à 2 minutes:

- Expliquez les points de vue du Président et d'Isabelle sur l'envoi des troupes françaises en Afghanistan dans vos propres mots.

- Donnez votre opinion personnelle.

- Parlez plus généralement des guerres: dans quelles circonstances trouvez-vous qu'il est nécessaire de faire la guerre?

L'envoi de troupes françaises en Afghanistan

Le président français Nicolas Sarkozy a annoncé mercredi à Londres qu'il proposerait la semaine prochaine, au sommet de l'Otan à Bucarest, un renforcement de la présence militaire de la France en Afghanistan.

"La France a proposé à ses alliés de l'Alliance atlantique une stratégie pour permettre au peuple afghan et à son gouvernement légitime de construire un avenir de paix", a déclaré M. Sarkozy dans un discours prononcé devant les deux chambres du Parlement britannique réunies au palais de Westminster. "Si ces propositions sont acceptées, la France proposera, lors du sommet de Bucarest, de renforcer sa présence militaire", a-t-il ajouté, sans préciser l'importance de ces renforts.

"Nous ne pouvons pas accepter un retour des talibans et d'Al-Qaïda à Kaboul. La défaite nous est interdite, même si la victoire est difficile", a-t-il expliqué dans ce discours, prononcé au premier jour d'une visite d'Etat de trente-six heures sur le sol britannique. Paris et Londres "sont déterminés à rester engagés, côte à côte, avec tous nos alliés, en Afghanistan où, je n'ai pas peur de le dire, une partie essentielle est en train de se jouer", a insisté le président français.

Le quotidien britannique *The Times* avait révélé samedi que M. Sarkozy devait annoncer au Premier ministre britannique Gordon Brown, au cours de ce séjour, sa décision d'envoyer un millier de soldats français supplémentaires en territoire afghan, portant leurs effectifs à 2 500 hommes. Des sources françaises avaient confirmé cette possibilité, évaluant elles aussi ces renforts à un bataillon d'un millier d'hommes, accompagné d'un "petit paquet" de 100 à 200 hommes des forces spéciales.

Dans un entretien accordé mercredi matin à la BBC, Nicolas Sarkozy a expliqué cette mesure, considérant qu'"en Afghanistan se joue une partie de la lutte contre le terrorisme mondial, donc on doit gagner".

5 **Complétez la définition du terrorisme avec les mots de la case.**

> Le terrorisme désigne les [1] violentes (attentats, [2], enlèvements, sabotages) menées contre la [3], de telle sorte que leur retentissement psychologique – [4] et peur – dépasse largement le cercle des [5] directes pour frapper l'opinion [6] concernée.

> victimes * population * assassinats
> terreur * publique * actions

6a **Lisez le texte A et complètez la grille.**

1	Lieu de la conférence	
2	Nom du président mauricien	
3	Ministre de l'intérieur français	
4	Autres pays représentés	
5	Attentat récent: •date •l'auteur du crime •victimes	
6	Ce qu'il faut faire	

6b **Lisez le texte B et écrivez une phrase en anglais pour résumer chaque paragraphe (1–3).**

> **Exemple: 1** *In preparation for the Olympic Games, the Chinese PLA is training to...*

7 **Faites des recherches sur un attentat terroriste et écrivez environ 250 mots:**

- Qu'est-ce qui s'est passé? (*où, quand, qui*, etc.)
- Pourquoi les terroristes ont-ils commis cet acte? Comprenez-vous leur motivation?
- Quelles étaient les réactions du public?
- Quelle est votre opinion personnelle? Le terrorisme est-il jamais justifié? Quels sont les autres moyens de faire entendre sa voix?

A

Méditerranée: la lutte anti-terroriste réunit les ministres de l'Intérieur

Pour l'ouverture officielle de la 13ème conférence des ministres de l'Intérieur de la Méditerranée occidentale, le président mauritanien a tenu à réaffirmer sa volonté de lutter contre le terrorisme; lutter contre la mouvance islamiste qui a frappé durement en décembre dernier, en tuant quatre ressortissants français, quatre touristes assassinés par des hommes se revendiquant d'Al-Qaïda Maghreb.

Cette lutte contre le terrorisme est l'une des priorités de cette conférence qui réunit pour les pays africains, les ministres de l'Intérieur libyen, algérien, tunisien, marocain et bien sûr mauritanien. Michèle Alliot-Marie, au cours de son entretien avec le président mauritanien Abdallahi, a tenu à lui réaffirmer le soutien de la France dans cette lutte contre le terrorisme.

La ministre française de l'Intérieur a également insisté sur la nécessité d'échange de renseignements et d'information, notamment avec la police mauritanienne. Le président Abdallahi lui a enfin indiqué que son pays avait réellement pris connaissance du danger réel que représentait Al-Qaïda Maghreb pour la Mauritanie, mais aussi et surtout pour les ressortissants étrangers.

B

Sécurité des JO 2008 et lutte anti-terrorisme

La question de la sécurité des JO 2008 qui se dérouleront du 8 au 24 août en Chine est d'importance capitale pour les autorités chinoises.

(1) Dans ce sens, l'armée de libération du peuple (PLA) chinoise se forme pour se préparer à d'éventuelles attaques chimiques ou nucléaires pendant les Jeux Olympiques. Les troupes étudient comment riposter le plus efficacement possible en cas d'attaque de toutes natures.

(2) "Nous avons prévu des programmes d'entraînement massifs avant les Jeux afin d'être le mieux préparés contre toute menace," déclare un officier de la PLA à l'agence Xinhua. Robert Mueller, directeur du FBI est persuadé que la Chine sera efficace pour sécuriser les Jeux: "Je suis entièrement convaincu que les Jeux se dérouleront en toute sécurité," avait-il annoncé fin janvier, en visite à Beijing.

(3) L'intention se focalise notamment sur la région Ouïgours où vit la minorité musulmane. Le 27 janvier dernier, la police chinoise avait arrêté un groupe terroriste à Urumqi, capitale de la région autonome, tuant deux personnes et en arrêtant 15 autres.

Zoom examen

Recognising the imperfect subjunctive

● **When is it used?**

1 Complete the blanks in the explanation.

> The subjunctive is used after certain expressions such as a ...... or b .... Usually it is found in the c ...... tense, but in literary style it is sometimes also found in the d ...... tense. This would usually follow an expression requiring the subjunctive which was itself in the past tense. The imperfect subjunctive, however, is rare. You do not need to use it, but only to e ...... it.

● **What does it look like?**

The imperfect subjunctive is formed from the *tu* form of the past historic, plus the endings *-sse, -sses, -^t, -ssions, -ssiez, -ssent.* You will usually recognise the forms you see or be able to work them out from the context.

2 Match the imperfect subjunctive form to its infinitive.

1	il lût	a	entendre
2	ils fissent	b	devenir
3	elle comprît	c	lire
4	tu mentisses	d	comprendre
5	nous devinssions	e	être
6	vous excusassiez	f	mentir
7	il achetât	g	avoir
8	nous sussions	h	excuser
9	ils finissent	i	savoir
10	nous eussions	j	faire
11	elle entendît	k	finir
12	il fût	l	acheter

3a These sentences are in a very literary style, and they use the imperfect subjunctive. Underline the examples and then translate the sentences into English.

a Je voudrais bien que vous l'excusassiez!

b Ne vaudrait-il mieux que nous devinssions amis?

c Je soupçonnais qu'elle eût tort!

d Tout un mois se passa sans que nous nous donnassions signe de vie.

e Jeanne supposait que les apparitions vinssent de mauvais esprits.

3b Which sentence (a–d) would fit best in the speech bubble below?

● As the imperfect subjunctive is used less and less today, even in literary texts, you sometimes see a present tense subjunctive where strictly speaking you would expect an imperfect subjunctive. You sometimes also see a verb in the ordinary, indicative mood. Particularly, the imperfect subjunctive is avoided in speech.

4 Write whether a present subjunctive or an indicative verb has been used and translate these sentences into English.

a Il fallait que nous sachions la vérité.

b Ils n'ont rien fait, de peur qu'elle ait des difficultés dont ils ne savaient rien.

c Ils ne croyaient pas que nous étions raisonnables.

d Je doutais vraiment qu'elle puisse avoir raison.

e Il est possible que cette idée lui a fait prendre une décision.

Compétences

Revising some of the skills practised during the course

- You need to be able to translate accurately, both from French into English and vice versa. (→ exercises **1a**, **1b**, **1c**).

When writing, try to include some more complex sentences, to help your language sound more sophisticated:

- Remember to use conjunctions or linking phrases to turn short sentences into longer ones. (→ exercises **2a**, **2b**)
- Vary your writing by including phrases which take the subjunctive. (→ exercises **2c**, **2d**)
- Look for opportunities to vary the tenses that you use, such as using a *si* clause, giving examples from the past, referring to what you think will happen in the future or stating possibilities in the conditional. (→ exercise **2e**)

Entraînez-vous!

1a List reminders 1–8 below under the three headings where they will be most useful (one example is done for you):

- Translating into English: 2...
- Translating into French:
- Equally useful for both tasks:

1 Check that each verb agrees with its subject.

2 Make sure the English reads naturally.

3 Guess from the context what an unknown word might mean.

4 Read the passage right through before translating the first sentence.

5 Check that all adjectives agree.

6 Make sure to add accents to letters as necessary.

7 Be aware that some words which look similar in the two languages are actually "false friends".

8 Read through your completed translation to see how well it reads.

1b Translate into English:

a Le nombre de chômeurs augmente sans cesse et les promesses du gouvernement de créer 200 000 emplois n'ont pas été tenues.

b Il est plus difficile de décrocher un emploi quand on est jeune, surtout quand on exige de l'expérience.

c Les jeunes occupent souvent des emplois précaires et il est donc facile de les licencier.

1c Translate into French:

a They tell us that the Treaty of Lisbon will make the European Union more democratic and more transparent.

b Twenty-seven member states have signed the treaty but in the countries where there has been a referendum, people rejected it.

c Should France be governed by politicians in a foreign country?

d I really want France to belong to the European Union, because we would work together with all our neighbours.

2a Choose five conjunctions listed below which you don't use very often and write a sentence using each one.

2b Look up the meaning of any conjunctions you are unsure of, then add them to your vocabulary notes.

> et * ainsi que * mais * ou * parce que * vu que * étant donné que * avant de * où * quand * pendant que * ni * cependant * pourtant * néanmoins * donc * car * puisque

2c Choose three subjunctive phrases from those listed below which you don't use often and write a sentence containing each.

2d Look up the meaning of any phrases you are unsure of, then add them to your vocabulary notes.

> bien que * pour que * avant que * quoique * afin que * jusqu'à ce que * je ne suis pas sûr(e) que * je ne crois pas que * je doute que * je veux que * je préfère que * il faut que * il est important que * il est dommage que * il est possible que * il est préférable que * il est nécessaire que

2e Copy and complete these sentences in your own words.

a Si toutes les décisions étaient prises à l'échelle européenne...

b Dans le passé on a vu que plusieurs états-membres...

c Avant la création de l'Union européenne...

d Un jour, tous les pays d'Europe...

e Dans l'avenir, j'espère que...

Au choix

1a S Ecoutez le reportage et reliez les phrases afin d'expliquer qui a fait quoi.

1 le Haut Commissariat aux réfugiés

2 les Russes, les Grecs et les Egyptiens

3 Médecins du Monde

4 le Fret Aquitaine

5 la Croix Rouge

6 les clans mafieux d'Albanie

a a reçu un nombre énorme d'appels

b a organisé la collection de colis humanitaires

c a coordonné l'aide humanitaire

d se sont mobilisés pour contribuer à l'aide

e ont revendu des tonnes de nourriture au marché noir

f a livré des colis humanitaires en Albanie

1b S Réécoutez et écrivez un résumé du texte, faisant mention des points suivants:

- l'origine et le nombre des réfugiés
- l'aide humanitaire à l'échelle mondiale – qui et quoi?
- ce qu'a fait la France
- la difficulté qui s'est présentée en Albanie

2 A deux, discutez les phrases a–f. Partenaire A doit soutenir toutes les opinions exprimées et B doit s'y opposer.

a Tout le monde devrait voter à chaque élection.

b Chacun a droit à tous les soins médicaux dont il a besoin, et cela sans tenir compte de ses moyens.

c Dans certaines circonstances, la guerre se justifie.

3a Lisez les cinq définitions de la démocratie ci-dessous et traduisez-les en anglais.

3b Ecrivez votre propre définition de la démocratie.

Comment définissez-vous la démocratie?

Michel: Nous, on a appris que c'est le gouvernement du peuple par le peuple.

Régia: C'est un régime où l'individu possède le droit de participation et d'opposition.

Claudie: C'est une société où tout le monde a le droit de voter.

Jean-Pierre: Dans une démocratie, la souveraineté est exercée par les représentants que le peuple a élus.

Céline: Tout le monde a le droit d'exprimer son opinion, mais comme il est impossible de réunir tous les habitants d'un pays pour discuter et organiser la vie commune, il faut que les citoyens choisissent des représentants, nos députés, en fait.

d Ça ne vaut jamais la peine de manifester dans la rue.

e C'est à l'échelle européenne qu'on devrait prendre les décisions les plus importantes.

f Mieux vaut financer plus de médecins que d'armes nucléaires.

La Bataille d'Alger – un film magnifique et rigoureux

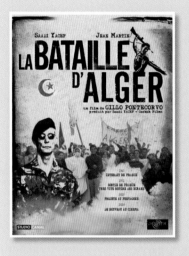

Lion d'or à Venise 1966, prix de la Critique à Cannes, trois nominations aux Oscars: avec une telle carte de visite, n'importe quel film aurait droit à une sortie en grandes pompes. Pas dans la France de la fin des années 60. Et surtout pas lorsqu'il s'agit d'un film sur la guerre d'Algérie.

Sorti en 1966, *La Bataille d'Alger* n'est apparu sur les écrans français qu'en 1971. Et encore pour peu de temps, puisqu'un cinéma qui l'affiche à Paris est dévasté par une charge explosive, tandis qu'à Lons-Le-Saulnier, un commando met en pièces l'écran et détruit la copie du film à l'acide sulfurique. Par conséquent, le film est de nouveau interdit en France. Mais pourquoi est-il si controversé?

Pendant les années 60, les plaies[1] de la guerre d'Algérie ne sont pas encore refermées, quelques années seulement après la signature des accords d'Evian[2]. Mais un cinéaste a décidé de s'occuper des "événements" (comme on les a longtemps appelés). Il est Italien. Il s'appelle Gillo Pontecorvo. Aucun de ses collègues français n'en a eu l'idée ou le courage. Pour relater la lutte pour le contrôle de la Casbah[3] en 1957, Pontecorvo s'est inspiré du récit de Yacef Saadi, l'un des chefs du FLN[4] qui joue, dans *La Bataille d'Alger* son propre rôle. La quasi-totalité des 138 rôles est d'ailleurs tenue par des non-professionnels. Filmant en noir et blanc, dans un style quasi-documentaire, Pontecorvo montre les méthodes brutales de l'armée française aussi bien que les attentats violents contre les civils perpétrés par les membres du FLN. Ce qui a provoqué la colère des Français, déjà sensibles aux accusations de brutalité et de torture en Algérie.

Trente ans plus tard, on voit *La Bataille d'Alger* sous un autre angle. En 2003, une projection privée du film a lieu au Pentagone, à laquelle assistent des généraux et des civils. Un responsable du ministère explique que "ce film donne une vision historique de la conduite des opérations françaises en Algérie". En effet, le haut commandement américain tente d'étudier les erreurs de l'occupation française en Algérie afin de trouver une issue aux drames suscités par la présence des troupes américaines en Irak.

Redécouvert par le grand public, *La Bataille d'Alger* ressort en salle aux Etats-Unis et en France et est même diffusé à la télévision française. Ce film remarquable reçoit enfin l'accueil critique et public qu'il mérite.

[1] la plaie *wound*
[2] les accords d'Evian *treaty marking the end of the war with Algeria in 1962*
[3] la Casbah *old town of Algiers*
[4] le FLN (Front de Libération Nationale) *Algerian independence movement*

1 Lisez l'article sur *La Bataille d'Alger*. Parmi les affirmations suivantes, choisissez les cinq phrases qui sont vraies.

a A sa sortie, *La Bataille d'Alger* a été mieux reçu en France qu'ailleurs.

b Le film a été diffusé dans les cinémas français à la fin des années 60.

c Dans certaines villes, *La Bataille d'Alger* a provoqué une réaction violente.

d Le film a été retiré des écrans à la suite de pressions et de menaces.

e Dans les années 60, plusieurs cinéastes français voulaient traiter le sujet de la guerre d'Algérie.

f Le scénario du film est basé sur les souvenirs d'un ancien combattant.

g Aucun acteur professionnel n'a participé au tournage du film.

h Les Français ont accusé Gillo Pontecorvo d'un manque d'impartialité.

i Les Américains ont regardé le film pour profiter de l'expérience française.

j Au 21ème siècle, *La Bataille d'Alger* ne connaît toujours pas de succès public en France.

2 Traduisez le quatrième paragraphe de l'article ("Trente ans plus tard...") en anglais.

3 "Pour apprécier au maximum une œuvre d'art, il faut s'informer sur la vie de l'artiste, sur les événements historiques de son temps et sur la culture de son époque". Etes-vous d'accord? Ecrivez une réponse à cette question en vous référant à plusieurs artistes français (cinéastes, auteurs, peintres, etc.). Ecrivez 250–300 mots.

4 Lisez la bulle. Qu'en pensez-vous? A deux, prenez chacun(e) un point de vue opposé. Préparez vos arguments, puis discutez et défendez votre opinion.

> Nous vivons dans une société qui n'apprécie plus la culture. La musique classique utilisée pour une sonnerie de mobile ou pour vendre une voiture, la littérature réduite aux films romantiques et sexy, les peintures impressionnistes transformées en cartes d'anniversaire... quelle situation déplorable!

Déplorable!
1 les sonneries massacrent la musique – de mauvaise qualité
2 il faut écouter toute une symphonie

Admirable!
1 la culture fait partie de la vie quotidienne
2 cela peut encourager les gens à aller au concert

5 Lisez le document "Propositions politiques" et discutez à deux des questions suivantes.

a C'est quoi, ce document?

b Expliquez le terme "une société à deux vitesses".

c Croyez-vous que la société écologique dont on parle ici existe déjà? Pourquoi (pas)?

d Choisissez de la liste le thème qui vous intéresse le plus. Quelles sont peut-être les idées des Verts sur ce thème?

e Pourquoi parle-t-on ici d'une VIème République?

f Que peuvent faire les Verts afin de faire entendre leur voix encore plus vivement dans la société actuelle?

Propositions politiques

Le modèle libéral qui s'est imposé à l'Ouest comme à l'Est accumule les risques et génère une société à deux vitesses. Refusant le chômage, les inégalités, la pollution, **Les Verts** ont choisi d'aller vers une société écologique où l'économique ne domine plus les rapports sociaux et ne détruit plus notre environnement.

L'énergie	L'emploi
Les jeunes	Les transports
La santé	La citoyenneté
L'agriculture	Les femmes
Réinventons l'Europe	

Vers une VIème République

[Page accueil]   [Début de page]

LES VERTS
247, rue du Faubourg Saint-Martin • F-75010 PARIS
Tel : 33/01.53.19.53.19 Fax: : 33/01.53.19.03.93
www.lesverts.fr

Les Verts – Confédération écologiste – Parti écologiste

6 Vous allez lancer le "Parti des Jeunes". Travaillez en groupe et choisissez les activités qui vous intéressent.

a Ecrivez votre manifeste, tenant compte de vos propres opinions ainsi que de celles de vos camarades de classe.

b Préparez un discours pour votre première conférence de presse.

c Rédigez le texte du communiqué de presse qui annoncera votre lancement.

d Créez un poster ou un dépliant pour annoncer la création du Parti des Jeunes.

e Dessinez un mur à graffiti qui servira pour vos publicités.

Patrie, Europe et francophonie

9

Après cette unité, vous saurez aborder les thèmes suivants:	Vous saurez mieux:	Page	Thème
▶ le monde francophone	▶ conjuguer les verbes	94	La francophonie
▶ l'empire colonial français	▶ répondre par écrit à des questions en français	96	De l'empire colonial à l'Union européenne (UE)
▶ la France dans l'Union européenne		98	Valeurs, traditions et religion
▶ les valeurs, traditions et croyances des Français		100	Zoom examen
		102	Au choix

INDIGÈNES

1 Discutez en petit groupe. D'après vous, qu'est-ce qui donne à la France sa place dans le monde? Inspirez-vous, par exemple, des thèmes proposés ci-dessous.

a sa place dans l'Union européenne

b ses liens avec les pays de langue française

c ses institutions

d sa vie artistique, culturelle et sportive

e son activité industrielle

f son industrie touristique

2 Ecoutez les six réponses à la question de l'activité 1 et choisissez parmi les réponses a–f.

93

La francophonie

▶ *Qu'est-ce que la francophonie? Quel est son rôle?*

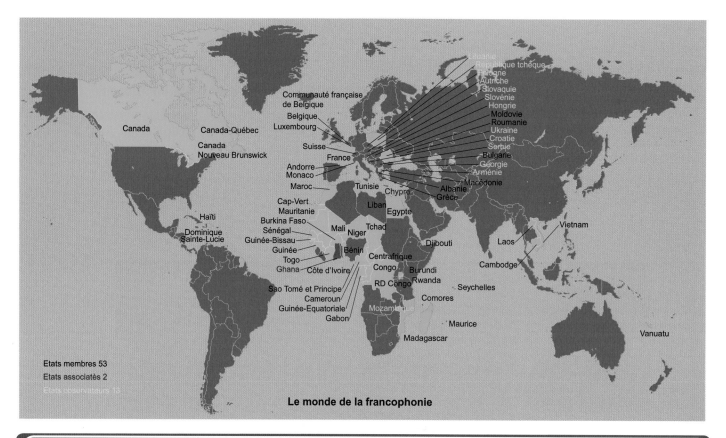

Etats membres 53
Etats associés 2
Etats observateurs 13

Le monde de la francophonie

La francophonie

Et si on commençait par une définition? La francophonie est l'ensemble constitué par les pays qui ont le français comme langue officielle ou en partage. Ainsi, le Québec a le français comme langue maternelle tandis que l'Algérie, ancienne colonie française, l'utilise comme une de ses langues officielles et le Canada s'en sert comme une de ses langues de culture.

Comme vous le savez, l'union fait la force: on estime que la population francophone, répartie sur les cinq continents, s'élève à environ 200 millions de personnes. Aux dernières nouvelles, 55 états et gouvernements étaient membres de l'Organisation internationale de la Francophonie (OIF), plus 13 membres observateurs ou associés, d'où un total de 68 membres. Parmi eux, on compte 32 membres africains et 24 européens.

Un "Commonwealth à la française"? C'était l'ambition de départ en 1970, quand la francophonie réunissait principalement la France et des états issus des empires coloniaux français et belge. Toutefois, il n'a jamais été question d'établir une communauté néocolonialiste, et l'idée de la francophonie a en fait été promue avec grand enthousiasme par d'éminents Africains cherchant à transcender la relation colonisateur-colonisé. De plus, des pays tels que la Roumanie et la Bulgarie sont maintenant

membres de l'OIF. Pour quelles raisons, demanderez-vous, vu qu'ils ne sont pas de parlance française? Parce qu'au 18ème siècle ces pays ont été largement influencés par la culture et les institutions françaises. Leur adhésion constitue donc comme un retour dans la "famille" francophone.

N'oublions pas qu'au-delà d'une langue, les membres partagent des valeurs communes qui sont au cœur de l'OIF. Devant les défis de la mondialisation, l'OIF permet aux pays francophones d'exercer une influence au niveau international, tout en conduisant parmi ses membres des actions dans les domaines de la politique et de la coopération, autour de thèmes tels que la démocratie, la diversité culturelle et le développement.

Ainsi, en ce début de 21ème siècle, l'action de l'OIF s'organise autour de quatre missions:

– la promotion de la langue et de la culture françaises;

– la promotion de la paix, de la démocratie et des droits de l'Homme;

– l'éducation, la formation, l'enseignement supérieur et la recherche;

– la coopération au service du développement durable et de la solidarité.

1 Après une première lecture rapide de l'article (page 94), notez quel paragraphe...

a ... explique les origines de la francophonie.

b ... explique ce qu'est la francophonie.

c ... explique ce qui lie les membres de l'OIF, en plus de la langue.

d ... décrit les grandes lignes des priorités actuelles de l'OIF.

e ... indique le nombre de pays francophones.

f ... explique pourquoi certains pays de langue non française choisissent d'adhérer à l'OIF.

2 Choisissez la description qui convient le mieux et notez vos raisons.

a Le but de ce texte est de convaincre le lecteur des bienfaits de la francophonie.

b Le texte est un article d'information, mais le ton est assez sympathique.

c Le texte vise purement à informer, sur un ton officiel et parfaitement neutre.

d Le but du texte est d'attirer de nouveaux membres dans la "famille" francophone.

3 Trouvez dans le texte un synonyme de:

a par exemple (*paragraphe 1*)

b mais (*paragraphe 1*)

c cependant (*paragraphe 3*)

d en réalité (*paragraphe 3*)

e souhaitant (*paragraphe 3*)

f comme (*paragraphe 3*)

g étant donné (*paragraphe 3*)

h sur le plan (*paragraphe 4*)

i basées sur des (*paragraphe 4*)

4  Ecoutez quatre jeunes francophones – Khaled, Irène, Jean-Nicolas et Lucie – et complétez une fiche pour chacun d'eux.

Nom	
Domicile	
La francophonie dans sa région	
Les aspects positifs mentionnés	
Les aspects négatifs mentionnés	

5 Imaginez et écrivez le témoignage de Li en utilisant les notes ci-dessous.

Country	Vietnam
Status of French	Around 500 000 French speakers
Positive aspects	Loves French as a language Wants to be a French teacher
Negative aspects	History (former French protectorate; independence as a result of Indochina war) French speakers in a minority

6 Au choix:

a Préparez un document écrit, un exposé oral ou une interview visant à faire connaître certaines actions entreprises par la communauté francophone. Faites, par exemple, une recherche Internet sur l'OIF ou sur la Journée de la Francophonie.

b Planifiez votre "Semaine de la langue française" idéale.

JOURNÉE INTERNATIONALE DE LA FRANCOPHONIE

la francophonie

Logo de la Journée internationale de la Francophonie 2008

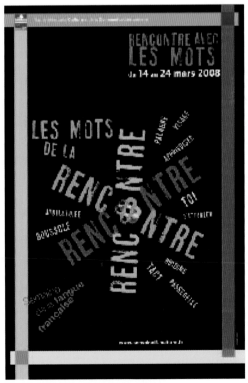

Semaine de la langue française

De l'empire colonial à l'UE

▶ *Que savez-vous de l'empire colonial français? Et de la place de la France dans l'Union européenne?*

1a 🎧 **Ecoutez l'interview sur l'empire colonial français et notez toutes les années citées.**

1b 🎧 **Réécoutez l'interview: vrai (V), faux (F) ou information non-donnée (ND)?**

a L'intervenant explique une des raisons de la colonisation.

b Le processus de colonisation s'est trouvé confronté à de sérieux obstacles géographiques.

c La Nouvelle-Orléans n'existait pas quand la France a colonisé la Louisiane.

d Peu après 1760, quelques îles de la côte canadienne ont demandé à être annexées par la France.

e En Inde, la France a dû lutter avec la Grande-Bretagne pour pouvoir annexer certains territoires côtiers.

f La première vague de colonisation française a touché tous les continents.

2 **Lisez l'article "La deuxième vague de colonisation". Cherchez-y des synonymes pour les mots et expressions proposés.**

a s'est produite (*ligne 2*)
b on l'appelle généralement (*ligne 4*)
c démarré (*ligne 5*)
d cependant (*ligne 8*)
e de même que (*ligne 13*)
f cela concerne (*ligne 14*)
g au cours de (*ligne 15*)
h dans la direction (*ligne 16*)
i en effet (*ligne 17*)
j parmi lesquels on trouve (*ligne 18*)

La deuxième vague de colonisation

En ce qui concerne la deuxième vague de colonisation, qui a eu lieu au 19ème siècle, la France a étendu son empire dans différentes régions, à commencer par l'Afrique du Nord: le "Maghreb", comme on dit. La colonisation de l'Algérie a commencé avec la prise d'Alger en 1830, suivie de la présence française au Maroc et en Tunisie, qui sont devenus des protectorats respectivement en 1881 et en 1912. En Afrique, la France ne s'est toutefois pas arrêtée au Maghreb, puisqu'elle a également occupé deux autres zones extrêmement vastes: l'Afrique occidentale française à partir de 1895 et l'Afrique équatoriale française à partir de 1910.
A cela, il faut également ajouter Djibouti sur la côte est, ainsi que l'île de Madagascar dans l'océan Indien. Au total, il s'agit donc d'un bon tiers du continent africain.

Durant cette deuxième vague de colonisation, la France est aussi retournée voir du côté de l'océan Pacifique. Entre 1842 et 1853, elle y a effectivement colonisé plusieurs îles et archipels, y compris Tahiti et la Nouvelle-Calédonie, tandis qu'en Asie elle a pris possession de l'Indochine, qui comprenait entre autres le Cambodge, le Laos et la ville de Saïgon, qui était la capitale du Sud Vietnam et s'appelle maintenant Hô Chi Min-Ville.

3 👥 **A deux, donnez vos impressions sur la colonisation française en vous aidant des expressions ci-dessous.**

Je ne savais pas que…
J'ai l'impression que…
Est-ce que vous ne trouvez pas…?
A mon avis, la France aurait dû…
Je trouve surprenant que…
Si la France (n')avait (pas)…
Pourquoi la France (n')a-t-elle (pas)…?

L'UNION EUROPÉENNE

Des six pays européens qui ont décidé de coopérer en 1951 aux 27 pays de l'UE actuelle, à moins que ce chiffre ne soit déjà dépassé quand vous lirez cet article, que de chemin parcouru!

Après la Seconde Guerre mondiale, le désir de coopération s'est fait sentir aussi bien pour assurer la paix que pour favoriser le commerce et l'industrie. Après les lenteurs de départ, l'Europe, comme on l'appelle souvent à tort, s'est récemment ouverte à ses voisins à une vitesse foudroyante. Elle n'a atteint les 15 pays qu'en 1995 pour ensuite grimper directement à 25 en 2004, puis à 27 en 2007, regroupant une population de près de 450 millions.

Au fil des années, l'Europe a évolué vers un agenda embrassant non seulement la libre circulation des produits, mais également la libre circulation des personnes dans la plupart des pays de l'UE. Cette mesure a rencontré une certaine hostilité, surtout depuis l'ouverture de l'UE aux pays de l'Est. Cependant, malgré ce que l'on croit parfois, le profil typique du candidat à l'immigration au sein de l'UE n'est pas le chômeur avec famille nombreuse, mais le jeune diplômé célibataire qui veut tenter sa chance plus à l'Ouest. De plus, selon des chiffres assez récents, seulement un tiers choisit de rester définitivement dans le pays d'accueil, un autre tiers ne reste pas plus de 10 ans et le dernier tiers repart au bout d'un an.

Même ceux qui craignent de perdre leur identité ou leur souveraineté nationale ne peuvent nier les réalisations de l'UE. Nous ne citerons ici qu'Airbus, la fusée Ariane, l'aide aux régions pauvres, le projet Erasmus facilitant la mobilité des étudiants et la naissance de l'euro en 1999. Toujours boudé par certains pays, l'euro a toutefois unifié une bonne partie du marché monétaire européen. L'UE ne manque pas non plus d'idées pour l'avenir: stimuler l'emploi, mieux faire face à la mondialisation, créer une armée européenne, harmoniser les politiques sur la santé, le logement, l'éducation, la retraite, et plus encore. L'avenir nous dira combien de ces projets se réaliseront.

La dynamique de l'UE se reflète aussi dans ses institutions. Si le Traité de Lisbonne est ratifié par tous les membres de l'UE, il devrait en faciliter le fonctionnement. Entre autres choses, il permettra de faire passer des résolutions à la majorité qualifiée et non plus à l'unanimité dans 30 grands domaines d'action tels que la lutte contre le changement climatique, les discriminations, le terrorisme et la criminalité organisée. Le Traité marquera également la création d'un poste de Président du Conseil européen et d'un poste de Haut représentant aux affaires étrangères, qui permettront d'assurer plus de continuité dans les travaux et faciliteront la représentation de l'UE face au reste du monde.

4 Lisez l'article "L'Union européenne": vrai ou faux?

a The number of countries in what is now called the EU increased quickly from the start.

b Initially, the sole aim of the EU was to boost economic activity.

c EU nationals are now free to settle in any EU country.

d People are wrong to think that many migrants simply wish to join the dole queue in richer EU countries.

e The author of the article accepts that EU membership has sometimes caused a loss of national identity.

f The EU has decided to create an EU army.

g One of the aims of the Lisbon Treaty is to make the EU decision-making process easier.

5 Donnez un titre à chacun des quatre paragraphes.

6 A deux: en vous inspirant de l'article et de vos recherches personnelles, préparez une présentation sur un des thèmes suivants:

• Ce que signifie l'Europe pour nous deux

• N'ayez pas peur de l'UE!

• L'UE: attention, danger!

Valeurs, traditions et religion

▶ *A quelles valeurs et traditions, religieuses ou autres, sont attachés les Français aujourd'hui? Et vous?*

1a 🎧 **Ecoutez les sept interviews sur les valeurs importantes pour les Français et notez la valeur mentionnée dans chaque interview.**

   a l'attitude envers les étrangers

   b l'attitude envers la religion

   c l'individualisme

   d la liberté d'expression

   e la culture et le patrimoine

   f les institutions

1b 🎧 **Réécoutez les interviews et expliquez l'opinion de chaque personne en complétant ces phrases.**

   1 Après plus de 200 ans, les Français restent ...... République.

   2 La tradition d'accueil des réfugiés ...... difficile.

   3 Vous trouverez rarement un Français qui ...... au lieu de parler.

   4 Une loi datant de l'année 1905 ...... l'Etat.

   5 La multitude de réponses à votre question ...... l'individualisme.

   6 Les manifs, fréquentes en France, ... une valeur clé.

   7 Et si je vous disais ...... mon identité?

Les manifs: une valeur clé?

2a **Lisez le premier paragraphe de l'article "A quoi croient les Français?" (page 99) sans dictionnaire et notez les valeurs mentionnées.**

2b **Décidez de quatre mots maximum à chercher dans le dictionnaire pour faciliter la compréhension du premier paragraphe.**

2c **Relisez le premier paragraphe de l'article et choisissez la bonne réponse.**

   1 Dans son introduction, l'auteur de l'article se montre plutôt...

      a prudent.

      b pessimiste.

      c optimiste.

   2 De nos jours, les Français...

      a apprécient encore plus la famille pour la sécurité financière.

      b ressentent moins de hiérarchie qu'autrefois dans la famille.

      c trouvent surtout leur identité culturelle dans la famille.

   3 Les Français...

      a ne se sentent patriotes que lors de grands événements.

      b restent patriotes mais ont une vision plus vaste qu'autrefois.

      c estiment que le patriotisme est une valeur démodée.

   4 Les Français...

      a apprécient le travail, mais pas s'il s'agit de travailler pour travailler.

      b ne considèrent pas le travail comme une valeur importante.

      c trouvent qu'ils n'ont plus assez de temps pour les loisirs.

A quoi croient les Français?

"Tout fout le camp!" disent certains. La rapidité des transformations survenues depuis plus de 30 ans explique l'interrogation actuelle sur les valeurs de la société française, mais on aurait peut-être tort de tirer des conclusions trop hâtives.

Parfois, ce sont plus les définitions que les valeurs elles-mêmes qui changent. Ainsi, la famille reste au cœur des valeurs prisées par les Français, mais plus dans un contexte égalitaire que comme véhicule de transmission d'un héritage culturel et financier. De même, l'attachement à la patrie reste bien vivant comme on peut le voir, par exemple, lors de grandes compétitions sportives internationales. Cependant, cet attachement se trouve aujourd'hui plus fréquemment placé dans un contexte européen. Quant au travail, les Français le placent au quatrième rang de leurs valeurs de prédilection après l'honnêteté, le respect d'autrui et le sens de la famille, ce qui est loin d'être négligeable, mais peut-être plus aujourd'hui en raison de sa rareté et à condition qu'il n'empiète pas trop sur le temps libre. Autrement dit, il ne s'agit pas de travailler pour travailler. Le sentiment libertaire a subi lui aussi certains soubresauts au fil des dernières décennies. La revendication en faveur des libertés individuelles à tout prix dans les années 70 fut supplantée à partir des années 80 par l'attachement au bien-être matériel pour resurgir ensuite en ce début de 21ème siècle, mais avec une plus grande acceptation des responsabilités individuelles et communautaires.

Et la religion dans tout cela? Dans les enquêtes réalisées, bien que trois Français sur quatre déclarent appartenir à une religion, la religion n'arrive qu'en 13ème position au palmarès des valeurs les plus prisées des Français. De nombreux citoyens se disent donc "religieux" sans pour autant mettre la religion sur un piédestal. L'appartenance à une religion est un peu plus forte chez les femmes ainsi que chez les personnes de plus de 50 ans et les électeurs de droite. La situation se complique encore plus quand on constate que seulement 60% des Français se disent "croyants": certains se décrivent donc comme chrétiens, juifs ou autre, sans pour autant être croyants.

Mais de quelles religions parlons-nous? Même si elle baisse régulièrement, la tradition catholique reste en tête du palmarès. L'islam est peut-être loin derrière le catholicisme, mais il est maintenant la deuxième religion de France, devançant de loin les autres religions, et le nombre de musulmans a triplé en une décennie. Le profil des 6% de la population qui se réclament de l'islam est très distinct du profil catholique dans la mesure où la religion musulmane attire beaucoup plus les 18–34 ans que les 35 ans et plus, et est beaucoup plus présente dans les basses catégories professionnelles, chez les chômeurs et chez les personnes n'ayant pas la nationalité française.

2d Lisez l'article "A quoi croient les Français?" et répondez aux questions en français.

a Au début du deuxième paragraphe de l'article, quelle contradiction semble ressortir dans les enquêtes sur l'attitude des Français envers la religion?

b Quels sont les trois facteurs cités dans le texte qui semblent influencer le taux d'appartenance religieuse?

c Statistiquement, qu'est-ce qui montre qu'on peut appartenir à une religion sans croire en dieu?

d Que nous apprend l'article sur 6% des Français?

e Quel est le profil musulman le plus typique en France?

3 Regardez l'affiche et discutez de ces questions oralement ou par écrit.

• Quelle valeur l'affiche essaie-t-elle de défendre?

• Communique-t-elle bien son message?

• Est-ce un message à défendre aujourd'hui?

• Quelles valeurs ou traditions comptent le plus pour vous?

• Parmi elles, certaines vous semblent-elles en danger? Que faudrait-il faire?

Zoom examen

Revision of verb forms and tenses

1a Read the text opposite and write the correct form of each verb in brackets, using the following colours to help you:

- the present (including one verb in the subjunctive)
- the perfect (active or passive mood?)
- the imperfect or the present participle
- the future or the conditional

1b Now check your answers by listening to the text being read aloud with the correct verb forms in place.

1c After checking your answers, read the complete text aloud several times, using the correct verb forms without looking at your notes.

Compétition de danse

Lutteurs sénégalais

Les Jeux de la Francophonie

[**a** *Connaître*]-vous les Jeux de la Francophonie? Organisés tous les quatre ans, ils [**b** *permettre*] à environ 3000 jeunes de rivaliser dans un esprit de fête, d'échange et d'ouverture. A l'inverse des Jeux olympiques, ils [**c** *réunir*] à la fois des disciplines sportives et artistiques telles que la chanson, le conte et la sculpture, à la manière des Jeux de l'Antiquité qui [**d** *concilier*] l'exercice du corps et de l'esprit. Le rôle joué par la langue française y est donc aussi important que les performances physiques.

Les Jeux 2005 [**e** *se dérouler*] au Niger, où la cérémonie d'ouverture [**f** *suivre*] avec enthousiasme par des milliers de spectateurs venus des quatre coins de la planète. Au total, 13 disciplines [**g** *sélectionner*] pour cette 5ème édition, dont six sportives et sept culturelles.

Il [**h** *être*] trop ambitieux de vouloir répertorier ici tous les résultats, donc citons-en seulement quelques-uns parmi les plus populaires. La lutte traditionnelle, le sport le plus populaire au Niger, [**i** *apprécier*] des spectateurs pour lesquels il [**j** *être*] moins familier. Le Sénégal [**k** *se voir*] à l'honneur en sports collectifs puisqu'il [**l** *se retrouver*] médaille d'or en football et médaille d'argent en basket. Le Maroc, quant à lui, [**m** *confirmer*] sa suprématie en athlétisme avec des victoires dames et hommes. En chanson, le Maroc [**n** *battre*] de peu par la Belgique, tandis qu'en littérature les Libanais [**o** *se retrouver*] en première place devant la France. Nous [**p** *citer*] enfin la médaille d'or remportée par les éblouissants danseurs de Madagascar.

Le Liban [**q** *être*] ravi d'obtenir la première place au classement culturel. Pour le sport, c'est la France qui [**r** *se voir*] en haut du podium, suivie du Maroc et de l'Egypte. Toutes les épreuves [**s** *se dérouler*] à la satisfaction de tous. De plus, grâce à la langue que [**t** *partager*] participants et spectateurs, ces jeux [**u** *permettre*] à beaucoup de repartir avec des contacts utiles pour l'avenir. Le Comité International des Jeux de la Francophonie [**v** *reconnaître*] le franc succès de ces Jeux en [**w** *remettre*] la médaille d'or de la réussite à l'équipe organisatrice. On souhaite que les futurs Jeux [**x** *avoir*] tout autant de succès, ce qui [**y** *être*] sûrement le cas.

Compétences

Answering questions in French

- First things first: make sure you are very familiar with all question words and keep checking exactly what you are being asked. If you are asked "Why...?", do not answer "when".

- Questions on a text rarely use the same words as the text itself. Look at this question about the speech bubble opposite:

Question: *Pourquoi est-elle en faveur de l'UE?*

Here, two strategies can help you relate *soutiens* to *suis [...] en faveur de*:

- having a good knowledge of synonyms
- using context as an aid to understanding

- You don't have to answer in full sentences. For example, here you do not need to start your answer with *Elle est en faveur de l'UE…*

- When answering questions in French, you can use some of the language of the text but will need to adapt it. There are two reasons for this: (i) unless the instructions say you can, you are not expected simply to "lift" answers directly from the text; (ii) questions are often phrased in such a way that you have no choice but to rework the language of the text in order to answer them precisely. Therefore, you need to think grammatically. Compare the language used in this answer to the above question with the language used in the speech bubble:

Answer: *Parce qu'elle estime que l'UE est essentielle à la survie économique de son pays.*

- Answer the question and nothing but the question. If an answer contains both the correct information and superfluous material, you are unlikely to get a mark as you will not have shown you understand. This is why this answer to the above question is unadvisable, because it contains superfluous material:

Answer: *Les Français ont rejeté le traité constitutionnel européen en 2005, mais elle estime que l'UE est essentielle à la survie économique de son pays.*

- Not all questions concentrate on points of detail. If a question asks you to draw a conclusion from various things you are told in a text, you will very likely have to use your own words.

- Finally, always check through your answers one last time:
  - Do they answer the question precisely?
  - Do they make sense in their own right?
  - Are the grammar and the spelling correct?

Entraînez-vous!

Je sais qu'en 2005 mes compatriotes ont rejeté le traité constitutionnel européen, mais personnellement je soutiens totalement l'UE car j'estime qu'elle est essentielle à la survie économique de notre pays. Ça ne m'empêche pas de critiquer, moi aussi, quand je vois par exemple les dépenses inconsidérées de certains députés européens. Après tout, c'est notre argent!

1a Relisez l'article "L'Union européenne" (page 97) et répondez à ces questions.

   a Qu'est-ce qui inquiétait l'auteur quand il a écrit l'introduction de son article?

   b Pour quelle raison politique les six pays de départ ont-il choisi de coopérer?

   c Expliquez l'expression "l'Europe, comme on l'appelle souvent à tort" (*paragraphe 1*).

   d Que signifie que certains pays de l'UE "boudent" toujours l'euro?

   e Pourquoi certains se sont-ils montrés hostiles à la libre circulation des personnes au sein de l'UE?

1b A deux, comparez vos réponses. Essayez de les améliorer si nécessaire.

Au choix

1 Expliquez en quelques phrases ce que, dans cette unité, vous avez trouvé de plus:

a intéressant

b surprenant

c inquiétant

d encourageant

2a S Ecoutez le reportage sur la France et l'UE et répondez aux questions en anglais.

a What happened in 2004?

b What did France decide to do as a result?

c What fear was it responding to in making that decision? Give details.

d Name two categories of people which have little to fear from France's decision.

e Name one professional sector which has recruitment problems.

f What are we told about the unemployed?

2b S Réécoutez le reportage: vrai (V), faux (F) ou information non-donnée (ND)?

a La Roumanie n'est pas devenue membre de l'UE en 2004.

b En théorie, on peut voyager librement à l'intérieur de l'UE si on en fait partie.

c L'élargissement de l'UE en 2004 a eu pour conséquence un flux d'immigration considérable vers la France.

d La France accueille avec peu d'enthousiasme les personnes qui travaillent à leur compte.

e La France semble encourager les immigrés qui travaillent dans le domaine de la recherche.

f On est accepté plus facilement en France si l'on travaille dans le domaine de la recherche que si l'on travaille dans le domaine de l'agriculture.

3 Traduisez l'article "La culture européenne en danger" en anglais.

La culture européenne en danger

L'Europe vit actuellement une période de mondialisation qui tend à uniformiser les idées et les modes de vie, surtout sous l'influence du modèle américain. Tous ceux qui sont attachés à leur histoire, leurs traditions ou leur langue éprouvent angoisse et colère devant la menace qui pèse sur ce à quoi ils sont attachés au plus profond d'eux-mêmes. La France s'inquiète devant le risque d'envahissement de son territoire par ces "produits" américains, non seulement pour des raisons économiques, mais également pour des raisons culturelles et identitaires. Elle craint de voir ses citoyens adopter progressivement les manières de penser et de vivre des Américains.

4 Présentez un aspect de la décolonisation à la classe pendant deux minutes. Vous pourriez, par exemple, parler de la décolonisation:

- en Indochine
- en Tunisie et au Maroc
- à Madagascar

1962: arrivée des pieds-noirs en France

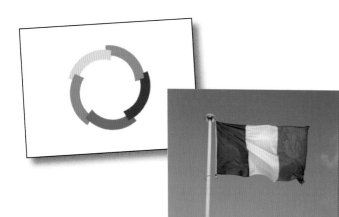

1 **La francophonie a-t-elle un avenir? Ecoutez l'interview avec Brigitte et Pierre sur ce thème. Complétez les phrases suivantes avec un nom de la case. Attention: il y en a huit de trop!**

a Brigitte constate une ...... dans le nombre de personnes qui apprennent le français.

b Selon Pierre, trop de ...... n'apprécient pas l'importance de la francophonie.

c Pierre suggère que la France a honte de son ...... colonial.

d Au début, l'Organisation internationale de la Francophonie a promulgué la culture et la ...... françaises.

e L'OIF est bien placée pour résoudre des ...... religieuses.

f Il est important que les jeunes ...... aient la possibilité de voyager.

g Beaucoup de jeunes Africains quittent leur pays pour faire des ...... en Angleterre et aux USA.

h Selon Brigitte, la France devrait développer des ...... virtuels.

i Pierre pense qu'il est préférable de faire un ...... en France.

j La langue français risque actuellement de perdre son ...... dans l'Union européenne.

k A l'avenir, il faut attacher plus d'importance aux ...... diverses des pays francophones.

l On devrait promouvoir la ...... en Amérique du Sud.

> passé * technologies * langue * cultures * études * séjour * programmes * travail * avancée * diminution * francophones * professeurs * politique * disputes * francophonie * hausse * Français * importance * politiques * linguistique

2 Lisez la page web et expliquez ce que font:

a le Conseil européen (les chef d'Etat et le gouvernement)

b le Conseil de l'Union européenne

c la Commission européenne

d le Parlement européen

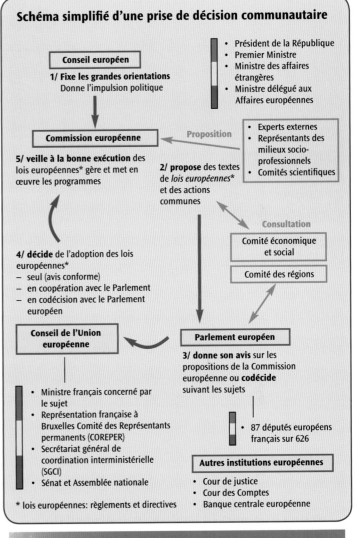

Schéma simplifié d'une prise de décision communautaire

Conseil européen
1/ Fixe les grandes orientations
Donne l'impulsion politique

- Président de la République
- Premier Ministre
- Ministre des affaires étrangères
- Ministre délégué aux Affaires européennes

Commission européenne

Proposition

- Experts externes
- Représentants des milieux socio-professionnels
- Comités scientifiques

5/ veille à la bonne exécution des lois européennes* gère et met en œuvre les programmes

2/ propose des textes de *lois européennes** et des actions communes

Consultation

Comité économique et social

Comité des régions

4/ décide de l'adoption des lois européennes*
– seul (avis conforme)
– en coopération avec le Parlement
– en codécision avec le Parlement européen

Conseil de l'Union européenne

Parlement européen

3/ donne son avis sur les propositions de la Commission européenne ou **codécide** suivant les sujets

- Ministre français concerné par le sujet
- Représentation française à Bruxelles Comité des Représentants permanents (COREPER)
- Secrétariat général de coordination interministérielle (SGCI)
- Sénat et Assemblée nationale

- 87 députés européens français sur 626

Autres institutions européennes
- Cour de justice
- Cour des Comptes
- Banque centrale européenne

* lois européennes: règlements et directives

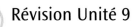

La Fondation de la tolérance: 11 ans d'engagement dans l'éducation à la différence

QUI SOMMES-NOUS?　　ACTIVITES SCOLAIRES ET PUBLIQUES　　OUTILS PEDAGOGIQUES　　SITES D'INTERET

ACCUEIL

THEATRE

SALLE DE PRESSE

A l'heure des grands questionnements sur les enjeux reliés au pluralisme et à la multiethnicité au sein de la société québécoise, *La Fondation de la tolérance* cherche à promouvoir les valeurs de respect, d'ouverture et de solidarité face à la différence. Considérant la tolérance dans le sens le plus actif du terme, c'est-à-dire comme étant une attitude d'appréciation, de valorisation des différences et une source de richesse personnelle et sociale, nous œuvrons auprès des jeunes et des adultes depuis plus de dix ans afin de les sensibiliser à cet enjeu primordial pour le XXIème siècle.

Si la tolérance peut sembler un concept abstrait et difficilement mesurable, les conséquences de l'intolérance, elles, sont tangibles et dommageables pour la vie en société: exclusion, stigmatisation, violence, inégalité en termes de droits et de chances, etc. Plutôt que de nous attaquer à ces conséquences, nous privilégions une approche basée sur la prévention et l'éducation à la différence. Notre lutte constante contre l'ignorance, les préjugés et la discrimination s'articule principalement autour d'activités conçues pour les jeunes du secondaire (par exemple le théâtre participatif). Pourquoi les jeunes? Non seulement parce qu'ils constituent l'avenir de notre société, mais surtout parce qu'il est établi par les experts en éducation qu'une personne confrontée dès son plus jeune âge aux aspects positifs de la différence sera mieux outillée pour lutter contre l'intolérance durant toute sa vie. Notre objectif est donc de préparer les jeunes à devenir les acteurs d'une société plurielle, ouverte et égalitaire.

Accueil | Zone jeunesse | Contact | Plan du site

3 **Read the text above, from the welcome page on the website of "La Fondation de la tolérance", and write a summary in English, including all the information listed in the bullet points below.**

- the main goals of the foundation
- the link between the abstract and the concrete
- the main ways in which the work of the foundation is carried out
- two reasons why they choose to work largely with young people
- the kind of society the foundation would like to see in the future

4 **Ecrivez environ 300 mots sur un des thèmes suivants.**

a Comment est-ce que la vie des Français est enrichie par la francophonie?

b Sera-t-il jamais possible d'atteindre une société tout à fait tolérante?

c Quel aspect de l'histoire de la France vous intéresse le plus? Justifiez votre choix.

d Décrivez l'œuvre d'un(e) artiste français(e) que vous admirez et expliquez son importance pour la société actuelle.

▶ Using different time frames and verb tenses

Tip

Introducing examples in different time frames can add depth to an argument and allow you to vary your verb tenses.

Rappel

● Expressions of time in French often use different prepositions from English.

● Examples from the past show your knowledge and understanding of a topic.

● Suggestions for the future show your powers of analysis and independent thought.

A Examples using past tenses

1 Read sentences a–e below and list the expressions of time used.

a Les premiers ouvriers étrangers sont arrivés en France au 19ème siècle.

b En 1931, avant la deuxième guerre mondiale, la France avait déjà accueilli des millions d'immigrés.

c Pendant les années 60, les entreprises françaises ont recruté de la main d'œuvre à l'étranger.

d A partir de 1974, le gouvernement a voulu limiter l'immigration.

e Il y a plus de vingt ans, les Français se sont rendu compte des tensions raciales.

2 Translate the sentences above into English.

B Examples using the future tense and the conditional

3 Complete each statement in the present or past tense (1–4) with an appropriate ending in the future or conditional (a–d).

1 Jusqu'à présent, on n'a pas réussi à combattre l'exclusion; ...

2 Aujourd'hui, les manifestations du racisme sont moins visibles qu'avant, et...

3 Dans notre société, peu de cas de discrimination raciale vont en justice, mais...

4 Le racisme existe depuis plus de cent ans, donc...

a ... demain, elles ne seront plus acceptées du tout.

b ... saura-t-on résoudre ce problème à l'avenir?

c ... il ne disparaîtra pas du jour au lendemain.

d ... dans un monde idéal, le racisme serait toujours puni.

C Verbs in action

La Cité nationale de l'histoire de l'immigration ouvre ses portes

A l'heure où un ministère veut dessiner les contours d'une identité nationale en codifiant les critères d'appartenance, il s'avère plus que jamais nécessaire d'enseigner la complexité du passé pour construire la politique de demain.

Alors que les débats sur l'immigration font rage, un nouveau musée nous rappelle qu'il ne s'agit pas là de questions abstraites. La Cité nationale de l'histoire de l'immigration montre les parcours de travailleurs italiens, espagnols, portugais; les trajectoires des ouvriers des anciennes colonies: Algériens, Marocains ou Sénégalais. Elle rappelle que tous ces hommes ont construit des routes, des ports et des quartiers de villes; ont combattu dans l'armée française lors des deux conflits mondiaux. Sans oublier Picasso ou Chagall, ces immigrés, ces exilés attirés par le rayonnement et la liberté de Paris.

La France d'aujourd'hui ne devrait pas oublier tout ce qu'elle doit à ces immigrés. Je me demande pourtant s'il sera possible de faire coïncider cette cité de l'immigration avec la politique actuelle dominée par la restriction des droits des étrangers et d'atteinte au droit d'asile.

4 Study the text and find examples of the following:

a three verbs in the past tense

b one verb in the future tense

c one verb in the conditional

5 Answer the following questions in French as fully as possible, either orally or in writing.

a Quelle est l'attitude de l'auteur en ce qui concerne l'identité nationale?

b Selon l'auteur, quelles sont les trois façons dont les immigrés ont contribué à la société française?

c Quel contraste fait-il entre les attitudes représentées dans le musée et celles du gouvernement français?

6 Translate the second paragraph of the article.

D All time frames and tenses

7 Translate the following sentences into French.

a Nowadays we live in a multicultural society, but fifty years ago things were very different.

b For over thirty years, anti-racist campaigns have tried to change public opinion, but up to now they have had little success.

c By informing young people about the contribution which immigrants have made to French society, the museum will allow them to understand their own cultural identity.

d At the end of the twentieth century, most French people wanted to create a more tolerant society, where everyone would respect the cultures and values of others.

Stretch and challenge

▶ Adjectives and adverbs

Tip

Using more ambitious adjectives and adverbs can make your language more interesting and forceful.

Rappel

● Adjectives always agree with the noun they describe.
● Adverbs in French normally end in *-ment*.
● An adverb and an adjective can be used together, e.g. *extrêmement complexe*.

A Adjectives

Les cellules françaises bondées

Où cela s'arrêtera-t-il? Vendredi, plusieurs sources syndicales ont affirmé que le nombre de détenus dans les prisons françaises devrait dépasser les 64 000 en juillet. Si ce chiffre n'a pas été confirmé officiellement, il est tout à fait vraisemblable, puisqu'au 1er juin les quelque 200 prisons françaises renfermaient 63 838 détenus. L'absence de grâces du 14 juillet a dû sensiblement faire augmenter ce bilan. Au total, environ deux tiers des établissements pénitentiaires sont en surpopulation.

1 List the phrases containing adjectives in the text.

2 Translate the text into English.

3 Choose an adjective from the box to describe each noun and add appropriate agreements.

a la tendance   c les crimes   e une réponse
b le service   d les établissements

   mineur   actuel   approprié   communautaire   privé

4 Translate the following sentences into English.

a The current trend is to send all those who commit a crime to prison.

b The president has just officially confirmed the creation of private prisons.

c Community service can be an appropriate way of punishing minor crimes.

d Building new prisons is not an appropriate response to overcrowded cells.

B Adverbs

A
Bien que le problème se montre de plus en plus compliqué, personne ne doute que les crimes violents doivent être sévèrement punis.

B
Malheureusement, on ne prévoit actuellement aucune baisse significative du crime et de la violence.

C
En comparant notre situation actuelle à celle d'il y a dix ans, on ne peut pas nier que les réformes aient été un franc succès, principalement grâce à l'inspiration de grandes figures visionnaires.

D
Le ministre de la Justice a réagi d'une façon surprenante, répondant d'un ton fâché que les conséquences d'une telle mesure seraient extrêmement graves.

5 Study sentences A–D above and identify the adverbs.

6 Find the phrases which translate the English adverbs "surprisingly" and "angrily".

7 Some French adjectives do not have an equivalent adverb, and require a phrase using a noun and an adjective. Suggest an adverb in English to translate each of the following phrases:

a d'une façon charmante   b d'un air content
c d'une manière intelligente

8 Translate sentences A–D into English.

C Adjectives and adverbs together

9 Translate the following sentences into French

a The police were deeply shocked by a recent survey showing that most citizens were constantly afraid of being the victim of violent crime.

b Nobody can deny that the current situation threatens the stability of our society in an unexpected way.

c It is becoming absolutely essential to find a solution to the apparently perpetual problem of prison overcrowding before it is too late.

d We know that young offenders must be helped to integrate properly into society, but unfortunately unemployment is still part of everyday life in all industrialised countries.

Stretch and challenge

▶ The subjunctive (1)

Tip

Using conjunctions followed by the subjunctive improves the quality of your language.

Rappel

● Many conjunctions are followed by the subjunctive in French.

Sous la plage, l'esclavage

La République dominicaine, c'est le paradis sur terre, à condition qu'on ne quitte pas son hôtel de luxe. Les touristes reviennent ravis des plages bordées de palmiers, pourvu qu'ils ne sachent pas ce qui se passe à quelques mètres des grands hôtels. Quels que soient les avantages de l'île, le soleil n'y brille pas de la même façon pour tout le monde; bien que la situation dans les hôtels semble paradisiaque, les conditions de vie des travailleurs agricoles sont des plus tragiques.

Les coupeurs de cannes à sucre vivent dans des conditions déplorables, sans avoir accès aux services publics de base tels que les soins médicaux, l'éducation et l'eau courante. Quoique le travail des enfants soit illégal, ceux-ci continuent d'être embauchés dans les plantations de canne à sucre. Face à cette situation, quelques mouvements s'évertuent à alerter l'opinion publique pour que l'on puisse trouver le moyen d'améliorer la situation des droits humains dans ce pays. Après avoir vécu quelques mois en République dominicaine, plusieurs artistes, photographes et réalisateurs ont monté une exposition intitulée "Esclaves au paradis" pour que la France prenne ce problème au sérieux. Le film américain *Sugar Babies* provoquera aussi des débats jusqu'à ce que les familles propriétaires de plantations cessent d'exploiter leur main d'œuvre.

L'Union européenne vient d'annoncer une subvention de 194 millions d'euros octroyée à la République dominicaine sans que cette subvention soit assortie d'obligations quant au respect effectif des droits de l'homme. Soixante ans après la déclaration universelle des droits de l'homme, ne serait-il pas du devoir de l'Europe d'intervenir pour que cette situation tragique change?

1 Study the article and note the uses of the subjunctive. Translate the subjunctive clauses into English.

2 Using the article as a model, translate these phrases into French.
   a as long as you don't know the truth
   b whatever the reasons may be
   c although everyone understands the difficulties
   d until the problem is solved
   e provided there is no exploitation

3 Complete the following sentences according to the ideas expressed in the article.
   a Le tourisme en République dominicaine est en pleine expansion, sans que…
   b L'exposition et le film ont été réalisés pour que…
   c L'Union européenne n'a pas encore essayé d'influencer le gouvernement de la République dominicaine, bien qu'…

4 Rewrite the following sentences to include a subjunctive clause.
   a Le monde n'a jamais été aussi riche, mais plus d'un milliard de personnes souffrent d'extrême pauvreté.
   b Si de 1960 à 1980 les pays d'Afrique ont enregistré des progrès sensibles en matière de développement économique et social, ces progrès se sont malheureusement ralentis.
   c Globalement, 100 millions d'enfants continueront de vivre dans les rues; jusqu'à présent, les pays riches ne prennent pas ce problème au sérieux.

5 Translate the following sentences into French.
   a Whatever the difficulties may be, we should make more effort to help developing countries.
   b Unless we can change our way of life, half of humanity will continue to live in poverty.
   c We envisage building new wells in as many villages as possible, so that everyone can benefit from clean water.
   d Rich countries could subsidise sustainable development in poor countries until their economies are stronger.
   e Although living conditions have improved recently, they are still extremely difficult.

Stretch and challenge

> ## Modal verbs: *devoir, pouvoir, savoir, vouloir, falloir (il faut), valoir (il vaut mieux)*

Tip

Using these verbs in different tenses will improve the complexity of your written French.

Rappel

- Modal verbs are followed by an infinitive.
- *Il faut...* ("it is necessary to...") and *il vaut mieux...* ("it is better to...") are impersonal verbs.

A   Modal verbs in the present tense

> On sait que la pollution de l'air dans nos villes peut provoquer des cancers et des maladies cardio-vasculaires, mais personne ne veut prendre les mesures qu'il faut pour combattre ce problème. Nous ne devons plus encourager l'usage de la voiture individuelle en ville; il vaut mieux priviligier les transports en commun...

1 Translate the text above into English.

2 Complete the following sentences with a suitable modal verb in the present tense.

   a On ...... faire plus d'efforts pour réduire la pollution.

   b On ...... s'acheter une petite voiture, mais il ...... utiliser les transports publics.

   c La municipalité ...... créer des pistes cyclables pour encourager ceux qui ...... se déplacer à vélo.

3 Translate these sentences into French.

   a We must help people who want to leave their cars at home.

   b Car exhaust fumes can be harmful to public health.

   c We cannot choose the air we breathe.

B   Modal verbs in the conditional and conditional perfect tenses

> Moi, je dirais que chacun voudrait protéger la planète, mais le problème, c'est qu'il faudrait changer nos habitudes. Je sais qu'on devrait prendre le train plutôt que l'avion, mais c'est pas facile. L'été dernier, j'aurais bien voulu partir en vacances en train, mais cela m'aurait coûté beaucoup plus cher.

> Je ne saurais pas donner une réponse catégorique à cette question. On pourrait installer des panneaux solaires sur le toit, construire des fermes éoliennes, favoriser les biocarburants. Mais pourquoi voudrions-nous développer de nouvelles sources d'énergie? Il vaudrait mieux réduire notre consommation.

> On pourrait dire que le réchauffement climatique est la responsabilité des scientifiques et des politiques. Pendant les années 90, le gouvernement aurait pu arrêter la construction des nouvelles autoroutes. Plus récemment, il aurait dû limiter la croissance du trafic aérien.

4 Translate the three texts above into English, paying particular attention to the verb tenses.

5 Rewrite each of the sentences below to include a modal verb in the conditional or conditional perfect.

   Exemple: On trie les déchets.
   *On **aurait dû trier** les déchets.*
   (We should have sorted the rubbish.)

   a On consomme moins d'énergie.

   b Nous nous intéressons plus à l'environnement.

   c Je refuse d'utiliser des sacs en plastique.

   d Les supermarchés réduisent les emballages.

   e Les centrales nucléaires ont un impact nocif sur l'environnement.

6 Translate these sentences into French

   a I would never have wanted to drive a fast car.

   b We could have avoided the current energy crisis.

   c Biofuels ought to reduce atmospheric pollution, but they could cause other problems.

C   Modal verbs in all tenses

7 Translate these sentences into French, paying particular attention to tenses.

   a I would not have been able to walk to school even if I had wanted to.

   b In the future we will all have to reduce our energy consumption; we will not be able to waste the world's natural resources any longer.

   c A hundred years ago, no-one knew that pollution could have serious consequences for the environment.

   d All car drivers have known for several years that it is better to use public transport.

> **Verb constructions: *en* + present participle, *après avoir/être*
> + past participle, *avant de* + infinitive**

Rappel

- *En* + present participle means "by …ing".
- *Après avoir/être* ("after …ing") is followed by a past participle.
- *Avant de* ("before …ing") is followed by an infinitive.

All three constructions must refer to the subject of the sentence.

A   *En* + present participle

Tous les jours, nous pouvons tous contribuer à la protection de notre
environnement en réalisant des gestes simples:

- Evitez le gaspillage des ressources naturelles en privilégiant les
  produits avec des emballages recyclables et en triant vos déchets.
- Economisez l'énergie en évitant de laisser les appareils en veille
  et en éteignant systématiquement les lumières des pièces quand
  vous en sortez.
- Lors de l'achat de votre prochain véhicule, choisissez-le en
  pensant à l'environnement. En effet, plus une voiture est
  volumineuse, plus elle consomme de carburant.
- Optez pour l'énergie solaire en installant des panneaux solaires
  sur le toit de votre habitation. Ceux-ci capteront la lumière du
  soleil et la convertiront en énergie.
- Sachez qu'en réduisant votre consommation de viande, vous
  contribuerez à la réduction des émissions de gaz à effet de
  serre provenant de l'élevage et à une meilleure répartition des
  productions de céréales.

1 **Translate the text above into English, paying
particular attention to present participles and to
verb tenses.**

2 **Complete the following sentences using *en* + the
present participle of a verb from the box.**

   a Chacun peut économiser l'eau …… une douche plutôt
qu'un bain.

   b On pourrait réduire les déchets …… un sac en tissu
pour transporter ses courses et …… les sacs en
plastique.

   c Nous pourrions protéger l'environnement …… du
compost avec les résidus organiques.

   d Nous devrions lutter contre la pollution
atmosphérique …… à pied ou à vélo pour les courts
trajets.

     faire   s'acheter   se déplacer   prendre   refuser

B   *Avant de…*

3 **Match the two halves of the following sentences
and translate them into English.**

   1 On aurait dû penser aux conséquences écologiques…

   2 Chacun pourrait trier ses déchets…

   3 On doit tenir compte de l'impact des parcs éoliens
sur l'environnement…

   4 Nous devrions tous calculer notre empreinte
carbone…

   a … avant d'en construire trop.

   b … avant de les mettre à la poubelle.

   c … avant de construire autant d'autoroutes.

   d … avant de partir en vacances.

C   *Après avoir/être…*

4 **Complete the following sentences with the past
infinitive of an appropriate verb from the box.
Take care over past participle agreements.**

   a Beaucoup de jeunes ont décidé de participer à un
projet écologique après …… un article sur Internet.

   b Après …… naufrage sur la côte bretonne, un pétrolier
avait déchargé du mazout dans la mer.

   c Après …… sur la plage, les sauveteurs se sont mis au
travail.

   d Après …… des gants et des bottes, ils ont commencé
à ramasser les oiseaux.

     arriver   lire   mettre   faire

D   All three constructions

5 **Translate the following sentences into French.**

   a Many students would have liked to work as
volunteers for a year before going to university.

   b After seeing the pictures of the rainforests, everyone
realised that they had to act to protect them.

   c In an ideal world, we would all save energy by
travelling less and recycling more.

   d Before going away on holiday, you should ask yourself
if it is really necessary to fly.

   e By choosing recycled products, every consumer can
avoid wasting natural resources.

Stretch and challenge

▶ The subjunctive (2)

Rappel

● Many verbs of wishing, fearing, ordering, allowing, etc. are followed by the subjunctive in French.

A Verbs of doubting and verbs expressing uncertainty

A La police craint que la "preuve ADN" ne soit pas infaillible.

B Certains veulent que chaque nouvel immigré subisse des tests ADN.

C Il est peu probable qu'on permette aux scientifiques de créer des cellules embryonnaires.

D Il vaut mieux que le consommateur ne choisisse pas les aliments génétiquement modifiés.

E Il faut que tout le monde comprenne les bénéfices que peuvent nous apporter les avancées génétiques.

F Il se peut que les Amis de la Terre aient raison.

1 Study sentences A–F above and note the verbs followed by the subjunctive.

2 Translate the sentences into English.

3 Complete the following sentences using a suitable verb in the subjunctive.

a Beaucoup de jeunes ont peur que...
b Le gouvernement attend que...
c Les scientifiques veulent que...
d Il n'est pas certain que...
e Les médecins auraient préféré que...

B Verbs expressing fears, doubts and emotions

A Nous craignons que les avancées scientifiques aient des conséquences inattendues.

B Je trouve choquant que le sida ait causé plus de deux millions de décès dans le monde en une seule année.

C Je regrette qu'aucun politique ne réponde aux nombreuses questions éthiques soulevées par le clonage.

D On s'étonne que cela soit possible.

E Beaucoup de Français ont peur que les manipulations génétiques n'aillent trop loin.

F Je ne pense pas que ce soit une solution.

4 Study sentences A–F above and note the verbs followed by the subjunctive.

5 Translate the sentences into English.

6 For each of the following phrases write a sentence expressing an emotion. Start with one of the verbs used in the sentences above, or another verb followed by the subjunctive. Try to include modal verbs in at least two of your answers.

a guérir les maladies héréditaires
b mettre fin à la faim dans le monde
c trop intervenir dans la nature
d faire des progrès remarquables
e soulever trop de problèmes

C All types of subjunctive clauses

7 Translate these sentences into French.

a It would be better for the government to reflect and read all the official reports before making a decision.
b We are all sorry that researchers have not yet succeeded in finding a cure for Aids.
c Many European consumers fear that genetically modified foods could damage their health, but I don't think this is the case.
d Our society has to make up its mind whether it wants everyone to undergo DNA tests.

▶ The conditional

Rappel

There is a clear rule for the sequence of tenses in conditional sentences:

● *si* + imperfect, conditional in main clause.
● *si* + pluperfect, conditional perfect in main clause.

The conditional is also often used in reported speech.

A Speculating on influences and alternative possibilities

Si François Truffaut n'avait pas vu les films d'Hitchcock, il ne serait peut-être pas devenu cinéaste.

Si Berthe Morisot vivait aujourd'hui, elle aurait moins de difficultés à se faire accepter comme femme peintre.

1 Translate the sentences above into English.

2 Write conditional sentences starting with *Si...*, using the phrases in brackets below and deciding each time which sequence of tenses is most appropriate.

a Claude Monet [*ne pas s'installer à Giverny en 1883*] ne pas avoir la possibilité de peindre les nymphéas.

b François Truffaut [*réaliser des films aujourd'hui*] traiterait des sujets différents.

c Albert Camus [*ne pas souffrir de la tuberculose*] devenir professeur de philosophie.

B Speculating on characters and events

Le lecteur se demande ce qui serait arrivé s'ils avaient décidé de rentrer plus tôt.

Si Rieux n'avait pas voulu lutter contre la peste, il aurait pu quitter Oran avant que la ville ne soit fermée.

3 Translate the sentences above into English.

4 Make up endings for these sentences, using the correct form of the conditional:

a Si le héros du roman était plus courageux...

b Si Juliette n'avait pas fait la connaissance de Roméo...

5 Translate these sentences into French:

a If he had not gone to Paris, he would never have met her.

b She would not be ashamed of her past life if she could admit her mistakes openly.

C Reporting someone's words

Projets d'avenir

Dans une interview en 2007, Yasmina Reza a révélé qu'elle suivrait Nicolas Sarkozy dans sa campagne présidentielle et qu'elle publierait ensuite un livre à son sujet. Elle a déclaré pourtant qu'elle n'écrirait jamais son autobiographie personnelle et qu'elle serait effrayée par l'idée que n'importe qui puisse publier sa biographie sans qu'elle ne le permette.

6 Translate the text above into English, paying particular attention to the conditional verbs.

7 Rewrite these sentences in reported speech:

a François Truffaut a déclaré: "Je ne partirai pas en retraite. Je continuerai à tourner des films jusqu'à ma mort."

b A l'époque, les critiques les plus influents ont dit: "Les peintres impressionnistes n'auront jamais de succès."

D Suggesting possible interpretations

Moi, je décrirais ce personnage comme un réaliste plutôt qu'un monstre.

On pourrait dire que le roman traite un sujet peu original.

8 Translate the sentences above into English.

E All types of conditional sentences

9 Translate the following sentences into French.

a Claude Monet would be amazed to know that his paintings are still popular today.

b The director explained that he would not be able to film and would have to abandon the project if the financial problems were not resolved.

c You could say that Impressionism marked the start of modern art.

d Personally, I would describe Camus as a philosopher rather than a writer, but I know that many readers would say the opposite.

e The audience ask themselves what they would do in such a situation and whether they would react in the same way.

Stretch and challenge

▶ The passive voice

Tip

The passive is often used in formal language.

Rappel

● The passive is made up of an appropriate tense of *être* and the past participle.
● The English passive may also be translated by a reflexive verb in French or by an active verb with *on*.

Un milliard de migrants d'ici 2050 en conséquence du réchauffement climatique

Selon un rapport publié par une organisation humanitaire, au moins un milliard de personnes vont migrer d'ici à 2050, en conséquence du réchauffement climatique.

On estime que 163 millions de personnes ont déjà été forcées de quitter leurs foyers à cause de conflits, de catastrophes naturelles et de grands projets de développement, tels que des mines ou des barrages. A l'avenir, **on craint** que ces facteurs ne soient exacerbés par le réchauffement climatique.

Citant des données non encore publiées, le rapport souligne que d'ici 2080, jusqu'à trois milliards de personnes manqueront d'eau et plus de 500 millions pourraient être touchées par la faim. Il se peut que plusieurs millions de personnes soient affectées par la hausse du niveau des océans. **On prévient** donc que les migrations se feront de plus en plus fréquemment, ce qui mènera inévitablement à de nouveaux conflits dans les régions du monde les plus pauvres, où les ressources sont les plus rares.

Sur le plan politique, le rapport rappelle qu'à l'heure actuelle, les déplacements à l'intérieur d'un pays ne sont pas considérés comme des migrations par le droit international. Il met en exergue trois pays qui seront particulièrement concernés par ces déplacements internes: la Colombie, le Mali et la Birmanie, et revendique une action urgente de la communauté internationale pour assurer la stabilité de ces pays.

Jusqu'à présent, la crise migratoire reste largement ignorée, ce qui ne sera plus le cas à l'avenir. **Il faut s'attendre à ce que** l'Europe et les autres pays riches soient obligés d'accueillir un nombre croissant d'immigrés et de réfugiés, et par conséquent, tous les pays du monde seront affectés par les migrations.

1 Read the article and answer the questions in French, using a verb in the passive.

a Quel est souvent l'effet des projets de développement sur la population locale?

b Pourquoi est-ce qu'on ne savait pas encore ces statistiques choquantes?

c Quelles régions du monde seront surtout affectées par les conflits, et pourquoi?

d Pourquoi les déplacements à l'intérieur d'un pays posent-ils un problème?

e Quelle sera la conséquence de la crise migratoire pour les pays riches?

2 Suggest an English passive translation for the verbs in bold in the article.

3 Translate the second and third paragraphs into English ("On estime que... les plus rares").

4 Find examples of these different passive forms in the article:

a perfect tense   b future tense   c subjunctive

d passive infinitive after a modal verb

e passive using a different auxiliary, to translate the English "is still ignored"

5 Find in the article:

a 2 present participles, including one used as an adjective

b 3 verbs followed by the subjunctive

c 4 phrases including adverbs

6 Translate these sentences into French:

a It is estimated that we will all be affected by the consequences of global warming.

b At the present time most scientists think that natural catastrophes are mainly caused by climate change.

c Several strategies have already been proposed which could be put into place by 2020.

d It is feared that forced migration could lead to instability and civil war in certain countries.

e If global consumption of natural resources could be reduced, an energy crisis could be avoided in the future.

f If the dam had not been built, the villages would not have been flooded and the inhabitants would not have been forced to leave their homes.

Verbs followed by *à* and *de*

Tip

Using more complex verb constructions can add variety to your language.

Rappel

• Many verbs are followed by *à* or *de* and an infinitive.

MÉMOIRE SÉLECTIVE

Fini la repentance, la France coloniale est de retour. Trois projets de musées, consacrés à la présence française en Algérie, ont été lancés dans le sud-est de l'Hexagone, mettant de nouveau en question l'attitude des Français envers l'entreprise coloniale.

A Perpignan, le Centre de la France en Algérie se prépare à ouvrir ses portes. Installé dans le couvent Sainte-Claire, transformé en prison au XVIIIème siècle, le Centre s'est déjà mis à recueillir les documents et les objets accumulés par l'antenne perpignanaise du Cercle algérianiste.[1] "Depuis que le projet est lancé, nous recevons des dons de pièces par des familles pieds-noirs de toute la France", se réjouit Jean-Marc Pujol. Lui-même rapatrié d'Algérie, il se hâte d'expliquer qu'il s'agit ici tout simplement de construire un centre pour conserver la mémoire des pieds-noirs.

Quand même, depuis deux ans, un collectif d'organisations, entre autres les Verts, Harkis et droits de l'homme, tente de bloquer ce projet. "Nous ne sommes pas opposés à un musée sur la France en Algérie, précise Anne Gaudron, de la Ligue des droits de l'homme. Ce que nous voulons, c'est que tous les aspects y soient présentés. Et pas uniquement celui des nostalgiques de l'Algérie française."

Jacky Mallea fait partie des opposants au projet. Né à Guelma, dans une vieille famille pied-noir, il a quitté l'Algérie à l'âge de 20 ans: "A l'époque de la colonisation, on voyait des gars se faire bastonner[2] uniquement parce qu'ils avaient fait tomber quatre oranges. Parmi les dockers du port d'Alger, l'Arabe gagnait deux fois moins que l'Européen. Et puis en 1945, quand, après s'être engagés pour sauver la France des nazis, les Algériens sont descendus dans la rue pour rappeler à la France sa promesse de plus d'égalité, l'armée française a tiré dans la foule: 10 000 morts à Sétif, 3 000 à Guelma, ma ville, et des centaines à Kerrata. Tout cela va-t-il figurer dans le musée? J'en doute fort!"

[1] le Cercle algérianiste = une importante association de pieds-noirs présente dans quarante villes de France
[2] se faire bastonner = être battu

1 Read the article and identify the three statements below which are not true according to it.

a Les trois musées devraient permettre aux Français de faire face à leur passé colonial.

b On a décidé d'installer le musée de Perpignan dans une ancienne prison.

c La communauté de pieds-noirs a refusé de participer au projet.

d Jean-Marc Pujol n'hésite pas à défendre le projet du musée.

e La Ligue des droits de l'homme a essayé d'arrêter le projet du musée.

f On craint que les expositions oublient de traiter les aspects positifs de l'ère coloniale.

g Jacky Mallea n'hésite pas à exprimer son opposition au musée.

h Il raconte que les ouvriers algériens s'étaient habitués à être exploités par les Français.

i On a découragé les Algériens de s'engager dans l'armée française pendant la deuxième guerre mondiale.

j Selon Jacky Mallea, on aurait dû empêcher les Algériens de manifester en 1945.

2 Study sentences a–j again and note the verbs followed by *à* or *de* and an infinitive.

3 Identify in the article the five verbs followed by *à* or *de* and an infinitive.

4 Translate the second paragraph into English.

5 Suggest ways to resolve the controversy discussed in the article by completing the sentences below. Use the ideas from the article, but do not lift phrases directly from the text or from the sentences.

a Le musée devrait aider les Français à...

b Les pieds-noirs devraient cesser de...

c Le directeur du musée devrait s'efforcer de...

d Il faut encourager les Français à...

e Il ne faut pas empêcher les pieds-noirs de...

f Le but d'un tel musée consiste à...

Essay-writing skills: Planning an essay

Careful planning

This is the key to writing a good essay. To score high marks for a discursive essay at A-level, you have to show:

- a clear and detailed **understanding** of the issues raised by the question
- the ability to **organise** and develop your ideas into a logically structured argument
- the ability to use a wide range of vocabulary, idiom and grammatical structures
- the ability to write accurately

Relevance

- You will be writing about a topic which you have studied. The title will, however, require you to look at this topic **from a particular angle** or to focus on one or more **specific aspects**.
- Make sure that you answer the question.
- A high proportion of marks is awarded for the way in which you present and develop your argument.
- Don't be tempted just to write all you know about the topic, or to write out whole sentences which you have learnt by heart without relating them specifically to the question.
- **You will only gain marks for material which is relevant.** An essay in perfect French which does not answer the question will not score any marks.

Types of essay

There will be two titles set on each of the four main topic areas: Society, The Environment, Science and Technology and Culture. One of the two essays will be a discursive essay, and the other will be a more imaginative task (see pages 118-119 for more on this).

- a discursive essay: discussing a controversial subject and to consider different points of view before reaching a conclusion.
- an imaginative essay: imagining a scenario based on one of the topic areas and writing about it, perhaps in the form of describing an event you have witnessed, a report, newspaper article or similar. The general planning skills outlined for discursive essays still apply to more imaginative pieces.

Planning a discursive essay

This is a three-stage process:

1. first thoughts
2. writing an outline plan
3. writing a detailed plan

1 First thoughts

Read the question carefully. Think about how best to approach it. Are you being asked to...

1 ... **weigh up** and **evaluate** opposing points of view?

2 ... outline **different aspects** of a topic?

1a Study the essay topics below and decide whether each one is type 1 or type 2 above.

1b Brainstorm ideas with a partner. Spend two minutes on each topic and note in English any points you might be able to include in your essay.

1c Compare ideas with the rest of the class.

(a) "Aller au théâtre est bien mieux que de regarder la télévision" Etes-vous d'accord?

(b) Vous avez été témoin d'un cas important de contamination. Décrivez ce que vous avez vu et les effets de ce cas sur l'environnement. Comment pourrait-on éviter que cela se reproduise à l'avenir ?

(c) Faut-il se méfier des avancées récentes dans le domaine de la médecine ?

(d) On vous a demandé de participer à une conférence sur la délinquance parmi les jeunes. Écrivez le texte du discours que vous prononcerez pour l'ouverture de la conférence.

2 Writing an outline plan

You now need to **organise** your initial ideas into a **clearly structured argument**.

- Any essay will follow the pattern:

  introduction → main body → conclusion.

- Concentrate first on the main body: the **key points** you will make to answer the question.

- Plan 3–4 paragraphs, each focusing on a different point.

2 Discuss the outline essay plan below with a partner. Look at the main focus suggested for each paragraph.

  a Do you think that the five aspects of the topic mentioned answer the question?

  b Are there other aspects which you would include in the essay?

3 Writing a detailed plan

Once you have decided on your outline plan, you can add more detail.

- As you plan **sub-topics** within each paragraph, try to focus on **ideas which you know you can express in good French**.

- Include a **word count** in your planning. Check the total word limit for the essay and decide roughly how much to write in each section.

- If you write too little, you automatically lose marks. If you write too much, the last part of your essay will not be marked and you will be penalised for lack of a conclusion!

3 With a partner, study the subtopics suggested in the model essay plan below.

  a Which sub-topics would you be able to write about confidently in French?

  b Are there any other aspects which you would want to include?

4 Look back at the essay topics and your notes from activity 1 (page 114). With a partner:

  a decide which of your ideas you would have difficulty in expressing clearly and discard them.

  b write a plan for two of the essays, following the steps outlined.

5 Share your plans with the class and discuss each plan in turn, considering the following aspects:

  a relevance: does it answer the question?

  b paragraphs: do they focus clearly on different aspects?

  c examples: are they appropriate?

  d language: is it manageable?

6 Finally, consider whether you would have approached the question differently. Remember that there is no single "correct" plan for an essay!

"La technologie semble bien être la cause, plutôt que la solution, de beaucoup de nos problèmes." Etes-vous d'accord?

la cause

1 les problèmes de l'environnement
  - la consommation d'énergie
  - les transports modernes, la pollution
  - l'énergie nucléaire

2 les problèmes sociaux
  - le crime (la fraude, les cartes de crédit)
  - l'obésité (les plats préparés, les jeux vidéos)
  - l'exclusion (les gens pauvres, les personnes âgées)

la solution

1 les problèmes de l'environnement
  - les pesticides
  - les OGM
  - les nouvelles sources d'énergie (solaire, etc.)

2 les problèmes sociaux
  - la technologie améliore la vie
  - le crime (les caméras de surveillance, l'informatique)
  - la communication (Internet, on s'informe facilement)

3 les avancées médicales
  - les greffes d'organes
  - les maladies héréditaires

Essay-writing skills: Writing a discursive essay

Writing an introduction

- Keep your introduction **short: 2–3 sentences** should be enough.

- **Refer to the question** and put it in context.

> De nos jours, dans toute l'Europe, on réfléchit beaucoup aux effets de la technologie.

- State **how you plan to answer the question.** Refer to your outline plan and give a clear indication of the structure of the essay.

> On constate quatre causes principales du problème…

> "La technologie semble bien être la cause, plutôt que la solution, de beaucoup de nos problèmes." Etes-vous d'accord?
>
> Il est incontestable que la technologie joue un rôle de plus en plus important au 21ème siècle. Bien que les avancées technologiques causent certains problèmes, surtout en ce qui concerne leurs effets sur l'environnement et sur la société, elles exercent aussi une influence positive, en nous permettant de résoudre plusieurs grands problèmes et d'améliorer la vie quotidienne. Pour répondre à fond à cette question, il faut donc peser le pour et le contre de la technologie moderne.

1   With a partner, analyse the model introduction above and note:

    a   the structure.

    b   the words and phrases which refer back to the key aspects of the question.

    c   the way it leads into the main body of the essay (refer to the plan on page 115).

2   Study the model introduction and write down any structures and phrases which you could reuse in your own essay introductions.

3   With a partner, write a 3-sentence introduction to one of the essay questions on page 114. Then share it with the class and discuss how you could improve the structure and the language.

Writing a conclusion

You may be tired by the end of an essay, but make sure you include a clear, forceful conclusion.

- **Refer back to the question**, and give **a definitive answer.**

> En conclusion, il est évident que…

- State **your own opinion** and **justify it**, with reference to the arguments in the main body of the essay.

> Toute réflexion faite, je suis d'avis que…

- Possibly add some **further thoughts** on the subject, e.g. suggestions for the future

> A l'avenir, il faudra changer nos habitudes avant qu'il ne soit trop tard.

> En regardant cette question de près, il est évident que la technologie nous apporte non seulement des avantages mais aussi des inconvénients. Néanmoins, ayant considéré(e) tous les arguments, j'en conclus qu'elle représente la solution plutôt que la cause de nos problèmes. Bien que les avancées technologiques puissent avoir des conséquences négatives, elles nous permettent de résoudre plusieurs problèmes globaux comme la faim et la maladie et donc de créer un monde meilleur. Mais il faut que les scientifiques et les politiques soient conscients des problèmes associés à la technologie, afin de sauvegarder l'avenir de la planète et de l'humanité.

4   With a partner, analyse the model conclusion above and note:

    a   the structure.

    b   the words and phrases which refer back to the key aspects of the question.

    c   the way it refers back to the main body of the essay.

5   Study the model conclusion and write down any structures and phrases which you could reuse in your own essay conclusions.

6   With a partner, write a 4-sentence conclusion to one of the essay questions on page 114. Then share it with the class and discuss how you could improve the structure and the language.

Writing the main body of the essay

Presenting your argument

- Working from a clear plan allows you to focus on each paragraph in turn. Within each paragraph, aim to follow this pattern:

1 statement → **2** example(s) → **3** evaluation

1 Statement

- State clearly **the main point** you are making.
- Try to use words from the original question to stress the **relevance** of your argument.

> La technologie cause beaucoup de problèmes écologiques.
>
> Les plus grands problèmes posés par la technologie sont ses effets sur l'environnement.

2 Example

- Give **one or more specific examples** to illustrate your opening statement.
- This is where you can show your **knowledge** of both **the topic** and of **specialised vocabulary** relating to it.

> Dans la vie quotidienne, les bureaux et les magasins climatisés, les ordinateurs et les appareils ménagers modernes consomment de plus en plus d'énergie.
>
> Les gaz d'échappement des voitures individuelles polluent l'atmosphère dans nos villes et, pire encore, détruisent la couche d'ozone qui protège notre planète.

3 Evaluation

- Conclude the argument with an objective evaluation.

> Ces problèmes technologiques créés par l'homme ne sont pas faciles à résoudre.
>
> Dans notre société de consommation, nous nous sommes habitués à gaspiller l'énergie, sans penser aux conséquences écologiques.

1 With a partner, draft the second paragraph of the model essay plan on page 115 (*les problèmes sociaux*), following the 3-stage pattern outlined above, then compare and discuss your work with the rest of the class.

2 On your own, draft the one or more of the other paragraphs of the model essay plan (e.g. *les avancées médicales*) following the 3-stage pattern, then compare and discuss your work with the rest of the class.

Thinking about your language

1 Linking ideas

- Your essay will flow better if you use linking phrases to lead on from one idea or one paragraph to the next.

3 **Translate the following linking phrases into English. Then look back at your draft paragraphs and try to incorporate as many of the phrases as possible.**

a En revanche...

b Il en est de même pour...

c D'une part... d'autre part...

d A l'inverse...

e Ajoutons que...

f Il faut aussi considérer...

g D'ailleurs...

2 Use specialised vocabulary where possible and avoid repetition

- As you write **each sentence**, think about including **nouns, verbs and adjectives relating to the topic**, to give your argument greater weight.

4 **Compare these two sentences:**

> Il y a beaucoup de voitures et beaucoup de pollution.
>
> Les gaz d'échappement des voitures individuelles polluent l'atmosphère dans nos villes.

Now rewrite these sentences using more specialised and complex language:

a Beaucoup de gens n'aiment pas les caméras en ville.

b La technologie est très utile pour les personnes malades.

3 Aim to write longer, more complex sentences

- Use conjunctions: *tandis que, puisque, bien que*, quoique*, afin que** (*conjunctions followed by the subjunctive).

> Les OGM pourraient résoudre le problème de la famine dans le tiers-monde, puisqu'ils résistent mieux aux maladies.

- Use impersonal constructions : *il faut que*, il est évident que, il va sans dire que**.

> Il est évident que la technologie pourrait offrir une solution à plusieurs problèmes globaux.

Essay-writing skills: Writing an imaginative piece

1 What kind of question could be asked?

Imaginative essay titles will still be rooted in the four topics you have studied: Questions de Société, l'Environnement, Science et Technologie, Arts et Littérature and you will be expected to have read a variety of texts in a French (or French-speaking) context and to have thought about the issues involved.

Here are some sample titles:

a Vous travaillez avec un groupe de jeunes qui veulent organiser des activitités sportives et culturelles pour les enfants d'un quartier défavorisé.
Écrivez un article pour un magazine dans lequel vous expliquez pourquoi vous avez décidé de participer à ce projet. Vous raconterez une journée typique et puis vous expliquerez **soit** vos espoirs pour l'avenir de ce projet **soit** votre évaluation personnelle du succès du projet.

b Vous avez participé à une manifestation pour une cause environnementale. Décrivez ce qui s'est passé, expliquez pourquoi il vous semblait important d'y aller et évaluez le succès de vos actions.

c On vous a invité à assister à un débat au sujet de l'avortement. Écrivez le texte de votre discours, résumant votre attitude personnelle et donnant des justifications. Vous êtes **soit** pour, **soit** contre l'avortement.

d Vous travaillez comme bénévole à la restauration d'un monumet de votre patrimoine local. Le gouvernement vient d'annoncer que le projet ne recevra plus d'argent l'année prochaine.
Écrivez un rapport de ce que vous avez réussi à faire jusqu'à maintenant afin de convaincre le gouvernement de continuer à financer le projet.

2 Points to remember

- Many titles break down into one or more constituent parts and it's important that you plan to address them all in your answer.

1a Discuss with a partner: what are the three different aspects of question (a) which you will need to include in the article you write?

1b Decide together how many sections are required for each of the other three questions.

- Make sure you understand exactly what you are being asked to do.

2 Answer these questions on the titles above.
  - For question (a), is it important to write about the success of the project and also about the way you see it developing in future?
  - For question (b), should you write a description of the demonstration itself?
  - Why would it be wrong to give both the pro- and anti-abortion arguments for question (c)?
  - What must you include in your letter for question (d), apart from a plea for more money?

3 Use the correct format

Make sure you are clear exactly what you are being asked to write and that you present your material in a convincing format. Possibilities include:
- a letter
- a report
- an article
- a description or personal account
- a speech

3 Discuss with a partner which of the 5 formats above applies to each of these extracts and explain why.

a

Le Mans, le 3 septembre, 20.....

Monsieur,

Ayant lu votre commentaire dans le journal local du weekend dernier, j'ai voulu vous écrire tout de suite pour expliquer que .....

b

Jeudi, 25 mai

Quelle journée ! Je ne m'attendais pas qu'il y aurait tant de problèmes le premier jour de notre travail au centre d'acceuil pour les SDF, mais je dois avouer que .....

c

Actions Jeunes du Quartier: un succès ?

Ce rapport se divise en trois sections:
- les causes de la petite délinquance pendant les vacances scolaires
- les activités proposées par le projet 'Action Jeunes du Quartier'
- nos espoirs pour l'avenir de ce projet

4 Use the appropriate writing style

- A diary extract or personal account will need a fairly informal style, written in the first person; 'je' or 'nous' depending on the exact situation.
- A letter or a speech will need a formal style, with some use of the second person:'vous'
- A report or magazine article will be written in the third person. A report will certainly be formal, a magazine article could be less so depending on the target audience.
- The vocabulary you choose

4 Write two or three sentences from each essay title and concentrate on getting the style right.
Read your extracts to your partner - can he or she tell immediately which style you are aiming for?

1 Preparing beforehand

All the imaginative tasks will be based on one of the topic areas you have studied: Society, the Environment, Science and Technology or Culture and although you are asked to be imaginative it is also important that you show some knowledge of the topics which has been gleaned from the study of French texts. The examiner wants to be convinced that you have a basis for your opinions and so you need to have evidence to back them up.

How to prepare?
For each of the topics you have studied, make some short, bullet-point style notes to remind you of facts and useful ideas to back up your arguments.

Here is one student's notes for a possible piece on nuclear power stations:
- centrales nucléaires – par exemple Brennilis, Plogoff
- la France – plus de centrales que d'autres pays européens, (16 en total??)
- 80% de l'énergie utilisée en France provient du nucléaire
- Débat pour et contre.
- Pour – source d'énergie pas chère, l'indépendance énergétique, ne s'épuise pas .....
- Contre – les dangers, les déchets toxiques .....

6 Choose another possible essay topic and write your own list of facts and ideas which might be relevant, taking care to include some with a French slant.

2 Using what you know

- Consider the following essay title:
  Vous avez participé à une manifestation pour une cause environnementale. Décrivez ce qui s'est passé, expliquez pourquoi il vous semblait important d'y aller et évaluez le succès de vos actions.

The notes above on nuclear energy could be useful for this question, if you decide to make an anti-nuclear campaign the reason for the demonstration.

7 Discuss with a partner how you could weave the facts and ideas from the student's notes above into this title. Write down any other things you can think of which might also be useful.

- Remember too, that vocabulary and structures are still important in imaginary tasks. Note key words and phrases for each topic and learn them thoroughly. Then try to re-use them wherever they are relevant in the title you choose.

3 In the exam

Once you have decided which facts and examples you would like to include in your piece, you need to use your imagination to set the scene in which they will sit logically.

- Consider the three sections from question (a) on page 118:
  - pourquoi vous avez décidé de participer à ce projet
  - description d'une journée typique
  - espoirs pour l'avenir / évaluation du succès du projet

The first and third sections are an opportunity to use facts or ideas from your reading of texts on socially deprived areas and disadvantaged children. For the midde section, you will need to imagine what a typical day might have been like.

8 Use the notes as a structure to explain what you did during a typical day on the project.

Une journée typique commençait avec ......, puis on continuait avec ..... On proposait plusieurs activités sportives aux enfants, par exemple, ... Pendant l'après-midi, les bénévoles .... et puis il fallait ......, Puis, après le départ des enfants, on devait ....

- Think about question (c) on page 118. You probably have a rough list of ideas for and against abortion from texts you have read on the topic. Decide which side you are going to take, then think of ways to flesh out the ideas with examples or extra details, as has been done in the example below.

L'avortement – doit être un choix pour les très jeunes filles? [arrow] Celui ou celle qui s'oppose à l'avortement ne tient pas compte des très jeunes filles qui deviennent enceintes et qui manquent la maturité d'être mère. Si on ne leur permet pas de se faire avorter, on condamne non seulement elles, mais aussi leur enfant, à une vie difficile et pleine de problèmes. Par exemple, ...

9 Choose another argument for or against abortion and develop it into a paragraph from your speech.

- For question (d) on page 118, you will need to imagine what the restoration project actually entailed.

10 Imagine the answers to these questions. They will form the basis of your letter.

- c'est quel monument?
- pourquoi fallait-il le restaurer?
- qu'est-ce qu'on a réussi à faire jusqu'ici?
- qu'est-ce qui reste à faire?
- pourquoi a-t-on toujours besoin d'argent?
- quelle est l'importance de ce monument?
- quel sera le résultat si le gouvernement ne finance plus le projet de restauration?

Essay-writing skills: Revising and checking your essay

Checklist

- Try to allow at least **10 minutes** at the end for revising and checking your essay.
- Write on **alternate lines** from the start. This makes it easier for you to write in amendments and corrections when you are checking your work – and is actually recommended by examination boards!

First check the **content and structure** of the essay.
- Have you covered **all aspects of the question**?
- Have you included an **introduction** and a **conclusion** which both make **clear reference to the question**?
- Have you followed the pattern for each point made: **1** statement → **2** example(s) → **3** evaluation?
- Is your essay within the prescribed **word limits**?

Then move on to revise and check your **French**.

1 Improving the range of your vocabulary

- Check that you have used specialised vocabulary and avoided simple GCSE-level language.
- Find synonyms for over-used words and phrases to avoid repetition.

1 **Choose three verbs from the box to replace each common verb (a–g).**

a dire	**d** devoir	**f** montrer
b penser	**e** finir	**g** donner
c essayer		

affirmer * tâcher de * illustrer * être d'avis que * constater * être obligé de * terminer * offrir * considérer * faire voir * indiquer * être contraint de * achever * mettre fin à * être forcé de * tenter de * chercher à * estimer * déclarer * présenter * fournir

2 **Copy the list of nouns below, which will help you avoid repetition of "les gens". Write their English meanings and whether they are followed by a singular or a plural verb.**

tout le monde * tous les Européens * la plupart des jeunes * ceux qui sont touchés par ce problème * chacun * chaque individu * le consommateur typique * beaucoup de Français * trop d'adolescents * la majorité des citoyens * le lecteur * le spectateur * l'auditeur * le grand public * on * nous *

2 Improving the range of structures used

- Link short sentences using conjunctions.
- Add impersonal constructions at the start of sentences.
- Link sentences using a present participle.

3 **Improve the following sentences by changing the structures as suggested in brackets.**

a Nous pouvons faire des progrès dans ce domaine. Nous devons monter une campagne publicitaire. [*en* + present participle]

b Ces solutions coûtent cher. Elles sont nécessaires. [*bien que* + subjunctive]

c Nous devons tous faire un effort. [*il est évident que*]

4 **Use a different structure to improve each of a–c above.**

3 Checking the accuracy of your language

- Check your basic grammar thoroughly: mistakes in verb endings and adjective and past participle agreements will be heavily penalised at A-level.
- Check the spelling and gender of nouns and make sure you have not made careless mistakes with accents. If you are unsure of the gender or spelling of a word, be decisive and consistent. If you are wrong, it will then only count as one mistake.

5 **Complete the following sentences with the correct form of the verb in brackets.**

a Ceci nous... evident! [*paraître* – present tense]

b Nous... tous faire un plus grand effort. [*devoir* – conditional]

c Il y a vingt ans, ce problème n'... pas. [*exister* – imperfect tense]

6 **Write out the following sentences, giving the correct form of the adjectives and adding agreements to the past participles if required.**

a Les spécialistes [*international*] ont pris... plusieurs décisions [*difficile*].

b Le Parlement [*européen*] a voté... de [*nouveau*] lois pour combattre les menaces [*actuel*].

c [*Tout*] la famille s'est mis... à recycler les déchets [*ménager*].

7 **Translate these sentences into French:**

a The president was surprised by the unexpected arrival of his family.

b The events in the suburbs shocked the whole country.

c A lot of mothers would prefer to work part-time.

Grammar

Page

121	**1**	Nouns and determiners
123	**2**	Adjectives
125	**3**	Adverbs
125	**4**	Comparisons
126	**5**	Prepositions and linking words
128	**6**	Pronouns
131	**7**	Verbs: the infinitive, reflexive verbs, impersonal verbs
133	**8**	Verb tenses

138	**9**	Verbs: the imperative, the conditional, the subjunctive
141	**10**	The present participle
141	**11**	The passive voice
142	**12**	Negatives
143	**13**	Asking questions
144	**14**	Direct and indirect speech
145	**15**	Word order variations
145	**16**	Verb tables

Glossary of terms

adjective *un adjectif*
adds information about a noun or a pronoun

adverb *un adverbe*
adds information about a verb, adjective or another adverb

agreement *un accord*
when a word changes according to the number and gender of another word it relates to

conjunction *une conjonction*
links two words or phrases, e.g. *et, parce que, bien que*

determiner *un déterminant*
goes before a noun to introduce it, e.g. *le/la, un/une, mon/ma, ce/cette*

direct object *un objet direct*
a person or thing which is acted upon by the verb, e.g. *Je vois <u>mon ami</u>.*

indirect object *un objet indirect*
a person or thing which is acted upon by the verb but indirectly, usually with *à* present or implied, e.g. *Je parle <u>à mon amie</u>, je lui dis tout.*

infinitive *l'infinitif*
the basic, unconjugated form of a verb, e.g. *aller, voir*

mode *le mode*
the way a verb refers to the action, e.g. *indicatif, subjonctif, conditionnel, impératif*

noun *un nom*
a person, animal, place or thing

plural *le pluriel*
more than one of something

preposition *une préposition*
shows the relationship between a noun or pronoun and another word, e.g. *à, de, en, après, sur*

pronoun *un pronom*
a short word used instead of a noun, a phrase or an idea, usually to avoid repetition

singular *le singulier*
one of something

subject *le sujet*
the object or person performing the action of the verb

tense *le temps*
shows whether an action is past, present or future

verb *un verbe*
a 'doing', 'being' or 'having' word

1 Nouns and determiners

1.1 Gender: masculine & feminine

All French nouns are either masculine or feminine. Most nouns referring to people have two forms.
To make a masculine noun feminine:

- add an *-e: un employé/une employée*
- double the final consonant and add *-e: un Italien/une Italienne*

- change *-eur* to *-euse* and *-teur* to *-trice* (with some exceptions).

Some nouns can be of either gender: *un élève/une élève, un prof/une prof.*
Some nouns are masculine even when they refer to a woman: *un professeur, un médecin.*

The ending of the noun can help you work out its gender (but there are exceptions, so check in a dictionary!).

Grammar

Nouns that end as follows are usually masculine:

-é	-eau	-acle	-age
-ège	-ème	-isme	-asme

+ nouns ending in a consonant

Nouns that end as follows are usually feminine:

-ée	-ère	-euse	-ade	-itude
-ace	-ance/anse	-ence/ense	-ie	-ise
-oire	-ité	-té	-tié	
-tion	-sion	-aison	-ison	

+ nouns ending in a silent -e following two consonants

1.2 Singular & plural

The plural is used when referring to more than one thing. Most French nouns add -s to make them plural.
le copain → *les copains*
Some nouns do not follow this regular pattern:

◆ nouns ending in -al usually change to -aux:
un animal → *des animaux*
◆ nouns already ending in -s, -x or -z usually stay the same:
le bras → *les bras*   *le prix* → *les prix*
le quiz → *les quiz*
◆ nouns ending in -eau or -eu add -x:
un château → *des châteaux*
un jeu → *des jeux*
◆ a few nouns change completely:
un œil → *des yeux*   *monsieur* → *messieurs*

Compound nouns (made up of more than one element): check in a dictionary and learn them individually.
un grand-parent → *les grands-parents*
un porte-monnaie → *les porte-monnaie*

1.3 Determiners: definite & indefinite articles

The determiner (the word which introduces the noun) can generally tell you whether the noun is masculine (m.) or feminine (f.), singular (sing.) or plural (pl.). The most common determiners are the definite article ('the') and the indefinite article ('a'/'an', 'some', 'any').
le *chômage*   **la** *famille*   **les** *jeunes*
un *ami*   **une** *école*   **des** *étudiants*

	singular		plural
	masculine	**feminine**	**masculine ou feminine**
the	*le/l'*	*la/l'*	*les*
a/an	*un*	*une*	*des*

◆ Use *l'* instead of *le/la* for nouns that start with a vowel or a silent *h*: *l'hôtel* (m.) *l'armoire* (f.) (but *le hockey*: check words beginning with *h* in a dictionary)
◆ The indefinite article isn't used in front of names of jobs: *Je voudrais être journaliste.* I'd like to be a journalist.
◆ The definite article is used more often in French than in English, e.g.
  – when making generalisations:
    *Le sport est bon pour **la** santé.*
    Sport is good for your health.
  – when stating likes and dislikes:
    *Il aime **le** rap et mais il déteste **la** musique raï.*
    He likes rap but hates raï.
  – with names of countries, regions and languages:
    la *France*   **la** *Bretagne*   **le** *français*
  – with parts of the body:
    *J'ai **les** cheveux courts.*   I've got short hair.
    *Il s'est blessé **à la** main.*   He hurt his hand.
◆ Use *l'* instead of *le/la* for nouns that start with a vowel or a silent 'h': **l'**hôtel (m), **l'**armoire (f)
  (but *le hockey*: check words beginning with 'h' in a dictionary).

1.4 de + noun (partitive)

de + le → **du**	*de + la* → **de la**
de + l' → **de l'**	*de + les* → **des**

Remember:
Use *du, de la, de l'* or *des* before a noun when you want to say 'some', 'any' or 'of the'. In French, you can't leave out the partitive, as you can in English.
Il a des frères et sœurs?   Has he got (any) brothers and sisters?
le déclin du mariage   the decline of marriage

◆ Use *de* to show who or what something belongs to (see 5.2 for more on this):
  *la maison **de mon père***   **my father's** house
  *la femme **du Président***   **the President's** wife
  *la capitale **de l'Espagne***   **Spain's** capital city

◆ Use *de* on its own (not *du, de la, des*) in a negative
phrase (see 12.2 for more on this):
Je n' ai pas de frères. I haven't got any brothers.

1.5 *ce, cet, cette, ces* + noun (demonstrative adjectives)

Ce, cet, cette, and *ces* are the determiners you use to
say 'this', 'that', 'these' or 'those'. Being adjectives, they
change according to gender and number.

	singular	plural
masculine	ce/cet*	ces
feminine	cette	ces

* *cet* is used before masculine singular words that begin
with a vowel or a silent *h*, e.g. *cet étage, cet hôtel.*

◆ To distinguish more clearly between 'this and that',
or 'these and those', you can add *-ci* or *-là* after the
noun:
*J'aime ce sweatshirt-ci mais je n'aime pas cette
chemise-là.*
I like **this** sweater but I don't like **that** shirt.
(See 6.11 for demonstrative pronouns: *celui-ci/là,
celle-ci/là,* etc.)

1.6 *mon, ma, mes* (possessive adjectives)

These are determiners which indicate who the thing,
person or object belongs to. In French, the word for 'my',
'your', 'his', 'her', etc. changes according to whether the
noun which follows is masculine, feminine, singular
or plural.

	singular		plural
	masculine	feminine	masculine ou feminine
my	mon	ma*	mes
your (informal)	ton	ta*	tes
his/her	son	sa*	ses
our	notre	notre	nos
your (formal)	votre	votre	vos
their	leur	leur	leurs

* Before a feminine noun that begins with a vowel
or silent *h*, use ***mon, ton, son***, e.g. *mon amie, ton
imagination, son histoire.*

*J'habite avec **ma mère**.* I live with **my mother**.
Je passe les week-ends I spend weekends at **my father's**.
*chez **mon père**.*
*Sa sœur aime **ton frère**.* His/Her sister likes **your
brother**.
*Vous avez **votre livre**?* Do you have **your book**?
See 6.10 for possessive pronouns: *le mien, la mienne,* etc.

1.7 Other determiners (indefinite adjectives)

◆ *chaque* each
***Chaque** élève a un entretien.*
Each student has an interview.
◆ *autre(s)* other
*J'ai vu Sophie l'**autre** jour.*
I saw Sophie the other day.
◆ *même(s)* same
*J'ai le **même** CD.*
I have the same CD.
◆ *n'importe quel(le)(s)* any
*On trouve ça dans **n'importe quelle** encyclopédie.*
You can find it in any encyclopedia.
◆ *quelque(s)* some, a few
*Il travaille avec **quelques** collègues.*
He's working with some colleagues.
◆ *plusieurs* several
*Il a passé **plusieurs** mois en France.*
He spent several months in France.
◆ *tout, toute, tous, toutes* all
*Il a lu **tous** les livres de Pagnol.*
He's read all the Pagnol books.

2 Adjectives

2.1 Form of adjectives

Adjectives are words that are used to describe or 'qualify'
something or someone. Many adjectives are formed
from:
– nouns: *la tradition – traditionnel(le)*
– present participles: *vivre – vivant – vivant(e)*
– past participles: *classer – classé – classé(e)*

In French, adjectives have different endings depending
on whether the words they describe are masculine or
feminine, singular or plural:

	masculine	feminine
singular	–	-e
plural	-s*	-es

*no change in pronunciation

Grammar

J'ai un ami espagnol. J'ai une amie espagnole.
J'ai des amis espagnols. J'ai des amies espagnoles.

◆ Adjectives which already end in *-e* don't need to add another one in the feminine (but they do add *-s* in the plural):
un frère timide   *une sœur timide*
des enfants timides

◆ Adjectives ending in a single consonant double it before adding *-e*:

	masculine	feminine
-el	naturel	nature**lle**
-il	gentil	genti**lle**
-as	gras	gra**sse**
-et	muet	mue**tte**
-en	ancien	ancie**nne**

◆ Adjectives ending in these letters have other masculine/feminine patterns:
-er changes to *-ère*: *premier/première*

-x changes to *-se*: *capricieux/capricieuse, généreux/généreuse, heureux/heureuse* (exceptions: *faux/fausse, doux/douce*)

-eur changes to *-euse*: *menteur/menteuse* (exceptions which just add *-e*: *meilleur, extérieur, intérieur, supérieur, inférieur*)

-f changes to *-ve*: *créatif/créative*

-c changes to *-che* ou *-que*: *blanc/blanche, public/publique*

◆ Adjectives normally add an *-s* in the plural, though it is not pronounced.

Adjectives ending in *-x* don't add an *-s* in the plural: *un copain généreux, des copains généreux.*

Adjectives ending *-al* or *-eau* change to *-aux* in the plural: *un tarif normal/des tarifs normaux, beau/beaux, nouveau/nouveaux*

◆ A few adjectives stay the same whether they are masculine or feminine, singular or plural: *sympa, super, marron, orange* and compound colour adjectives: *un cousin sympa, une cousine sympa, des cousins sympa, un tee-shirt rouge foncé avec une jupe bleu clair.*

◆ Negative adjectives: some adjectives have a negative equivalent, using a prefix:
(in-) croyable = incroyable
(im-) possible = impossible
(ir-) réel = irréel

(mé-) content = mécontent
(mal-) honnête = malhonnête

◆ Other adjectives are made negative by adding *peu* or *pas très*:
intéressant – peu intéressant
dynamique – pas très dynamique

◆ Some adjectives have their own pattern:

m. singular	f. singular	m. plural	f. plural
beau*	belle	beaux	belles
nouveau*	nouvelle	nouveaux	nouvelles
long	longue	longs	longues
bon	bonne	bons	bonnes
fou*	folle	fous	folles
frais	fraîche	frais	fraîches
gros	grosse	gros	grosses
vieux*	vieille	vieux	vieilles

* These become *bel, nouvel, fol, vieil* before a masculine noun that starts with a vowel or silent *h*: *le nouvel an*.

2.2 Position of adjectives

In French, most adjectives go **after** the noun:
*les yeux **bleus**, une partenaire **extravertie**, un politicien **ambitieux**.*
Some adjectives come **before** the noun:
*un **nouveau** jean, la **jeune** fille, de **bonnes** idées.*

grand*	petit	jeune	vieux	nouveau	ancien*
bon	mauvais	excellent	beau	joli	
gros	vrai	cher*	propre*	brave*	

* These adjectives can also be placed after the noun, in which case their meaning is different:

un homme grand/un grand homme
a tall man/a great man

son ancienne maison/une maison ancienne
her previous house/an old house

mon cher ami/un repas cher
a dear friend/an expensive meal

ma propre chambre/une chambre propre
my own bedroom/a clean bedroom

un brave homme/un homme brave
a decent man/a brave man

Some adjectives, especially those with an abstract meaning, can sometimes be placed before the noun to give them more emphasis:

une croyance profonde/une profonde croyance
a deep belief

When there are several adjectives with one noun, each adjective goes in its normal place: *un **petit** chien **noir**; un **joli petit** chien **noir**.*

If there are two adjectives after the noun, they are linked with *et*: *un joli petit chien **noir et marron**.*

When there are two nouns, one feminine and one masculine, being qualified by one adjective, the adjective takes on the masculine plural form:
une robe et un manteau noirs   a black dress and coat

See 1.5 for demonstrative adjectives (*ce/cette/ces*).
See 1.6 for possessive adjectives (*mon/mon/mes*, etc.).

3   Adverbs

Adverbs are words which you use to describe a verb, an adjective or another adverb.

They can be divided into four groups that describe:
- **how** something happens (adverbs of manner)
- **where** something happens (adverbs of place)
- **when** something happens (adverbs of time)
- **to what extent** (adverbs of intensity)

3.1   Formation of adverbs

In English, most adverbs are made from an adjective + -ly (e.g. soft/softly). To form French adverbs you usually start from the adjective:

◆ Add - *ment* to the masculine singular form of the adjective if it ends in a vowel:
timide → timidement   vrai → vraiment

◆ Add - *ment* to the feminine singular form of the adjective if it ends in a consonant:
*normal → normale → **normalement** (normally)
heureux → heureuse → **heureusement** (happily)*

◆ A few exceptions:
– notice the extra accent in the adverb:
*énorme → **énormément**
précis → précise → **précisément***
– -*ent*/-*ant* → -*emment*/*amment*:
prudent → prudemment; brillant → brillamment

◆ Some common irregular adverbs:
très (very)   *assez* (rather, fairly)   *trop* (too)
beaucoup (a lot)   *vite* (quickly)   *bien* (well)
mal (badly)   *gentiment* (kindly)   *même* (even)
tout (all/quite/completely)   *peu* (little, not much)
un peu (a little)   *encore* (again)   *pas encore* (not yet)

*Je suis **très** fatiguée*	I'm very tired.
*Il est **assez** timide.*	He's rather shy.
*Il parle **trop** vite.*	He speaks too fast.
*Elle aime **beaucoup** le chocolat.*	She likes chocolate a lot.
*Il n'aime **pas** beaucoup lire.*	He doesn't like reading much.
*J'aime **bien** courir.*	I quite like running.
*On danse **un peu**?*	Shall we dance a little?
*Je dors **peu**.*	I don't sleep much.

3.2   Position of adverbs

Adverbs usually **follow** the verb:
*Elle aime **beaucoup** le cinéma.*   She likes cinema a lot.
*Elle sort **souvent**.*   She often goes out.
Adverbs often come **before** an adjective or another adverb:
*C'est un **très** beau film.*   It's a really good film.
*Je l'aime **vraiment** beaucoup.*   I really love it.

In a compound tense, adverbs come between the auxiliary and the past participle:
*J'ai **poliment** demandé le chemin.*   I asked the way politely.
*Il a **mal** dormi.*   He slept badly.

But many adverbs of time and place follow the past participle:
*J'ai vu Annie **hier**.*   I saw Annie yesterday.
*Tu es parti **loin**?*   Did you go far?

4   Comparisons

4.1   The comparative

To compare two things, use *plus*, *moins* or *aussi*:
plus + adjective/adverb + *que*   more ... than
moins + adjective/adverb + *que*   less ... than
aussi + adjective/adverb + *que*   as ... as

◆ With an adjective:
*Julien est **plus** sportif **que** Florence.*
Julien is sportier than Florence.

*La natation est **moins** populaire **que** le football.*
Swimming is less popular than football.

*Elle est **aussi** sportive **que** moi.*
She's as sporty as me.

Bon (good) and *mauvais* (bad) are exceptions:
bon → meilleur   mauvais → pire
*Les légumes sont **meilleurs** pour la santé **que** le chocolat.*
Vegetables are better for your health than chocolate.

Grammar

*Le chocolat est **pire que** les légumes.*
Chocolate is worse than vegetables.

♦ With an adverb:
*Il parle **plus** lentement **que** le prof.*
He speaks more slowly than the teacher.

*Il parle anglais **moins** couramment **que** Marc.*
He speaks English less fluently than Marc.

*Il joue **aussi** mal **que** Sophie.*
He plays as badly as Sophie.

Bien (well) is an exception: *bien → mieux*
*Il joue bien mais je joue **mieux que** lui.*
He plays well but I play better than him.

4.2 The superlative

To say 'the most' or 'the least', use *le, la* or *les* in front of *plus* or *moins* + adjective/adverb.

♦ With an adjective:
*C'est la destination de vacances **la plus populaire** chez les Français.*
It's the most popular holiday destination for French people.

*Commence par l'exercice **le moins difficile**.*
Start with the least difficult exercise.

*C'est en banlieue que nos associations sont **les plus actives**.*
It's in the suburbs that our associations are the most active.

Exceptions:
bon → le/la meilleur(e)   *mauvais → le/la pire*
*Elle a le **meilleur** mode de vie.*
She has the best lifestyle.

*Fumer des cigarettes, c'est le **pire**.*
Smoking is the worst.

♦ With an adverb (always use *le*, not *la* or *les*):
*C'est elle qui joue **le plus** fréquemment.*
She's the one who plays most often.

*Mon frère conduit **le moins** prudemment.*
My brother drives the least carefully.

Exception: *le mieux* (the best):
*Qui fait **le mieux** la cuisine?*   Who cooks **the best?**

4.3 *plus de, moins de, autant de* + noun

Use *plus de, moins de, autant de* to talk about 'more of'/ 'less of'/'fewer of'/'as much of' something.
*J'ai plus **d'expérience** que toi.*
I have more experience than you.

*Il a **moins d'**argent que moi.*
He has less money than me.

*Il a **autant de** patience que son père.*
He has as much patience as his father.

♦ Add *le/la/les* to *plus de/moins de* to talk about 'the most'/'the least'/'the fewest' of something.
*C'est moi qui ai le **plus** d'expérience.*
I'm the one who has the most experience.

C'est elle qui a le moins de temps.
She's the one with the least time.

5 Prepositions and linking words

5.1 *à* (at, to, in, on)

♦ Talking about time:
*Il arrive **à** quatre heures.*
He's coming **at** four o'clock.

♦ Talking about a place:
*Il est allé **à** Strasbourg.*
He went **to** Strasbourg.
*J'habite **à** la campagne.*
I live **in** the countryside.
*Ils se retrouvent **au** théâtre.*
They're meeting **at** the theatre.

♦ Other uses:

à 10 kilomètres	10 kilometres **away**
à 10 minutes	10 minutes **away**
à pied/à vélo	**on** foot/**by** bicycle
à Noël	**at** Christmas

♦ Remember:

à + le → au	*à + la → à la*
à + l' → à l'	*à + les → aux*

Use *à l'* before a vowel or a silent *h*: *à l'église, à l'hôpital*.

5.2 *de*

*Il vient **de** Paris.*	He comes **from** Paris.
*Il téléphone **de** son travail.*	He's phoning **from** work.
*le livre **de** ma mère*	my mother's book
*les vacances **de** Noël*	the Christmas holiday
***de** 8h à 17h*	**from** 8 am till 5 pm

♦ Remember:

de + le → du	*de + la → de la*
de + l' → de l'	*de + les → des*

5.3 *en* (in, to)

◆ **Talking about countries:**
Most countries are feminine. To say 'in' or 'to' these countries, use *en*:

*Vous allez **en** France?* — Are you going **to** France?

*Ils vivent **en** Ecosse.* — They live **in** Scotland.

For masculine countries, use *au* instead (or *aux* if the country is plural):

*Cardiff est **au** pays de Galles.*
Cardiff is **in** Wales.

*Il est né **aux** Antilles.*
He was born **in the** West Indies.

◆ **Talking about time:**
en juin, en été, en 2008, en une heure

◆ **Talking about transport:**
en bateau **by** boat

◆ **Other uses:**

en anglais	in English
en coton	made of cotton
en bleu	in blue
en vacances	on holiday
en désordre	in a mess
en forme	fit/in good form
en bonne santé	in good health

See 6.6 for *en* as a pronoun.

5.4 Position

Some prepositions tell you the position of something: *devant* (in front of), *derrière* (behind, at the back of), *entre* (between), *sur* (on, on top of), *sous* (under).

5.5 Other common prepositions

après l'école	after school
avant demain	before tomorrow
avec Sophie	with Sophie
chez moi	at/to my place/home
chez le docteur	at/to the doctor's
depuis trois ans	for three years
depuis 1997	since 1997
par le train	by train
par ici/là	this/that way
pendant les vacances	during the holidays
pendant deux ans	for two years
pour toi	for you
pour un an	for a year
sans toi	without you
sans regret	without any regret
vers 8 heures	at about 8 o'clock
vers Paris	near/towards Paris

5.6 Linking words (conjunctions)

Some common linking words are:
◆ *alors* — then/so
*Il n'est pas venu, **alors** je suis partie.*
He didn't come, **so** I left.
◆ *donc* — therefore, so
*Il y a moins d'emplois **donc** plus de chômage.*
There are fewer jobs **so** more unemployment.
◆ *et* — and
*Elle souffre du racisme **et** du sexisme.*
She suffers from racism **and** sexism.
◆ *mais* — but
*Il travaille **mais** il aimerait mieux étudier.*
He's working **but** he'd rather study.
◆ *ou (bien)* — or
*Il pense s'installer à Paris **ou** à Marseille.*
He's thinking of settling down in Paris **or** Marseille.
◆ *parce que* — because
*La chambre était super **parce qu'**il y avait une vue.*
The room was great **because** there was a view.
◆ *pourtant* — yet, although
*J'aime dessiner et **pourtant** je suis nulle!*
I like drawing and **yet** I'm useless at it!
◆ *puis* — then/next
*Lisez le texte **puis** répondez aux questions.*
Read the text **then** answer the questions.
◆ *quand* — when
*Elle était contente **quand** elle a eu ses résultats.*
She was happy **when** she got her results.

Other conjunctions:
car (then, so), *cependant* (however), *sinon* (if not), *comme* (as), *puisque* (since, as), *dès que* (as soon as), *depuis que* (since), *pendant que* (while).
◆ Some conjunctions must be followed by a verb in the subjunctive (see 9.3):
bien que (although), *afin que* (so that), *pour que* (so that), *à moins que* (unless), *pourvu que* (provided that).

*Elle a réussi **bien qu'elle n'ait** aucun diplôme.*
She has succeeded although she has no qualifications.

*Il n'aura pas le bac **à moins qu'il se mette** à travailler.*
He won't pass the bac unless he starts working now.

Grammar

6 Pronouns

A pronoun is a small word which is used instead of a noun, a phrase or an idea. It helps to avoid repetition.

J'ai parlé au directeur et <u>le directeur</u> a signé ma demande de stage. Je vais envoyer <u>ma demande de stage</u> à Paris. →
J'ai parlé au directeur et <u>il</u> a signé ma demande de stage. Je vais <u>l'</u>envoyer à Paris.

I talked to the director and he [the director] signed my application for a work placement. I'll send it [my application] to Paris.

6.1 Subject pronouns

The subject of a verb tells you who or what is doing the action of the verb. It can be a noun or a pronoun.
The French subject pronouns are:

I	=	*je*	
		j'	in front of a vowel or a silent *h*, e.g. *j'aime/j'habite*
you	=	*tu*	to a child, a friend or a relative
		vous	to an adult you are not related to, or more than one person
he	=	*il*	for a boy or man
she	=	*elle*	for a girl or woman
it	=	*il*	if the thing it refers to is masculine
		elle	if the thing it refers to is feminine
we	=	*nous*	*On* is used more than *nous* in conversation.
		on	Use *on* when speaking or writing to friends. Use *nous* in more official French.
they	=	*ils*	for masculine plural
		ils	for a mixed group (masculine + feminine)
		elles	for feminine plural
		on	for people in general

♦ *On* can mean 'you', 'we', 'they' or 'one'. It is followed by the same form of the verb as *il/elle*. In the perfect tense with *être*, the past participle is often plural.

On peut travailler à 15 ans.
You can have a job when you're 15.

Au Québec, on parle français.
In Quebec, they speak French.

On s'est bien amusés.
We enjoyed ourselves.

6.2 Direct object pronouns

A direct object pronoun replaces a noun that is the object of a verb. It has the action of the verb done to it 'directly'. The French direct object pronouns are:

me*	me	*nous*	us
te*	you	*vous*	you
le*	him, it (m.)	*les*	them
la*	her, it (f.)		

**m', t'* and *l'* before words that start with a vowel or a silent *h*

*Je connais **Ahmed**. Je vois souvent **Ahmed**. → Je **le** vois souvent.*
I know Ahmed. I often see Ahmed. → I often see **him**.

6.3 Indirect object pronouns

An indirect object pronoun replaces a noun (usually a person) that is the object of the verb, but linked to the verb by a preposition, usually *à* (or in English, 'to').

The French indirect object pronouns are:

me/m'	to me	*nous*	to us
te/t'	to you	*vous*	to you
lui	to him, to it (m.)	*leur*	to them
lui	to her, to it (f.)		

*Tu parles **à Ahmed**? Je parle souvent à Ahmed. →*
*Je **lui** parle souvent.*
Do you speak **to Ahmed**? I often speak to Ahmed. →
I often speak to **him**.

You will need these pronouns after verbs such as:
dire à, donner à, parler à, demander à, répondre à

Some verbs take an indirect object in French but not in English, e.g. *téléphoner **à** quelqu'un* (to phone someone).
*Je **te** donnerai un peu d'argent de poche.*
I'll give **you** some pocket money.

*J'ai vu Alain et je **lui** ai demandé de venir me voir.*
I saw Alain and asked **him** to come and see me.

*Les profs sont sympa. On **leur** parle souvent.*
The teachers are nice. We often talk to **them**.

6.4 Reflexive pronouns

These are used to form reflexive verbs (see 7.2) and are:

je	me/m'	myself
tu	te/t'	yourself
il/elle/on	se/s'	himself/herself/itself
nous	nous	ourselves
vous	vous	yourselves
ils/elles	se/s'	themselves

6.5 y

Y is used instead of *à* (or *en*) + the name of a place.

*Elle va **à la boucherie**. Elle **y** va.*
She goes **to the butcher's**. She goes **there**.

*On joue **au** parc. On y joue.*
People play **in the park**. People play **there**.

Y is generally used instead of *lui/leur* (see 6.3) when referring to objects, actions, ideas and concepts as opposed to people and animals:
Tu as assisté au concert? Oui, j'y ai assisté.
Did you attend the concert? Yes, I attended it.

Tu penseras à téléphoner? Oui, j'y penserai.
Will you remember to phone? Yes, I will.

*Elle joue au tennis? Oui, elle **y** joue souvent.*
Does she play tennis? Yes, she often plays [it].

6.6 en

En replaces *du/de la/des* + a noun. It can mean 'some'/ 'any', 'of it'/'them'.

*Tu as **des devoirs** à faire? Oui, j'**en** ai. J'**en** ai trop.*
Do you have **any homework** to do? Yes, I have **some**. I have too much [of it].

*Je voudrais des **pommes**. Désolé, il n'y **en** a plus.*
I'd like **some apples**. Sorry, there aren't **any** left.

En is also used instead of *de* + noun, after a verb such as *discuter de, se souvenir de*:
*Notez vos idées. Discutez-**en**.*
Note down your ideas. Talk about **them**.

See 10 for *en* + present participle.

6.7 Position of object pronouns

Object pronouns normally come immediately before <u>the verb</u>:

*Je **les** <u>aime</u> bien.*   I like **them**.
*Je **lui** <u>dis</u> tout.*   I tell **him/her** everything.
*J'**y** <u>vais</u> à pied.*   I go **there** on foot.
*J'**en** <u>voudrais</u> un peu.*   I'd like **some**.

In a compound tense, the pronoun goes before the <u>*avoir*</u> or <u>*être*</u> part of the verb:

*Je ne **l'**<u>ai</u> pas écouté.*   I didn't listen *to* **him**.
*Je **leur** <u>ai</u> donné mon adresse.*   I gave **them** my address.
*Il **y** <u>est</u> déjà allé.*   He's already been **there**.
*J'**en** <u>ai</u> lu trois.*   I've read three [**of them**].

When there are two verbs together (a verb + an infinitive), the pronoun comes before <u>the infinitive</u>:

*Je vais **en** <u>prendre</u> un.*
I'll take one [**of them**].

*Je ne peux pas **y** <u>aller</u>.*
I can't go **there**.

*Je voudrais **lui** <u>donner</u> ça.*
I'd like to give this **to him/her**.

When there are several object pronouns in the same sentence, they follow this order:

1	2	3	4	5
me				
te	le			
se	la	lui	y	en
nous	les	leur		
vous				

*Je **te le** donne.*   I give **it to you**.
*Je **lui en** ai parlé.*   I've talked **to him/her about it**.

◆ With negative imperatives, the pronoun comes before the verb:
*Ne **les** appelle pas!*   Don't ring them!

With positive imperatives, it comes after the verb and a hyphen is added:
*Appelle-**les**!*   Ring them!

With positive imperatives, *me* and *te* become *moi* and *toi*:
*Ne **me** parle pas de travail, parle-**moi** plutôt de vacances!*
Don't talk to me about work, talk to me about holidays!

Grammar

With positive imperatives, columns 1 and 2 of the position grid are reversed:

Donne-le-moi!   Give it to me!

See 9.1 for imperatives.

6.8   Emphatic pronouns

moi	me, I	nous	us, we
toi	you	vous	you
lui	him, he	eux	them (m.), they
elle	her, she	elles	them (f.), they

Use an emphatic pronoun:

◆ to emphasise a subject pronoun:
Moi, je trouve que c'est normal. Et toi?
I think it's justified. What about you?

Vous aimez le sport? Nous, on adore ça.
Do you like sport? We love it.

◆ after prepositions like *devant*, *avec* and *chez*:
Il est devant moi.
He's in front of me.
Il travaillera avec moi.
He will be working with me.
Je vais chez lui.
I'm going to his place.

◆ after *c'est* and *ce sont*:
C'est lui qui me l'a dit.
It was him who told me.
Ce sont elles les responsables.
They are responsible.

◆ as a one-word answer to a question:
Qui joue du piano? Moi!
Who plays the piano? Me.

◆ in a comparison:
Il est plus timide que moi.
He's shyer than me.

◆ to express possession:
C'est à toi ou à moi?
Is it yours or mine?

6.9   Relative pronouns

Relative pronouns are used to link two parts of a sentence and avoid repetition.

qui	who, which, that
que	who, whom, which, that
où	where, when
dont	whose, of whom, of which

◆ Use *qui* when the noun to be replaced is the subject of the verb:
J'ai un frère. Mon frère s'appelle Ahmed. →
J'ai un frère qui s'appelle Ahmed.
I have a brother who's called Ahmed.

◆ Use *que* when the noun to be replaced is the object of the verb:
J'ai un frère. J'aime beaucoup mon frère. →
J'ai un frère que j'aime beaucoup.
I have a brother whom I love very much.

◆ Use *où* to mean 'where' or 'when':
C'est là où j'habite.   That's where I live.
C'était le jour où je suis arrivé.
It was the day when I arrived.

◆ Use *dont* to mean 'of whom' or 'whose':
C'est le prof dont je t'ai parlé.
It's the teacher I talked to you about.
Le directeur, dont le bureau est au bout du couloir, n'est jamais là.
The director, whose office is at the end of the corridor, is never there.

◆ Use *ce qui*, *ce que* and *ce dont* when there is no specific noun for the relative pronoun to refer to. It generally means 'what'. Use *ce qui* when 'what' refers to the subject of the verb; use *ce que* when it refers to the object of the verb. Use *ce dont* when the verb used is followed by *de*.
Ce qui se passe dans les banlieues m'inquiète.
What is happening in the suburbs worries me.
Je voudrais te remercier pour tout ce que tu as fait.
I'd like to thank you for all you did.
Prends mon dictionnaire. C'est ce dont tu as besoin pour faire cet exercice.
Take my dictionary. It's what you need to do this exercise.

◆ After a preposition, use *lequel*, *laquelle*, *lesquels*, *lesquelles*, a pronoun made up of the definite article + *quel* meaning 'which' (except when referring to people, when you generally use *qui*).
C'est une maladie contre laquelle on ne peut rien.
It's a disease against which we can't do anything.
On les a privé des droits pour lesquels ils s'étaient battus.
They have been deprived of the rights for which they fought.

But:
J'ai gardé contact avec les gens chez qui j'ai été au pair.
I've kept in touch with the people I was au pair with.

130

Note also:
à + lequel = auquel
Ce sont des problèmes auxquels nous n'avions pas pensé.
These are problems which we hadn't thought of.
de + lequel = duquel
C'est le film à la fin duquel il a pleuré.
This is the film at the end of which he cried.

6.10 Possessive pronouns

Possessive pronouns in English are 'mine', 'yours', 'his', 'hers', 'ours', 'theirs'.
In French, the pronoun changes according to who owns the object and also according to whether the object is masculine, feminine, singular or plural.

	singular		plural	
	masculine	feminine	masculine	feminine
mine	*le mien*	*la mienne*	*les miens*	*les miennes*
yours	*le tien*	*la tienne*	*les tiens*	*les tiennes*
his/hers	*le sien*	*la sienne*	*les siens*	*les siennes*
ours	*le nôtre*	*la nôtre*	*les nôtres*	*les nôtres*
yours	*le vôtre*	*la vôtre*	*les vôtres*	*les vôtres*
theirs	*le leur*	*la leur*	*les leurs*	*les leurs*

J'aime bien tes parents. **Les miens** *m'énervent.*
I like your parents. **Mine** get on my nerves.

Je ne m'entends pas avec ma sœur mais je m'entends bien avec **la tienne.**
I don't get on with my sister but I get on well with **yours.**

6.11 Demonstrative pronouns

Demonstrative pronouns in English are used to say 'the one(s) which...', 'the one(s) belonging to...', or 'this one/that one', etc. In French, they include several different words: *celui, ce, cela, ça.*
♦ *Celui* changes to agree with the noun it replaces:

	singular	plural
masculine	*celui*	*ceux*
feminine	*celle*	*celles*

J'aime bien <u>mon pull</u> *mais je préfère* **celui** *de Paul.*
I like my pullover but I prefer Paul's.

Je m'occupe <u>des jeunes enfants</u>, **ceux** *qui ont moins de cinq ans.*

I look after the small children, those who are not yet five.

After *celui*, you can add *-ci* or *-là* for greater emphasis or to contrast two items:
Je voudrais des sandales. **Celles-ci** *ou* **celles-là?**
I'd like some sandals. These [ones] or those [ones]?

See 1.5 for demonstrative adjectives: *ce, cet, cette, ces* + noun with *-ci, -là.*
♦ *Ce/C'* is mostly used with the verb *être.*
Ce sont mes amis.   They are my friends.
C'est bon.   It's nice.
♦ *Cela* (meaning 'that/it') is often shortened to *ça* or *c'*.
Le ski? J'adore **ça!**   Skiing? I love it.
C'/Cela *est facile à comprendre.*
That/It is easy to understand.

6.12 Indefinite pronouns

Commonly used indefinite pronouns are:
quelque chose (something), *quelqu'un* (someone), *tout/tous* (all), *autre(s)* (other), *chacun(e)* (each).

Other indefinite pronouns:
quelques-uns (some, a few), *plusieurs* (several), *certains* (some), *n'importe qui* (anyone), *n'importe quoi* (anything), *pas grand-chose* (not a lot).
Tu veux faire **quelque chose?**
Do you want to do something?
J'ai parlé à **quelqu'un.**
I spoke to somebody.
C'est **tout?**
Is that all?
Les élèves sont **tous** *venus à la réunion.*
All the pupils came to the meeting.
J'ai lu un livre de Camus.
I've read a book by Camus.
Je voudrais en lire un **autre.**
I'd like to read another.

7 Verbs: the infinitive, reflexive verbs, impersonal verbs

7.1 The infinitive

The infinitive is the basic, unconjugated form of a verb, e.g. *parler*, to speak.
Infinitives in French end with *-er, -ir, -re* or *-oir/-oire*, e.g. *écouter, choisir, prendre, pouvoir, boire.* The infinitive of a reflexive verb (see 7.2) includes *se* or *s'* at the beginning, e.g. *s'ennuyer.*

Grammar

To use a verb in a sentence, you usually change the infinitive to another form (i.e. conjugate the verb), following patterns which you need to learn. Many verbs follow the same patterns (= regular verbs). Others have their own pattern (= irregular verbs).

Infinitives are used in several ways:

1 as nouns

Travailler, quelle horreur!   Working, how horrible!

2 in instructions

Mettre à four chaud.   Place in a hot oven.

3 after another verb

Sometimes there are two verbs next to each other in a sentence. In French, the form of the first verb depends on who is doing the action, and the second verb is in the infinitive.

Verbs that are often followed by an infinitive are:
devoir, pouvoir, savoir, vouloir, falloir (il faut), adorer, aimer, détester, espérer, faillir, oser, préférer, aller, entendre, faire, laisser, sembler, voir

*On **doit** <u>faire</u> un exposé demain.*
We must/have to do a presentation tomorrow.

*Je **vais** <u>voir</u> un dentiste tous les six mois.*
I go and see a dentist every six months.

*Il **faut** <u>passer</u> un examen.*
You have to take an exam.

4 verb + *à* + infinitive

aider à, apprendre à, arriver à, s'attendre à, commencer à, continuer à, se décider à, s'entraîner à, s'habituer à, hésiter à, inviter à, se mettre à, penser à, réussir à

*Il **commence** à <u>pleuvoir</u>.*   It's starting to rain.

5 verb + *de* + infinitive

accepter de, s'arrêter de, avoir envie/peur de, choisir de, conseiller de, décider de, demander de, dire de, empêcher de, envisager de, essayer de, éviter de, finir de, oublier de, permettre de, promettre de, proposer de, refuser de, risquer de, suggérer de, venir de

Il m'a conseillé de <u>continuer</u> mes études et j'ai donc décidé d'<u>aller</u> à l'université.
He advised me to carry on with my studies so I've decided to go on to university.

6 *pour/sans/avant de* + infinitive

Use the infinitive after *pour* (to/in order to), *sans* (without), *avant de* (before):

*Je vais en France **pour** <u>apprendre</u> le français.*
I'm going to France to learn French.

*On ne peut pas progresser **sans** <u>connaître</u> la grammaire.*
You can't make progress without knowing grammar.

*Prenez votre temps **avant de** <u>répondre</u>.*
Take your time before answering.

7 *en train de* + infinitive

To say that something is happening at the time of speaking or writing, use *en train de* and an infinitive:

*Il est **en train de** <u>manger</u>.*
He's eating at the moment.

♦ **The past infinitive**

A past infinitive is used after *après* to say 'after doing'/'having done' something. It is made up of *avoir* or *être* and a past participle (see 8.3).

*Après **avoir mangé**, il est parti.*
Having eaten/After eating, he left.

*Après **être rentrées**, mes sœurs ont bu un café.*
After they came back, my sisters drank a coffee.

7.2   Reflexive verbs

Reflexive verbs need an extra pronoun between the subject and the verb.

subject	pronoun	verb	
je	*me*	*lève*	I get myself up/I get up
je	*m'*	*habille*	I dress myself/I get dressed

The reflexive pronoun changes according to the subject it goes with (see 6.4):

je	+ *me/m'*	*nous*	+ *nous*
tu	+ *te/t'*	*vous*	+ *vous*
il/elle/on	+ *se/s'*	*ils/elles*	+ *se/s'*

The verb changes like any other verb. For example, *s'amuser* (to enjoy oneself) in the present tense:

je m'amuse	I enjoy myself
tu t'amuses	you enjoy yourself
il/elle/on s'amuse	he/she/it enjoys himself/herself/itself we enjoy ourselves
nous nous amusons	we enjoy ourselves
vous vous amusez	you enjoy yourselves/yourself
ils/elles s'amusent	they enjoy themselves

Some common reflexive verbs:
se lever, se laver, se brosser les dents, se coucher, se reposer, s'amuser, s'ennuyer, se décider à, s'en aller, se mettre à

◆ **Negative form of reflexive verbs**
In negative sentences, the negative expression goes around the pronoun as well as the verb.
*On **ne** s'ennuie **pas** ici.*   You don't get bored here.
*Je **ne** me couche **jamais** tôt.*   I never go to bed early.

◆ **In questions**, the reflexive pronoun stays in the normal place in front of the verb:
Tu te couches à quelle heure?/A quelle heure est-ce que tu te couches?/A quelle heure te couches-tu?
At what time do you go to bed?

◆ **Imperative form of reflexive verbs**
In a positive imperative, *te* changes to *toi* and the pronoun goes **after** the verb:
*Couche-**toi**!* Go to bed.
*Habille-**toi**!* Get dressed.

In a negative imperative, the pronoun does not change and remains **before** the verb:
*Ne **te** couche pas!*   Don't go to bed.
*Ne **t'**habille pas!*   Don't get dressed.

◆ **Perfect tense of reflexive verbs**
Reflexive verbs always make their perfect tense with *être* (so the past participle must agree with the subject of the verb). The pronoun stays in front of the verb:
Je me suis réveillé(e) à six heures.
I woke up at six o'clock.

Les enfants se sont couchés.
The children went to bed.

Sophie s'est bien amusée.
Sophie had a good time.

7.3 Impersonal verbs

The impersonal verbs are those that are only used in the third person singular (the *il* form).
The most common ones are:
il y a, il reste, il manque
il faut, il vaut mieux, il s'agit de, il paraît que, il suffit de
weather phrases – *il pleut, il neige, il fait beau/mauvais/ nuageux, etc.*

Il reste trois questions à faire.
There are three questions left to do.
Il s'agit de la période coloniale française.
It's about the French colonial period.
Il suffit de bien réfléchir. You just have to think carefully.
Il vaut mieux partir tôt.   It's best to leave early.

8   Verb tenses

The tense of a verb tells you when the action takes place – in the past, present or future.

As well as the verb tense, certain words or phrases can indicate whether an action is past, present or future.

Past:
hier	yesterday
le week-end passé/dernier	last weekend
la semaine dernière	last week
l'année dernière	last year
il y a deux ans	two years ago

Present:
en ce moment	at the moment
maintenant	now
aujourd'hui	today

Future:
dans un instant	in a moment
dans cinq minutes	in five minutes
bientôt	soon
demain	tomorrow
la semaine prochaine	next week

8.1   The present tense

Use the present tense to refer to an action or a fact:
1   which is taking place now
Je **vais** au cinéma.   I am going to the cinema.

2   which takes place regularly
Je **vais** au cinéma le lundi.
I go to the cinema on Mondays.

3   which started in the past and carries on in the present (in English, 'have been -ing')
J'**habite** tout près du cinéma depuis trois ans.
I've been living near the cinema for three years.

4   which will happen in the near future
Je **vais** au cinéma demain.
I'm going to the cinema tomorrow.

5   which relates to historical events, bringing them to life
Louis et Auguste Lumière **inventent** le cinématographe en 1895.
Louis and Auguste Lumière invented cinema in 1895.

6   which refers to something timeless or "universal"
La Lune **tourne** autour de la Terre.
The moon goes around the Earth.
Verb endings change according to who is doing the action:
Je regarde la télé. **Nous regardons** la télé.
I watch TV. We watch TV.

In the present tense, most French verbs follow the same pattern, i.e. they have regular endings.
For verbs that end in -er, like *aimer*:

j'	aime	nous	aim**ons**
tu	aim**es**	vous	aim**ez**
il/elle/on	aime	ils/elles	aim**ent**

Main exception: *aller*

For verbs that end in -ir, like *choisir*:

je	chois**is**	nous	chois**issons**
tu	chois**is**	vous	chois**issez**
il/elle/on	chois**it**	ils/elles	chois**issent**

Other regular -ir verbs: *finir, remplir*

For verbs that end in -re, like *vendre*:

je	vend**s**	nous	vend**ons**
tu	vend**s**	vous	vend**ez**
il/elle/on	vend	ils/elles	vend**ent**

Other regular -re verbs: *attendre, descendre, répondre*

◆ **Irregular verbs in the present tense**
Some verbs do not follow these regular patterns and are very irregular. Look at the tables on pages 145–149 for some of the most useful ones. They include: *aller, avoir, connaître, croire, devoir, dire, écrire, être, faire, mettre, lire, prendre, recevoir, rire, savoir, tenir, venir, vivre, voir.*

Some verbs are almost regular, but have small spelling changes.

1 Verbs ending in -cer (like *commencer*) add a cedilla to the c when it comes before an a or an o (to keep the sound soft): *nous commençons.*
2 Verbs ending in -ger (like *manger*) add an e after the g before an a or an o (to keep the sound soft): *nous mangeons.*
3 Verbs ending in -eler (like *s'appeler*) or -eter (like *jeter*) double the l or t, except for the *nous* and *vous* forms: *je m'appelle, nous nous appelons, tu jettes, vous jetez.*
4 Verbs ending in -e + consonant + er (like *acheter*) change the final e of the stem to è, except for the *nous* and *vous* forms: *j'achète, nous achetons.*
5 Verbs ending in -é + consonant + er (like *espérer*) change the final e of the stem to è, except for the *nous* and *vous* forms: *j'espère, nous espérons.*

6 Verbs ending in -ayer, -oyer, -uyer (like *payer, envoyer, s'ennuyer*) change the y to i, except for the *nous* and *vous* forms: *je paie, nous payons, tu envoies, vous envoyez.*

◆ *en train de* + **infinitive**
Use this instead of the present tense to emphasise that something is happening at the time of talking or writing:
C'est quoi, ce bruit? – Ils sont en train de refaire la chaussée.
What's that noise? – They're (in the process of) resurfacing the road.

◆ *depuis* + **present tense**
Depuis can usually be translated as 'since' or 'for'. Use it to talk about what has been and still is going on. In English, the verb stresses the past, but in French the verb stresses the present.
J'habite au Canada depuis 1999.
I have been living in Canada since 1999 (and I still do).

Ma sœur est infirmière depuis deux ans.
My sister has been a nurse for two years (and still is).

8.2   The perfect tense

A verb in the perfect tense describes a completed action which happened in the past. It is used in conversations, letters and informal narratives.
There is more than one way to translate the perfect tense in English:
***J'ai mangé** une pomme.*
I ate an apple./**I have eaten** an apple.

***Ils sont venus** me voir.*
They came to see me./**They have come** to see me.

The perfect tense is made up of two parts: the present tense of *avoir* or *être* + the past participle of the main verb. See 8.3, 8.4, 8.5 and 8.6 for details.
See 12.6 for the perfect tense with negative forms.

8.3   The past participle

The past participle is used in the perfect tense and some other compound tenses (see 8.10, 8.14 and 9.3).
The regular pattern to obtain a past participle is to take the infinitive of the verb and change the ending:

◆ infinitives ending -er: take off the -er and add -é
  mang~~er~~ → mangé parl~~er~~ → parlé
◆ infinitives ending -ir: take off the -ir and add -i
  chois~~ir~~ → choisi sort~~ir~~ → sorti

◆ infinitives ending -re: take off the -re and add -u
  vendr~~e~~ → vend**u**   descendr~~e~~ → descend**u**

There are exceptions to these rules and you will need to learn them by heart. Some common irregular past participles:

avoir → eu		naître → né	
boire → bu		ouvrir → ouvert	
conduire → conduit		pleuvoir → plu	
connaître → connu		pouvoir → pu	
courir → couru		prendre → pris	
croire → cru		recevoir → reçu	
devoir → dû		rire → ri	
dire → dit		savoir → su	
écrire → écrit		suivre → suivi	
être → été		tenir → tenu	
faire → fait		venir → venu	
lire → lu		vivre → vécu	
mettre → mis		voir → vu	
mourir → mort		vouloir → voulu	

8.4 *avoir* + past participle

Most verbs take *avoir* + past participle in the perfect tense.

j'	ai	chanté	(I sang/have sung, etc.)
tu	as	chanté	
il	a	chanté	
elle	a	chanté	
on	a	chanté	
nous	avons	chanté	
vous	avez	chanté	
ils	ont	chanté	
elles	ont	chanté	

(See 8.6 for agreement of the past participle with *avoir*.)

8.5 *être* + past participle

Some verbs make their perfect tense with *être* rather than *avoir*. They are mostly verbs that indicate movement. Many can be learnt in pairs:

arriver/partir	to arrive/to leave
entrer/sortir	to go in/to go out
aller/venir	to go/to come
monter/descendre	to go up/to go down
devenir/rester	to become/to stay
naître/mourir	to be born/to die
revenir/retourner	to come back/to go back
rentrer	to go/to come back home
tomber	to fall

All reflexive verbs make their perfect tense with *être* (see 7.2).

je	suis	sorti(e)	(I went out/have gone out, etc.)
tu	es	sorti(e)	
il	est	sorti	
elle	est	sortie	
on	est	sorti(e)(s)	
nous	sommes	sorti(e)s	
vous	êtes	sorti(e)(s)	
ils	sont	sortis	
elles	sont	sorties	

8.6 Agreement of the past participle

◆ **With *être***
  The ending of the past participle changes when it comes after *être* in the perfect tense. It agrees with whoever or whatever is doing the action: masculine or feminine, singular or plural.
  *Paul: "Je suis **allé** en France."*
  *Anne: "Je suis **allée** en France."*
  *Prof: "Paul et Anne, vous êtes **allés** en France?"*
  *Paul + Anne: "Oui, nous sommes **allés** en France.
   On est **allés** en France."*
  *Prof: "Anne et Lucie, vous êtes **allées** en France?"*
  *Anne + Lucie: "Oui, nous sommes **allées** en France. On
   est **allées** en France."*

◆ **With *avoir***
  The past participle normally doesn't change when it comes after *avoir* in the perfect tense.
  One case when it does change is when a direct object comes <u>before</u> the verb. You need to add an -e for a feminine and an -s for a plural.

  Marc a acheté <u>une veste</u>.
  The direct object (*une veste*) comes after the verb *a acheté*, so there is no agreement of the past participle.

Grammar

Où est la veste que Marc a achetée? Je ne l'ai pas vue.
The direct object (*la veste*) comes <u>before</u> the verb *a achetée*, and the direct object pronoun *l'* comes <u>before</u> the verb *ai vue*, so the past participle agrees with it each time (*achetée, vue*). (Note that this agreement doesn't apply to indirect objects.)

8.7   The imperfect tense

The imperfect tense is used:

1   to describe what something or someone was like in the past:
    *Quand elle **était** petite, elle **avait** les cheveux blonds.*
    When she was little, she had fair hair.

    *La maison où **j'habitais était** grande et moderne.*
    The house I used to live in was large and modern.

2   to describe continuous actions or interrupted actions in the past:
    *Il **était** assis et il **écoutait** la radio.*
    He was sitting down and he was listening to the radio.

    *Mon frère **faisait** ses devoirs quand je suis arrivée.*
    My brother was doing his homework when I arrived.

3   to describe something that happened regularly in the past:
    *Je **commençais** à huit heures tous les matins.*
    I used to start at eight o'clock every morning.

    *On **allait** voir ma grand-mère le dimanche.*
    We used to go and visit my grandmother on Sundays.

4   with *depuis*, when the action lasted for some time but is now over.
    *On **habitait** à Paris depuis un mois quand mon frère est né.*
    We had been living in Paris for a month when my brother was born.

5   after *si* in suggestions and in conditional sentences:
    *Si on **allait** à la piscine?*
    How about going to the swimming pool?

    *Si tu **travaillais** plus, tu aurais de meilleurs résultats.*
    If you worked harder, you'd get better results.

6   in reported speech (to report the present tense):
    Pierre: "*Je n'aime pas l'informatique*".
    *Hier, Pierre **a dit qu'il n'aimait pas** l'informatique.*
    Yesterday, Pierre said he didn't like computer studies.

To form the imperfect tense, start with the verb stem: take the *nous* form of the present tense and remove the *-ons*.
regarder → nous regardo~~ns~~ → regard-
aller → nous allo~~ns~~ → all-

faire → nous faiso~~ns~~ → fais-
voir → nous voyo~~ns~~ → voy-
The only exception:
être → (nous sommes) → ét-

Then add the correct ending according to who is doing the action. They are the same for all the verbs.

	(ending)	*faire*	*commencer*	*être*
je	**-ais**	*faisais*	*commençais*	*étais*
tu	**-ais**	*faisais*	*commençais*	*étais*
il/elle/on	**-ait**	*faisait*	*commençait*	*était*
nous	**-ions**	*faisions*	*commencions*	*étions*
vous	**-iez**	*faisiez*	*commenciez*	*étiez*
ils/elles	**-aient**	*faisaient*	*commençaient*	*étaient*

Verbs like *manger* that add an extra e in the *nous* form of the present tense, and verbs like *prononcer* that change the c to a ç, keep those changes in the imperfect before a. This keeps the soft sound of the g or c. So, *je mangeais* (I was eating), *je commençais* (I was starting).

8.8   Perfect or imperfect?

It can be quite difficult deciding whether to use the perfect or imperfect tense.

♦   Use the perfect if you are talking about a completed action which happened/has happened in the past,
    Je suis allée à Paris en avion.
    I went to Paris by plane.

    J'ai mangé une pomme (et je n'ai plus faim).
    I ate/I've eaten an apple.

♦   Use the imperfect if you are **describing** how something was or **giving your opinion** in the past, or if you are talking about what **used to** happen or what happened **regularly** in the past, stressing the duration:
    La leçon était un peu dure mais super!
    The lesson was a bit hard but great!

    Elle se levait à sept heures tous les jours.
    She got up/used to get up at 7 a.m. every day.

    Les touristes arrivaient par petits groupes tout au long de la journée.
    Tourists were arriving in small groups all day long.

    See the fourth section of 8.7 for *depuis* + imperfect.

8.9   *venir de* + infinitive

♦   To say that you 'have just done' something, use the present tense of *venir* + *de* + an infinitive.

*Je **viens de** prendre une douche.*
I have just had a shower.

*Nous **venons de** laisser un message.*
We have just left a message.

♦ To say that you 'had just done' something, use *venir* in the imperfect tense, followed by *de* + infinitive.
Il venait de sortir *quand son patron a téléphoné.*
He had just gone out when his boss rang.

8.10 The pluperfect tense

The pluperfect is used to refer to an event or action that **had taken place** before some other event in the past.
Je suis arrivée trop tard, mes copains étaient déjà partis.
I arrived too late, my friends had already left.

Le prof m'a dit qu'il m'avait donné une bonne note.
The teacher told me that he had given me a good mark.

*Ils s'**étaient** bien **préparés** pour l'entretien.*
They had prepared well for the interview.

The pluperfect is a compound tense, like the perfect tense, and is also made up of *avoir* or *être* – but in the imperfect tense – and a past participle.
(See 8.3 for past participles and 8.6 for agreements.)

with *avoir*	with *être*
j'avais chanté (I had sung, etc.)	*j'étais allé(e)* (I had gone, etc.)
tu avais chanté	*tu étais allé(e)*
il/elle/on avait chanté	*il/elle/on était allé(e)(s)*
nous avions chanté	*nous étions allé(e)s*
vous aviez chanté	*vous étiez allé(e)(s)*
ils/elles avaient chanté	*ils/elles étaient allé(e)s*

8.11 The past historic

The past historic is used in historical and literary texts, newspapers and magazines, where the perfect tense would be used in everyday language. The *il/elle* and *ils/elles* forms are used most often.
*Louis XIV **régna** de 1643 à 1715. Il **fut** roi de France pendant 72 ans.*
Louis XIV reigned from 1643 to 1715. He was king of France for 72 years.

*Ils **se levèrent** et **partirent** ensemble.*
They got up and left together.

*Ils **vécurent** heureux et **eurent** beaucoup d'enfants.*
They lived happily and had many children. ("They lived happily ever after".)

The past historic is formed from a stem (the infinitive of a verb minus the *-er/-ir/-re* ending) and the following endings:

	-er verbs	*-re/-ir* verbs
je	-*ai*	-*is*
tu	-*as*	-*is*
il/elle/on	-*a*	-*it*
nous	-*âmes*	-*îmes*
vous	-*âtes*	-*îtes*
ils/elles	-*èrent*	-*irent*

Many common verbs are irregular:
avoir *j'eus, tu eus, il eut, nous eûmes, vous eûtes, ils eurent*
être *je fus, tu fus, il fut, nous fûmes, vous fûtes, ils furent*
venir *je vins, tu vins, il vint, nous vînmes, vous vîntes, ils vinrent*

8.12 The future tense

Use the future tense:
1 to describe plans for the future:
*Bientôt, il **ira** habiter en France.*
Soon, he'll go and live in France.

2 to say what you think the future will be:
*Dans moins de 10 ans, tout le monde **aura** accès à l'Internet.*
In less than 10 years' time, everyone will have access to the Internet.

3 to say what will happen if...:
*Si j'ai mon bac, **j'irai** à l'université.*
If I pass the bac, I'll go to university.

4 to give an order:
*Vous **ferez** une rédaction sur le thème de la pollution.*
You'll write an essay on pollution.

5 to describe what will happen when... or as soon as...:

In French, you use a future tense (not a present tense as in English) after *quand* or *dès que*:
*Quand ils **arriveront**, on se **mettra** tout de suite à table.*
When they arrive, we'll eat straightaway.

*Dites-lui de me contacter dès qu'il **aura** ses résultats.*
Tell him to contact me as soon as he has his results.

To form the future tense, add these endings to the infinitive of regular verbs (if the infinitive ends in *-e*, take that off first):

Grammar

	(ending)	*regarder*	*répondre*
je	-ai	regarderai (I will look, etc.)	répondrai (I will answer, etc.)
tu	-as	regarderas	répondras
il/elle/on	-a	regardera	répondra
nous	-ons	regarderons	répondrons
vous	-ez	regarderez	répondrez
ils/elles	-ont	regarderont	répondront

Common irregular verbs:

aller	j'irai	il faut	il faudra
avoir	j'aurai	pouvoir	je pourrai
devoir	je devrai	savoir	je saurai
envoyer	j'enverrai	venir	je viendrai
être	je serai	voir	je verrai
faire	je ferai	vouloir	je voudrai

Some verbs have small spelling changes:

– verbs ending in -eler double the -l:
  appeler   j'appellerai, nous appellerons
– verbs ending in -e + consonant + er change the first e to è:
  acheter   j'achèterai, nous achèterons
– verbs in -ayer, -oyer, -uyer change the y to i:
  payer   je paierai, nous paierons
  nettoyer   je nettoierai, nous nettoierons
  essuyer   j'essuierai, nous essuierons

8.13   Other ways to talk about the future

◆ **aller + infinitive: *le futur proche***
  Use the present tense of *aller* followed by an infinitive to talk about something that is sure to happen in the near future.
  Je vais regarder le film ce soir.
  I'm going to watch the film tonight.

  Il va travailler ce week-end.
  He's going to work this weekend.

◆ *je voudrais/j'aimerais/je pense/j'envisage de* **+ infinitive**
  To talk about future plans which are not certain, i.e. wishes, ambitions or dreams:
  Je voudrais rentrer dans l'armée de l'air.
  I would like to join the airforce.

  J'aimerais aller à Paris le week-end prochain.
  I'd like to go to Paris next weekend.

  Je pense acheter un vélo cet été.
  I'm planning to buy a bicycle this summer.

◆ **The present tense**
  Use the present tense to refer to an event in the very near future or to something which is more than probable.
  Tu sors ce soir? – Oui, je retrouve Annie en ville.
  Are you going out tonight? – Yes, I'm meeting Annie in town.

  Je vais à l'université de Leeds l'année prochaine.
  I'm going to Leeds University next year.

8.14   The future perfect

This is used to refer to something that will have taken place before something else in the future. It is made up of *avoir* or *être* in the future tense and a past participle.

*Est-ce qu'il **aura fini** de travailler quand la fête commencera?*
Will he have finished working when the party starts?

*Je **serai partie** quand il arrivera.*
I'll have left by the time he arrives.

9   Verbs: the imperative, the conditional, the subjunctive

9.1   The imperative

The imperative is used to:
1 give orders:
   ***Viens** ici!*   Come here!

2 give instructions:
   ***Mélangez** les œufs et la farine.*
   Mix the eggs and the flour.

3 give advice and make suggestions:
   ***Va** au cinéma si tu t'ennuies.*
   Go to the cinema if you're bored.

   ***Essayez** de manger quelque chose.*
   Try eating something.

   ***Allons** voir Catherine.*
   Let's go and see Catherine.

To form the imperative simply leave out the subject pronouns *tu* or *vous* (or *nous*, but this is used less often) in the present tense of the verbs. For -er verbs, leave out the final -s in the *tu* form.

Tu éteins la télé.	***Eteins** la télé.*	Switch the TV off.
Tu restes ici.	***Reste** ici.*	Stay here.
Vous venez avec moi.	***Venez** avec moi.*	Come with me.
Nous y allons tous.	***Allons**-y tous!*	Let's all go!

Most verbs are regular, except a few:

avoir	*aie, ayez (ayons)*
être	*sois, soyez (soyons)*
savoir	*sache, sachez (sachons)*
vouloir	*veuillez*

Sachez que c'est interdit.
I'll have you know that it's forbidden.
Veuillez attacher vos ceintures.
Please fasten your seat belts.

To tell someone **not** to do something, put *ne ... pas* round the command:

Ne regarde pas!	Don't look!
Ne touchez pas!	Don't touch!

For reflexive verbs in the imperative, see 7.2.

9.2 The conditional

The present conditional is used:

1 to express a wish or make a suggestion:
   *Je **voudrais** travailler dans un bureau.*
   I'd like to work in an office.

   *Elle **devrait** faire des études à l'étranger.*
   She should go and study abroad.

   *Je **prendrais** bien un café.*
   I'd quite like to have a coffee.

2 to make a polite request:
   ***Pourriez**-vous me dire où est la mairie?*
   Could you tell me where the town hall is?

3 to refer to an action which depends on another event or situation:
   *J'**irais** chercher les enfants si j'avais une voiture.*
   I'd go and pick up the children if I had a car.

To form the conditional use the same stem as for the future tense (the infinitive of the verb, dropping the -e in -re verbs) and add endings which are the same as for the imperfect tense (see 8.7).

	(ending)	*finir*	*prendre*
je	**-ais**	*finirais* (I would finish, etc.)	*prendrai* (I would take, etc.)
tu	**-ais**	*finirais*	*prendrais*
il/elle/on	**-ait**	*finirait*	*prendrait*
nous	**-ions**	*finirions*	*prendrions*
vous	**-iez**	*finiriez*	*prendriez*
ils/elles	**-aient**	*finiraient*	*prendraient*

See the verb tables on pages 145–149 for common irregular verbs in the conditional.

◆ **The past conditional**
This is used to say something would have happened given certain circumstances (but actually didn't happen). It is formed from the conditional of *avoir* or *être* and a past participle.
*Nous **aurions gagné** le match si...*
We would have won the match if...

*Il **serait venu** s'il avait pu.*
He would have come if he had been able to.

◆ The past conditional of *devoir* and *pouvoir* are useful forms to say that something 'should' or 'could' have been done:
*J'**aurais dû** y aller.*
I should have gone.

*Vous **auriez pu** participer.*
You could have taken part.

9.3 The subjunctive

The subjunctive is used to express what you think, what you feel, what you wish, and how you consider events and actions (uncertain, possible, probable, impossible, etc.).
The verbs usually appear in a subordinate clause (the second part of a sentence) introduced by *que*. There are several tenses of the subjunctive, but the present and perfect sujunctive are the most commonly used.

It is used:

1 after many verbs expressing an emotion or an opinion:

   – likes and preferences: *aimer (mieux) que, préférer que*
   *Je n'aime pas que tu **mentes**.*
   I don't like you to lie.

   *Je préfère qu'il **parte** demain.*
   I'd rather he left tomorrow.

   *J'aime mieux qu'il **parte** demain.*
   I'd rather he left tomorrow.

   – doubt or fear: *douter que, avoir peur que, ne pas être sûr que*, ne pas penser que**
   * These verbs don't need a subjunctive if used in a positive statement, without the *ne ... pas*, e.g. *je pense qu'il **vient** ce soir.*

   – wish, will, necessity: *vouloir que, ordonner que, exiger que, souhaiter que*
   *Je voudrais que tu **partes** avec moi.*
   I'd like you to go away with me.

*Le docteur ordonne que vous **restiez** au lit.*
The doctor orders you to stay in bed.

– regret and happiness: *regretter que, être content que*
*Ils regrettent que tu ne **sois** pas là.*
They're sorry you are not here.

*Moi, je suis contente qu'elle **soit** loin.*
I'm happy that she's far away.

2 after impersonal expressions such as *il faut que, il est possible que, il est important que, il vaut mieux que, il semble que, il est essentiel que*:

*Il faut que tu **ailles** à la poste.*
You must go to the post office.

*Il vaut mieux que vous **restiez** à la maison.*
You'd better stay at home.

*Il semble qu'elle ne **soit** pas d'accord.*
It seems that she doesn't agree.

*Il est important que nous **arrivions** à l'heure.*
It's important that we arrive on time.

3 after certain conjunctions expressing…

– time: *avant que* (before), *jusqu'à ce que* (until)
*Je veux partir avant qu'il **rentre**.*
I want to leave before he comes back.

– concession: *bien que* (although), *quoique* (although)
*Il est resté très simple bien qu'il **soit** très riche.*
He's remained simple although he's very rich.

– aim: *afin que* (so that), *pour que* (so that)
*Je fais ça pour que tu **ailles** mieux.*
I'm doing this so that you get better.

– condition: *à condition que* (on condition that), *pourvu que* (provided that), *à moins que* (unless)
*J'irai à la cérémonie à condition que tu **viennes** avec moi.*
I'll go to the ceremony provided you come with me.

4 after a relative pronoun *(qui or que)* when it follows a superlative or a negative:

*C'est le plus joli bébé que je **connaisse**.*
He's the prettiest baby I know.

*Je n'ai rien qui **puisse** t'aider.*
I don't have anything that could help you.

5 after *Que* at the beginning of a sentence:
*Qu'elle **revienne** ou non, je m'en moque.*
Whether she comes back or not, I don't care.

6 after *qui que, quel que, quoi que, où que*:
*Qui que ce **soit**, je ne suis pas là!*
Whoever it is, I am not in!

*Quel que **soit** le prix, je l'achète.*
Whatever the price is, I am buying it.

*Où que tu **ailles**, je te suivrai.*
Wherever you go, I'll follow.

*Quoi que je **fasse**, ils me critiquent.*
Whatever I do, they criticise me.

To form the present subjunctive, take the *ils* form of the present tense, leave off the final *-ent* and add these endings:

	(ending)	aimer	finir
je	**e**	*que j'aime*	*que je finisse*
tu	**es**	*que tu aimes*	*que tu finisses*
il/elle/on	**e**	*qu'il aime*	*qu'il finisse*
nous	**ions**	*que nous aimions*	*que nous finissions*
vous	**iez**	*que vous aimiez*	*que vous finissiez*
ils/elles	**ent**	*qu'ils aiment*	*qu'ils finissent*

Common irregular verbs (see the verb tables on pages 145–149 for full paradigms):

aller	*que j'aille, nous allions*
avoir	*que j'aie, nous ayons*
croire	*que je croie, nous croyons*
devoir	*que je doive, nous devions*
écrire	*que j'écrive, nous écrivions*
être	*que je sois, nous soyons*
faire	*que je fasse, nous fassions*
pouvoir	*que je puisse, nous puissions*
prendre	*que je prenne, nous prenions*
recevoir	*que je reçoive, nous recevions*
savoir	*que je sache, nous sachions*
venir	*que je vienne, nous venions*
voir	*que je voie, nous voyions*
vouloir	*que je veuille, nous voulions*

◆ **The perfect subjunctive**
This is a compound tense formed from the **present tense** of *avoir* or *être* and a past participle. It refers to something which has (perhaps) happened.
*Il est possible qu'elle **soit** déjà **partie**.*
It's possible she's already left.

*Je ne suis pas certain qu'elle **ait pu** tout finir hier soir.*
I'm not certain she managed to finish it all last night.

◆ **The imperfect subjunctive**
This is rarely used, but you need to be able to recognise it in formal written French, like the past historic (see 8.11).

To form it, start with the *il/elle* form of the past historic, remove the *-t* from *-ir* and *-re* verbs, and add these endings:

-sse, -sses, -t, -ssions, -ssiez, -ssent

avoir	*que j'eus, qu'il eût*
être	*que je fus, qu'elles fussent*
faire	*que je fis, qu'ils fissent*
finir	*que je finisse, que tu finisses*

◆ **The pluperfect subjunctive**
   This is used only in literary French. It is formed from the imperfect subjunctive of *avoir* or *être* and a past participle.
   Il douta qu'elle fût allée voir son père seule.
   He doubted that she would have gone to visit her father alone.

10 The present participle

You recognise a present participle by the *-ant* ending which corresponds to '-ing' in English.

Use it:

1 to indicate that two actions are simultaneous ('while/on doing' something), with *en*:

   *Je lis mon journal (tout) **en mangeant**.*
   I read my paper while eating.

   ***En la voyant**, il est parti.*   Seeing her, he left.

2 to say how something is done ('by doing' something), with *en*:

   *Il nous remonte le moral **en faisant** le clown.*
   He makes us feel better by clowning around.

   *Il s'est blessé **en skiant**.*
   He injured himself skiing.

3 to explain the reason for or the cause of something:

   ***Etant** d'origine algérienne, je parle un peu l'arabe.*
   Being of Algerian origin, I speak a little Arabic.

   ***Ayant** vécu à Paris, je connais la ville.*
   Having lived in Paris, I know the city.

4 as an alternative to a relative pronoun (*qui/que*) in a sentence:

   *Il s'occupe d'enfants **souffrant** de troubles mentaux.*
   (= qui souffrent de...)
   He looks after children with mental problems.

To form the present participle, take the *nous* form of the present tense, remove the *-ons* and add the ending *-ant*. Used as a verb, it is invariable.

regarder → nous regardo̶n̶s → regard → regardant (looking)

Three exceptions:

avoir	***ayant***	(having)
être	***étant***	(being)
savoir	***sachant***	(knowing)

11 The passive voice

When the subject of the sentence has the action of the verb **done to it** instead of **doing** the action, the sentence is said to be in the passive voice.

The passive is used:

1 when the person doing the action is unknown or not named:

   *Mon chien a **été écrasé**.*   My dog's been run over.

2 when you want to focus on the person/thing receiving the action rather than on whoever is doing the action:

   *La violence **est** souvent **présentée** comme acceptable (par les médias).*
   Violence is often presented as being acceptable (by the media).

3 to highlight the drama of an event, especially in newspaper accounts:

   *Les deux jeunes **ont été arrêtés** par un détective parisien.*
   The two youths were arrested by a Paris detective.

To form a passive, use *être* and a past participle agreeing with the subject of the verb.

<u>*Notre association*</u> *aide les enfants en difficulté.*
(subject) (verb)

<u>*Les enfants en difficulté*</u> *sont aidés par association.*
(subject) (verb in the passive)

The passive can be used in several tenses:

present:	*Les enfants **sont aidés** par l'association.* (are helped/were helped)
future:	*Les enfants **seront aidés** par l'association.* (will be helped)
perfect:	*Les enfants **ont été aidés** par l'association.* (have been helped/were helped)

Grammar

imperfect: *Les enfants **étaient aidés** par l'association.* (were helped)

pluperfect: *Les enfants **avaient été aidés** par l'association.* (had been helped)

To avoid the passive, especially when translating from English:

– use *on*:

Speed limits are not respected.
Les limitations de vitesse ne sont pas respectées. →
***On ne respecte pas** les limitations de vitesse.*

– use an 'active' sentence:

The house was burgled by two men. →
La maison a été cambriolée par deux hommes. →
*Deux hommes **ont cambriolé** la maison.*

– use a reflexive verb:

The passive is not often used in French. →
Le passif n'est pas beaucoup utilisé en français. →
*Le passif **ne s'utilise pas** beaucoup en français.*

NB: Some verbs cannot be used in the passive: reflexive verbs, and verbs used without a direct object, e.g. *aller, décider de, demander de.*

I was asked to take part in a debate on racism. →
On m'a demandé de participer à un débat sur le racisme.

12 Negatives

12.1   *ne … pas*

This negative form is used where you would say 'not' in English. In French, you need two words: *ne* and *pas*, which go on either side of the verb.
ne → n' in front of a vowel or a silent *h*.

*Je **ne** suis **pas** français.*
I'm not French.

*Ils **n'**habitent **pas** à Londres.*
They don't live in London.

12.2   *ne … jamais, ne … rien,*
ne … personne, ne … plus

These negative forms also go on either side of the verb:

ne/n' … jamais	never
ne/n' … rien	nothing, not anything
ne/n' … personne	nobody, not anybody
ne/n' … plus	no longer, no more, not any more

*Il **ne** parle **jamais** en français.*
He **never** speaks in French.

*Elle **ne** mange **rien**.*
She doesn't eat **anything**.

*Je **ne** connais **personne** ici.*
I don't know **anybody here**.

*Nous **n'**y allons **plus**.*
We don't go there **any more**.

◆ When you use *ne* + a negative with a noun, replace *un/une/des* with *de* or *d'*:

*Il n'y a **pas de** pizza/**de** gâteau/**de** chips.*
There isn't/There aren't any pizza/cake/crisps.

*Il n'y a **plus de** timbres.*
There aren't any more stamps/any stamps left.

*Je n'ai **jamais d'**argent.*
I never have any money.

◆ The second part of a negative form can be used without the *ne* in a short phrase with no verb:

Tu as déjà travaillé?   *Non, **jamais**.*
Have you ever worked?   No, **never**.

*Qu'est-ce que vous voulez? **Rien**.*
What do you want? **Nothing**.

*Qui est dans la salle de classe? **Personne**.*
Who is in the classroom? **Nobody**.

12.3   *ne … aucun*

This means 'no …' or 'not a single … 'Aucun* is an adjective and agrees with the noun that follows it.

	masculine	feminine
singular	*aucun*	*aucune*
plural	*aucuns*	*aucunes*

*Il **n'**a **aucun** ami.*
He has **no** friends./He has**n't** got **a single** friend.

*Je **n'**ai **aucune** idée.*
I have **no** idea.

12.4   *ne… ni… ni…*

This means 'neither… nor…'; *ne* goes before the verb and *ni* goes (twice) before the words they relate to:
*Il **n'**a **ni** mère **ni** père.*
He has **neither** mother **nor** father.

*Je **ne** connais **ni** Anne **ni** son frère.*
I know **neither** Anne **nor** her brother.

12.5 *ne... que*

One way to say 'only' is to put *ne... que* (*qu'* in front of a vowel or silent *h*) around the verb.

*Je **n'**aime **qu'**un sport.*
I **only** like one sport.

*On **ne** travaillera **que** le samedi matin.*
We will **only** work on the Saturday morning.

*Il **n'**avait **qu'**un ami.*
He had **only** one friend.

12.6 Negatives + the perfect tense

In the perfect tense, *ne* or *n'* goes before the part of *avoir* or *être*, and:

♦ *pas/plus/jamais/rien* go <u>before</u> the past participle:
*Je **n'**ai **pas** fait la lessive.*
I haven't done the washing.

*On **n'**a **rien** mangé.*
We haven't eaten anything.

♦ *personne/que/ni... ni.../aucun* go <u>after</u> the past participle:
*Nous **n'**avons vu **personne**.*
We didn't see anybody.

*Elle **n'**a attendu **que** cinq minutes.*
She only waited five minutes.

12.7 Negative + verb + infinitive

Ne/n' goes before the first verb and *pas* before the second verb (in the infinitive):
*Je **n'**aime **pas** aller au cinéma.*
I don't like going to the cinema.

*On **ne** peut **pas** lire ce roman.*
We can't read this novel.

See 7.2 for reflexive verbs in the negative.
See 9.1 for negative imperatives.

13 Asking questions

There are four ways to ask a question:

1 by raising your voice in a questioning manner at the end of an affirmative sentence:

Tu vas au cinéma?
Are you going to the cinema?

2 by starting with *est-ce que ...*:
***Est-ce que** tu vas au cinéma?*
Are you going to the cinema?

3 by inverting the verb and subject:

Vas-tu au cinéma?
Are you going to the cinema?

Va-t-il venir avec nous?*
Is he going to come with us?

* Sometimes a *-t-* is added between two vowels to make pronunciation easier:
*A-**t**-il parlé au prof?*
Has he spoken to the teacher?
*Que pense-**t**-elle?*
What does she think?

4 by using question words:

♦ who   **qui**
Qui t'a dit ça?
Who told you that?

Avec qui y vas-tu?
Who are you going with?

Qui est-ce qui vient ce soir?
Who's coming tonight?

Qui est-ce que tu as invité?
Who did you invite?

♦ what   **que (qu')/quoi**
Que désirez-vous?
What would you like?

Qu'as-tu acheté?
What did you buy?

Qu'est-ce qu'il t'a dit?
What did he tell you?

C'est quoi?
What is it?

Avec quoi on mange ça?
What do you eat this with?

♦ which   **quel/quelle/quels/quelles**
(agreeing with gender and number)

Quel âge as-tu?
How old are you?

Quels exercices faut-il faire?
Which exercises do we have to do?

C'est à quelle page?
On which page is it?

Quelles chaussures préfères-tu?
Which shoes do you prefer?

◆ which one(s)   **lequel/laquelle/lesquels/ lesquelles**

Je cherche un hôtel. Lequel recommandez-vous?
I'm looking for a hotel. Which do you recommend?

Laquelle de ces demandes d'emploi est la meilleure?
Which of these job applications is the best?

◆ **Others**

how much/how many	*Combien as-tu payé?*
how	*Comment as-tu payé?*
where	*Où as-tu payé?*
why	*Pourquoi as-tu payé?*
when	*Quand as-tu payé?*

You can use these
– at the beginning of a sentence, as above
– at the end of a sentence, except *pourquoi*:
  Tu as payé combien/comment/où/quand?
– at the beginning, adding *est-ce que*:
  Combien/Comment/Où/Pourquoi/Quand est-ce que tu as payé?

14 Direct and indirect speech

◆ Use direct speech to report what someone says word for word:

Le prof dit: "Faites l'activité 4." Un élève demande: "Il faut le faire pour quand?"

Léa a dit: "J'ai fait un stage en France".

Remember to use colons and speech marks.
Use verbs like: *dire, demander, ajouter, s'écrier.*

◆ Use indirect speech to explain what someone says without quoting them using speech marks.

Le prof dit de faire l'activité 4. Un élève demande pour quand il faut le faire.

Léa a dit qu'elle avait fait un stage en France.

◆ Some changes are necessary when going from direct speech to indirect speech (use of *que*, use of interrogative words, changes in pronouns and tenses).

Mon père s'est écrié: "J'ai perdu mon porte-feuille!"
*Mon père s'est écrié **qu'il avait perdu** son porte-feuille.*

Le serveur a demandé: "Vous pouvez me payer?"
*Le serveur a demandé **si on pouvait** le payer.*

15 Word order variations

Inversion
Two occasions when normal word order changes are:

- Inversion after speech
  Where speech is followed by a verbal phrase, invert the verb and the subject:
  'Ah non', **dit-il**.
  'Quelle heure est-il ?' **demandait-t-il** constamment.

- Inversion after adverbs
  When a sentence begins with an adverb or adverbial phrase, the verb and subject should be inverted :
  Lentement explique-t-il les conséquences.
  Dès maintentant va-t-on tout recommencer.

15 Verb tables

infinitif		présent	passé composé	passé simple	futur simple	conditionnel	subjonctif
-er verbs	je/j'	parle	ai parlé	parlai	parlerai	parlerais	parle
	tu	parles	as parlé	parlas	parleras	parlerais	parles
parler	il/elle/on	parle	a parlé	parla	parlera	parlerait	parle
to speak	nous	parlons	avons parlé	parlâmes	parlerons	parlerions	parlions
	vous	parlez	avez parlé	parlâtes	parlerez	parleriez	parliez
	ils/elles	parlent	ont parlé	parlèrent	parleront	parleraient	parlent
-ir verbs	je/j'	finis	ai fini	finis	finirai	finirais	finisse
	tu	finis	as fini	finis	finiras	finirais	finisses
finir	il/elle/on	finit	a fini	finit	finira	finirait	finisse
to finish	nous	finissons	avons fini	finîmes	finirons	finirions	finissions
	vous	finissez	avez fini	finîtes	finirez	finiriez	finissiez
	ils/elles	finissent	ont fini	finirent	finiront	finiraient	finissent
-re verbs	je/j'	réponds	ai répondu	répondis	répondrai	répondrais	réponde
	tu	réponds	as répondu	répondis	répondras	répondrais	répondes
répondre	il/elle/on	répond	a répondu	répondit	répondra	répondrait	réponde
to answer	nous	répondons	avons répondu	répondîmes	répondrons	répondrions	répondions
	vous	répondez	avez répondu	répondîtes	répondrez	répondriez	répondiez
	ils/elles	répondent	ont répondu	répondirent	répondront	répondraient	répondent
aller	je/j'	vais	suis allé(e)	allai	irai	irais	aille
to go	tu	vas	es allé(e)	allas	iras	irais	ailles
	il/elle/on	va	est allé(e)(s)*	alla	ira	irait	aille
	nous	allons	sommes allé(e)s	allâmes	irons	irions	allions
	vous	allez	êtes allé(e)(s)	allâtes	irez	iriez	alliez
	ils/elles	vont	sont allé(e)s	allèrent	iront	iraient	aillent
avoir	je/j'	ai	ai eu	eus	aurai	aurais	aie
to have	tu	as	as eu	eus	auras	aurais	aies
	il/elle/on	a	a eu	eut	aura	aurait	ait
	nous	avons	avons eu	eûmes	aurons	aurions	ayons
	vous	avez	avez eu	eûtes	aurez	auriez	ayez
	ils/elles	ont	ont eu	eurent	auront	auraient	aient
battre	je/j'	bats	ai battu	battis	battrai	battrais	batte
to beat	tu	bats	as battu	battis	battras	battrais	battes
	il/elle/on	bat	a battu	battit	battra	battrait	batte
	nous	battons	avons battu	battîmes	battrons	battrions	battions
	vous	battez	avez battu	battîtes	battrez	battriez	battiez
	ils/elles	battent	ont battu	battirent	battront	battraient	battent
boire	je/j'	bois	ai bu	bus	boirai	boirais	boive
to drink	tu	bois	as bu	bus	boiras	boirais	boives
	il/elle/on	boit	a bu	but	boira	boirait	boive
	nous	buvons	avons bu	bûmes	boirons	boirions	buvions
	vous	buvez	avez bu	bûtes	boirez	boiriez	buviez
	ils/elles	boivent	ont bu	burent	boiront	boiraient	boivent
comprendre		*see* **prendre**					
to understand	je/j'	comprends	ai compris	compris	comprendrai	comprendrais	comprenne

* With verbs which take the auxiliary *être* in the perfect tense, the past participle agrees with *on*, which is used to replace *nous*.

Grammar

infinitif		présent	passé composé	passé simple	futur simple	conditionnel	subjonctif
conduire	je/j'	conduis	ai conduit	conduisis	conduirai	conduirais	conduise
to drive	tu	conduis	as conduit	conduisis	conduiras	conduirais	conduises
	il/elle/on	conduit	a conduit	conduisit	conduira	conduirait	conduise
	nous	conduisons	avons conduit	conduisîmes	conduirons	conduirions	conduisions
	vous	conduisez	avez conduit	conduisîtes	conduirez	conduiriez	conduisiez
	ils/elles	conduisent	ont conduit	conduisirent	conduiront	conduiraient	conduisent
connaître	je/j'	connais	ai connu	connus	connaîtrai	connaîtrais	connaisse
to know	tu	connais	as connu	connus	connaîtras	connaîtrais	connaisses
	il/elle/on	connaît	a connu	connut	connaîtra	connaîtrait	connaisse
	nous	connaissons	avons connu	connûmes	connaîtrons	connaîtrions	connaissions
	vous	connaissez	avez connu	connûtes	connaîtrez	connaîtriez	connaissiez
	ils/elles	connaissent	ont connu	connurent	connaîtront	connaîtraient	connaissent
craindre	je/j'	crains	ai craint	craignis	craindrai	craindrais	craigne
to fear	tu	crains	as craint	craignis	craindras	craindrais	craignes
	il/elle/on	craint	a craint	craignit	craindra	craindrait	craigne
	nous	craignons	avons craint	craignîmes	craindrons	craindrions	craignions
	vous	craignez	avez craint	craignîtes	craindrez	craindriez	craigniez
	ils/elles	craignent	ont craint	craignirent	craindront	craindraient	craignent
croire		*see* **voir**					
to believe	je/j'	crois	ai cru	crus	croirai	croirais	croie
devoir	je/j'	dois	ai dû	dus	devrai	devrais	doive
to have to/	tu	dois	as dû	dus	devras	devrais	doives
must	il/elle/on	doit	a dû	dut	devra	devrait	doive
	nous	devons	avons dû	dûmes	devrons	devrions	devions
	vous	devez	avez dû	dûtes	devrez	devriez	deviez
	ils/elles	doivent	ont dû	durent	devront	devraient	doivent
dire	je/j'	dis	ai dit	dis	dirai	dirais	dise
to say	tu	dis	as dit	dis	diras	dirais	dises
	il/elle/on	dit	a dit	dit	dira	dirait	dise
	nous	disons	avons dit	dîmes	dirons	dirions	disions
	vous	dites	avez dit	dîtes	direz	diriez	disiez
	ils/elles	disent	ont dit	dirent	diront	diraient	disent
dormir	je/j'	dors	ai dormi	dormis	dormirai	dormirais	dorme
to sleep	tu	dors	as dormi	dormis	dormiras	dormirais	dormes
	il/elle/on	dort	a dormi	dormit	dormira	dormirait	dorme
	nous	dormons	avons dormi	dormîmes	dormirons	dormirions	dormions
	vous	dormez	avez dormi	dormîtes	dormirez	dormiriez	dormiez
	ils/elles	dorment	ont dormi	dormirent	dormiront	dormiraient	dorment
écrire	je/j'	écris	ai écrit	écrivis	écrirai	écrirais	écrive
to write	tu	écris	as écrit	écrivis	écriras	écrirais	écrives
	il/elle/on	écrit	a écrit	écrivit	écrira	écrirait	écrive
	nous	écrivons	avons écrit	écrivîmes	écrirons	écririons	écrivions
	vous	écrivez	avez écrit	écrivîtes	écrirez	écririez	écriviez
	ils/elles	écrivent	ont écrit	écrivirent	écriront	écriraient	écrivent
être	je/j'	suis	ai été	fus	serai	serais	sois
to be	tu	es	as été	fus	seras	serais	sois
	il/elle/on	est	a été	fut	sera	serait	soit
	nous	sommes	avons été	fûmes	serons	serions	soyons
	vous	êtes	avez été	fûtes	serez	seriez	soyez
	ils/elles	sont	ont été	furent	seront	seraient	soient

infinitif		présent	passé composé	passé simple	futur simple	conditionnel	subjonctif
faire	je/j'	fais	ai fait	fis	ferai	ferais	fasse
to do/make	tu	fais	as fait	fis	feras	ferais	fasses
	il/elle/on	fait	a fait	fit	fera	ferait	fasse
	nous	faisons	avons fait	fîmes	ferons	ferions	fassions
	vous	faites	avez fait	fîtes	ferez	feriez	fassiez
	ils/elles	font	ont fait	firent	feront	feraient	fassent
falloir	il	faut	a fallu	fallut	faudra	faudrait	faille
to be necessary							
se lever	je	me lève	me suis levé(e)	me levai	me lèverai	me lèverais	me lève
to get up	tu	te lèves	t'es levé(e)	te levas	te lèveras	te lèverais	te lèves
	il/elle/on	se lève	s'est levé(e)(s)*	se leva	se lèvera	se lèverait	se lève
	nous	nous levons	nous sommes levé(e)s	nous levâmes	nous lèverons	nous lèverions	nous levions
	vous	vous levez	vous êtes levé(e)(s)	vous levâtes	vous lèverez	vous lèveriez	vous leviez
	ils/elles	se lèvent	se sont levé(e)s	se levèrent	se lèveront	se lèveraient	se lèvent
lire	je/j'	lis	ai lu	lus	lirai	lirais	lise
to read	tu	lis	as lu	lus	liras	lirais	lises
	il/elle/on	lit	a lu	lut	lira	lirait	lise
	nous	lisons	avons lu	lûmes	lirons	lirions	lisions
	vous	lisez	avez lu	lûtes	lirez	liriez	lisiez
	ils/elles	lisent	ont lu	lurent	liront	liraient	lisent
mettre	je/j'	mets	ai mis	mis	mettrai	mettrais	mette
to put	tu	mets	as mis	mis	mettras	mettrais	mettes
	il/elle/on	met	a mis	mit	mettra	mettrait	mette
	nous	mettons	avons mis	mîmes	mettrons	mettrions	mettions
	vous	mettez	avez mis	mîtes	mettrez	mettriez	mettiez
	ils/elles	mettent	ont mis	mirent	mettront	mettraient	mettent
mourir	je	meurs	suis mort(e)	mourus	mourrai	mourrais	meure
to die	tu	meurs	es mort(e)	mourus	mourras	mourrais	meures
	il/elle/on	meurt	est mort(e)(s)*	mourut	mourra	mourrait	meure
	nous	mourons	sommes mort(e)s	mourûmes	mourrons	mourrions	mourions
	vous	mourez	êtes mort(e)(s)	mourûtes	mourrez	mourriez	mouriez
	ils/elles	meurent	sont mort(e)s	moururent	mourront	mourraient	meurent
naître	je	nais	suis né(e)	naquis	naîtrai	naîtrais	naisse
to be born	tu	nais	es né(e)	naquis	naîtras	naîtrais	naisses
	il/elle/on	naît	est né(e)(s)*	naquit	naîtra	naîtrait	naisse
	nous	naissons	sommes né(e)s	naquîmes	naîtrons	naîtrions	naissions
	vous	naissez	êtes né(e)(s)	naquîtes	naîtrez	naîtriez	naissiez
	ils/elles	naissent	sont né(e)s	naquirent	naîtront	naîtraient	naissent
ouvrir	je/j'	ouvre	ai ouvert	ouvris	ouvrirai	ouvrirais	ouvre
to open	tu	ouvres	as ouvert	ouvris	ouvriras	ouvrirais	ouvres
	il/elle/on	ouvre	a ouvert	ouvrit	ouvrira	ouvrirait	ouvre
	nous	ouvrons	avons ouvert	ouvrîmes	ouvrirons	ouvririons	ouvrions
	vous	ouvrez	avez ouvert	ouvrîtes	ouvrirez	ouvririez	ouvriez
	ils/elles	ouvrent	ont ouvert	ouvrirent	ouvriront	ouvriraient	ouvrent
paraître		*see* **connaître**					
to appear	je/j'	parais	ai paru	parus	paraîtrai	paraîtrais	paraisse
partir		*see* **sentir**, *but with* **être** *in compound tenses*					
to leave	je	pars	suis parti(e)	partis	partirai	partirais	parte

* With verbs which take the auxiliary *être* in the perfect tense, the past participle agrees with *on*, which is used to replace *nous*.

Grammar

infinitif		présent	passé composé	passé simple	futur simple	conditionnel	subjonctif
pleuvoir *to rain*	il	pleut	a plu	plut	pleuvra	pleuvrait	pleuve
pouvoir *to be able/ can*	je/j'	peux	ai pu	pus	pourrai	pourrais	puisse
	tu	peux	as pu	pus	pourras	pourrais	puisses
	il/elle/on	peut	a pu	put	pourra	pourrait	puisse
	nous	pouvons	avons pu	pûmes	pourrons	pourrions	puissions
	vous	pouvez	avez pu	pûtes	pourrez	pourriez	puissiez
	ils/elles	peuvent	ont pu	purent	pourront	pourraient	puissent
prendre *to take*	je/j'	prends	ai pris	pris	prendrai	prendrais	prenne
	tu	prends	as pris	pris	prendras	prendrais	prennes
	il/elle/on	prend	a pris	prit	prendra	prendrait	prenne
	nous	prenons	avons pris	prîmes	prendrons	prendrions	prenions
	vous	prenez	avez pris	prîtes	prendrez	prendriez	preniez
	ils/elles	prennent	ont pris	prirent	prendront	prendraient	prennent
recevoir *to receive*	je/j'	reçois	ai reçu	reçus	recevrai	recevrais	reçoive
	tu	reçois	as reçu	reçus	recevras	recevrais	reçoives
	il/elle/on	reçoit	a reçu	reçut	recevra	recevrait	reçoive
	nous	recevons	avons reçu	reçûmes	recevrons	recevrions	recevions
	vous	recevez	avez reçu	reçûtes	recevrez	recevriez	receviez
	ils/elles	reçoivent	ont reçu	reçurent	recevront	recevraient	reçoivent
rire *to laugh*	je/j'	ris	ai ri	ris	rirai	rirais	rie
	tu	ris	as ri	ris	riras	rirais	ries
	il/elle/on	rit	a ri	rit	rira	rirait	rie
	nous	rions	avons ri	rîmes	rirons	ririons	riions
	vous	riez	avez ri	rîtes	rirez	ririez	riiez
	ils/elles	rient	ont ri	rirent	riront	riraient	rient
savoir *to know*	je/j'	sais	ai su	sus	saurai	saurais	sache
	tu	sais	as su	sus	sauras	saurais	saches
	il/elle/on	sait	a su	sut	saura	saurait	sache
	nous	savons	avons su	sûmes	saurons	saurions	sachions
	vous	savez	avez su	sûtes	saurez	sauriez	sachiez
	ils/elles	savent	ont su	surent	sauront	sauraient	sachent
sentir *to feel*	je/j'	sens	ai senti	sentis	sentirai	sentirais	sente
	tu	sens	as senti	sentis	sentiras	sentirais	sentes
	il/elle/on	sent	a senti	sentit	sentira	sentirait	sente
	nous	sentons	avons senti	sentîmes	sentirons	sentirions	sentions
	vous	sentez	avez senti	sentîtes	sentirez	sentiriez	sentiez
	ils/elles	sentent	ont senti	sentirent	sentiront	sentiraient	sentent
tenir *to hold*		*see **venir**, but with **avoir** in compound tenses*					
	je/j'	tiens	ai tenu	tins	tiendrai	tiendrais	tienne
venir *to come*	je	viens	suis venu(e)	vins	viendrai	viendrais	vienne
	tu	viens	es venu(e)	vins	viendras	viendrais	viennes
	il/elle/on	vient	est venu(e)(s)*	vint	viendra	viendrait	vienne
	nous	venons	sommes venu(e)s	vînmes	viendrons	viendrions	venions
	vous	venez	êtes venu(e)(s)	vîntes	viendrez	viendriez	veniez
	ils/elles	viennent	sont venu(e)s	vinrent	viendront	viendraient	viennent
vivre *to live*		*see **écrire** past participle: **vécu***					
	je/j'	vis	ai vécu	vécus	vivrai	vivrais	vive

* With verbs which take the auxiliary *être* in the perfect tense, the past participle agrees with *on*, which is used to replace *nous*.

148

infinitif		présent	passé composé	passé simple	futur simple	conditionnel	subjonctif
voir	je/j'	vois	ai vu	vis	verrai	verrais	voie
to see	tu	vois	as vu	vis	verras	verrais	voies
	il/elle/on	voit	a vu	vit	verra	verrait	voie
	nous	voyons	avons vu	vîmes	verrons	verrions	voyions
	vous	voyez	avez vu	vîtes	verrez	verriez	voyiez
	ils/elles	voient	ont vu	virent	verront	verraient	voient
vouloir	je/j'	veux	ai voulu	voulus	voudrai	voudrais	veuille
to want	tu	veux	as voulu	voulus	voudras	voudrais	veuilles
	il/elle/on	veut	a voulu	voulut	voudra	voudrait	veuille
	nous	voulons	avons voulu	voulûmes	voudrons	voudrions	voulions
	vous	voulez	avez voulu	voulûtes	voudrez	voudriez	vouliez
	ils/elles	veulent	ont voulu	voulurent	voudront	voudraient	veuillent

Vocabulary

This vocabulary contains all but the most common words which appear in *Elan*, apart from some where the meaning has been provided on the page. Where a word has several meanings, only those which occur in the book have been given.

Abbreviations:

nm = masculine noun

nf = feminine noun

nmpl = plural masculine noun

nfpl = plural feminine noun

adj = adjective

v = verb

adv = adverb

prep = preposition

A

à deux reprises   on two occasions

à la Une   on the front page

à l'étranger   abroad

à propos de   about

à travers   through

abeille *nf*   bee

abîmer *v*   to destroy, ruin

abri *nm*   shelter

absolument *adv*   absolutely

accéder *v*   to achieve

accomplir *v*   to accomplish

accouchement *nm*   delivery, birth

accro *nm/f*   addict

accueil *nm*   welcome

accueillir *v*   to welcome

achat *nm*   purchase

acquérir *v*   to acquire

actuel/elle *adj*   current

affaire *nf*   concern

affectif/ive *adj*   emotional

affirmer *v*   to declare

affréter *v*   to charter

affronter *v*   to confront

afin que   so that

agenda *nm*   diary

aggraver *v*   to make worse

agression *nf*   attack, mugging

ailleurs *adv*   elsewhere

ainsi *adv*   thus, in this way

aisé *adj*   wealthy

alambiqué *adj*   convoluted, tortuous

alentours *nmpl*   surrounding area

aliment *nm*   food (item)

alimentaire *adj*   food

alimenter *v*   to supply

allergie *nf*   allergy

améliorer *v*   to improve

aménagé *adj*   converted

amener *v*   to cause

ampleur *nf*   size, extent

ancien/ne *adj*   former

animateur/trice *nm/f*   presenter

animer *v*   to animate

apesanteur *nf*   weightlessness

appareil électroménager *nm*   household appliance

appart *nm*   apartment

appartenance *nf*   membership

appel *nm*   call

appliquer: s'appliquer *v*   to apply

approfondi *adj*   in-depth, detailed

acquérir *v*   to acquire

archipel *nm*   archipelago

arrêt *nm*   stop, halt

arroser *v*   to water

artifice *nm*   stylistic device

artificiellement *adv*   artificially

asile *nm*   refuge, asylum

asseoir: s'asseoir *v*   to sit down

atelier *nm*   workshop

atteindre *v*   to reach

attentat *nm*   attack

au fur et à mesure que   (at the same time) as

au lieu de *prep*   instead of

auditif/ve *adj*   auditory

augmentation *nf*   increase

augmenter *v*   to increase

aussi *adv*   also

autant que possible   as much as possible

auteur *nm*   author

autour de *prep*   around

autrefois *adv*   in the past

autrui   others

avantage *nm*   advantage

avant-goût *nm*   foretaste

avenir *nm*   future

avertir *v*   to warn, inform

avoir besoin *v*   to need

avoir honte *v*   to be ashamed

avoir lieu *v*   to take place

avouer *v*   to admit

axer (sur) *v*   to base (on)

B

babines *nfpl*   jaws (of animal)

bafoué *adj*   scorned

bagarre *nf*   fight

baisser *v*   to lower, turn down

banlieue *nf*   suburbs

bas/basse *adj*   low

base de données *nf*   database

bâtiment *nm*   building

battre *v*   to beat

bébé-éprouvette *nm*   test-tube baby

bénéfice *nm*   profit

bénéficiaire *nm/f*   beneficiary

bénévole *nm/f*   volunteer

benne *nf*   skip, bin

berceau *nm*   cradle

besoin *nm*   need

biais *nm*   way, means

bien *nm*   possession

bien-être *nm*   wellbeing

bientôt *adv*   soon

bijou *nm*   jewel

bilan *nm*   total

bio *adj*   health foods

biodégradable *adj*   biodegradable

bois déchiqueté *nm*   wood chips

boîte de conserve *nf*   can

bon marché *adj*   cheap

bosniaque *adj*   Bosnian

bouc émissaire *nm*   scapegoat

bouder *v*   to avoid

bouillir *v*   to boil

boulot *nm*   job, work

braver *v*   to brave

brûler *v*   to burn

but *nm*   goal

C

cacher *v*   to hide

cadre *nm*   setting, framework

cafard *nm*   cockroach

caïd *nm*   expert

cambriolage *nm*   burglary

camion *nm* truck
canicule *nf* heatwave
capteur solaire *nm* solar panel
caritatif/ve *adj* charitable
carrière *nf* career
cauchemar *nm* nightmare
cendre *nf* ash
centaine *nf* hundred
centrale *nf* power station
cependant however
charbon *nm* coal
châtiment *nm* punishment
chauffage *nf* heating
chauffé *adj* heated
chercheur *nm/f* researcher
cheval de Troie *nm* Trojan horse
chiffon *nm* rag
chiffre *nm* figure, number
chinois *adj* Chinese
choisir *v* to choose
chômage *nm* unemployment
chômeur/euse *nm/f* unemployed person
chrétien/ienne *adj* Christian
chroniqueur *nm* narrator
cinéaste *nm/f* film director
cinématographique *adj* filmmaking
citer *v* to quote
citoyen/enne *nm/f* citizen
citoyenneté *nm* citizenship
clandestin *adj* illegal

clonage *nm* cloning
codifier *v* to standardise
cœur *nm* heart
coin *nm* corner
combattre *v* to combat
commettre *v* to commit
communauté *nf* community
compagnie *nf* company
compagnon *nm* companion
compenser *v* to offset
complètement *adv* completely
comportement *nm* behaviour
compotier *nm* fruit bowl
compte *nm* (bank) account
compter sur *v* to rely on
concierge *nm/f* caretaker
concitoyen/enne *nm/f* fellow-citizen
conclure *v* to conclude
conçu *adj* conceived
conduite *nf* conduct
conflit *nm* conflict
confondre *v* to expose (a suspect)
connaître *v* to know
conseil *nm* advice
consommateur *nm/f* consumer
consommation *nf* consumption
constater *v* to note
construire *v* to construct
contemporain *adj* contemporary
contenu *nm* content
contraindre *v* to force, compel
contrat *nm* contract
contre *prep* against

contribuer *v* to contribute
controversé *adj* controversial
convaincre *v* to convince
convenable *adj* suitable
convenir *v* to be suitable
coordonnées bancaires *nfpl* bank details
coque *nf* shell
cosmopolite *adj* cosmopolitain
côtier/ière *adj* coastal
couche *nf* layer
couler *v* to flow
coupable *adj* guilty
couper *v* to cut off
court *adj* short
coût *nm* cost
coûter *v* to cost
couvrir *v* to cover
covoiturage *nm* car sharing
cracher *v* to spit, belch out
craindre *v* to fear
créer *v* to create
creuser *v* to dig a hole
crise *nf* crisis
critère *nf* criterion
croissance *nf* growth
croissant *adj* increasing
croix *nf* cross
croyant *adj* believer
cruchon *nm* small jug
cuisinier *nm* cook
cybercriminalité *nf* cybercrime
cyberespace *nm* cyberspace

D

d'ici… from now until…
d'office without consultation

davantage *adv* more
débarrasser: **se débarrasser de** *v* to get rid of
de plus en plus more and more
de toute façon in any case
débattre sur *v* to discuss
début *nm* beginning
décennie *nf* decade
décès *nm* death
déchets *nmpl* waste
déchiffrement *nm* decoding, deciphering
déclencher *v* to cause, set off
découler *v* to result
découverte *nf* discovery
découvrir *v* to discover
décrire *v* to describe
décrocher *v* to get
défaite *nf* defeat
défaut *nm* fault
défi *nm* challenge
défiler *v* to march
déforestation *nf* deforestation
défunt/e *nm/f* deceased
dégager *v* to emit, give off
dégât *nm* damage
dégénérer *v* to get out of hand
dégradation *nf* damage
déguiser *v* to disguise
délasser: se délasser *v* to relax
délit *nm* offence
démanteler *v* to dismantle, break up
démarche *nf* approach, step
démodé *adj* out of date

Vocabulary

démontrer *v* to demonstrate, show

démuni *adj* helpless, lacking

dénoncer *v* to denounce

dépeindre *v* to depict

dépense *nf* consumption, expense

dépenser *v* to spend

déplacement *nm* movement, journey

déplacer: se déplacer *v* to get about

déploiement *nm* deployment

depuis *adv* since

déranger *v* to disturb

dérèglement climatique *nm* climate change

dérouler: se dérouler *v* to take place

dès aujourd'hui from today

dès que whenever

désespérant *adj* hopeless

désormais *adv* from now on

détritus *nmpl* rubbish

détruire *v* to destroy

devenir *v* to become

dioxyde de carbone *nm* carbon dioxide

discours *nm* speech

disculper *v* to exonerate, prove innocent

discuter *v* to discuss

disparaître *v* to disappear

disparition *nf* disappearance

disponible *adj* available

dispositif *nm* system

divers *adj* diverse, various

divertissement *nm* recreation, entertainment

dizaine *nf* ten

dommage *nm* pity

dommages *nmpl* damages

don *nm* donation

données *nfpl* data

douloureux/euse *adj* painful

douzaine *nf* dozen

dresser *v* to draw up

du à due to

durant *prep* during

E

eau potable *nf* drinking water

éblouissant *adj* dazzling

écarter *v* to brush aside

échec *nm* failure

échapper: s'échapper *v* to escape

échelle *nf* scale

éclairage *nm* lighting

écolo *nm/f* environmentalist

écologique *adj* environmental

économiser *v* to save, economise on

écran *nm* screen

écrivain *nm* writer

effectif *nm* strength

effet de serre *nm* greenhouse effect

efficace *adj* effective

effrayer *v* to frighten

également *adv* also

égalité *nf* equality

égard *nm* regard, consideration

égout *nm* sewer

élargir: s'élargir *v* to expand

élargissement *nm* enlargement

élevé *adj* high

éliminer *v* to eliminate

élire *v* to elect

emballage *nm* packaging

embryon *nm* embryo

émeute *nf* riot

émeutier/ière *nm/f* rioter

émission de gaz *nf* gas emission

empêcher *v* to prevent

empiéter sur *v* to encroach upon

emploi *nm* job

empreinte carbonique *nf* carbon footprint

en douceur gently

en gras in bold type

en outre furthermore, in addition

en revanche on the other hand

en veille in standby mode

enchaîner *v* to put together, produce

endommager *v* to damage

enfance *nf* childhood

engin *nm* device, piece of equipment

englouti *adj* engulfed, swallowed up

enjeu *nm* stake, issue

enlèvement *nm* kidnapping, abduction

énorme *adj* huge

enquête *nf* enquiry

enseignant/e *nm/f* teacher

enseigne *nf* sign

enseignement *nm* education

entasser: s'entasser *v* to crowd into

entourer *v* to wrap

entraider: s'entraider *v* to help one another

entraînement *nm* training

entraîner *v* to entail, lead to

entrouvert *adj* half-open

envahir *v* to invade

envahissement *nm* invasion

envenimer *v* to aggravate

environnement *nm* environment

envoyer *v* to send

éolienne *nf* wind turbine

épicé *adj* spicy

éponge *nf* sponge

époque *nf* time, era

épouvantail *nm* menace, spectre

épreuve *nf* event, test

éprouver *v* to experience

épuisement *nm* exhaustion

épuiser: s'épuiser *v* to be running out

équitable (produit) *adj* fairly traded (product)

espace *nm* space

espèce *nf* species

esprit *nm* spirit

essayer *v* to try

établir *v* to establish

établissement *nm* organisation, establishment

étang *nm* pond

état *nm* state

éteindre *v* to switch off

étiquette *nf* label

étranger/ère *adj* foreign

être *nm* being

événement *nm* event, occasion
éviter *v* to avoid
évoluer *v* to evolve
exclure *v* to exclude
exacerber: s'exacerber *v* to get worse
exiger *v* to demand
exposition *nf* exhibition
exprimer: s'exprimer *v* to express oneself
extraire *v* to extract

F

fabricant *nm* manufacturer
faciès *nm* face, appearance
facile *adj* easy
faciliter *v* to facilitate
faible *adj* feeble
faire du mal *v* to harm
fardeau *nm* burden
faune *nf* wildlife
fécondation in vitro *nf* in vitro fertilisation, IVF
fermer *v* to turn off
ferrailleur *nm* scrap metal dealer
ficelles du métier *nfpl* tricks of the trade
fil à linge *nm* clothes line
fin *nf* goal, end
fleuve *nm* river
flic *nm* cop
flotter *v* to float
folie *nf* madness
foncer dans *v* to rush into
fonctionnement *nm* functioning
fondamental *adj* basic, fundamental

fondateur/trice *nm/f* founder
fonder *v* to found
forêt *nf* forest
fort *adj* strong
foudroyant *adj* lightning
foule *nf* crowd
four *nm* oven
fournir *v* to provide
frapper *v* to strike
frein *nm* brake
fréquentation *nf* frequenting
frôler *v* to brush against
frontalier/ière *adj* bordering
fugitif/ive *adj* fleeting
fulgurant *adj* extraordinary
fusillade *nf* shooting

G

gagner *v* to win
galère *nf* a real pain, hell
garantir *v* guarantee
gaspillage *nm* waste, squandering
gaspiller *v* to waste
gazon *nm* lawn
gène *nf* gene
gêner *v* to offend
génétique *adj* genetic
génie *nm* genius
génome humain *nm* human genome
gérer *v* to handle
gérer *v* to look after, manage
geste *nm* gesture
glissement de terrain *nm* landslide
goût *nm* taste
grâce à thanks to
greffe du cœur *nf* heart transplant

grève *nf* strike
grossesse *nf* pregnancy
grossier/ière *adj* gross, glaring
guérir *v* to cure
guérison *nf* cure
guerre *nf* war

H

habileté *nf* skill
habitant/e *nm/f* inhabitant
habitude *nf* habit
haine *nf* hate
harcèlement *nm* harassment
harceler *v* to pester
hebdomadaire *nm* weekly (magazine)
héréditaire *adj* hereditary
hongrois *adj* Hungarian
honnêteté *nf* honesty
honte *nf* shame
huile *nf* oil

I

il fallait it was necessary
il s'agit de it concerns, it's about
il y a… … ago
illégalement *adv* illegally
immigré(e) *nm/f* immigrant
importer *v* to matter
impôt *nm* tax
impressionnisme *nm* Impressionism
incarner *v* to play
incendie *nm* fire
incompris *adj* misunderstood
inconnu *nm/f* unknown (person)

inconvénient *nm* disadvantage
incroyable *adj* unbelievable
industrialisé *adj* industrialised
inégalité *nf* inequality, disparity
inépuisable *adj* inexhaustible
influer sur *v* to influence
informatique *adj* computer
inondation *nf* flood
inquiéter *v* to worry
insérer *v* to incorporate, integrate
interdit *adj* prohibited, banned
intérêt *nm* interest
internaute *nm/f* (Net) surfer
interpeller *v* to question
interrupteur *nm* switch
introduire *v* to introduce
inutile *adj* useless
isolation *nf* insulation
isolé *adj* isolated

J

jetable *adj* disposable
journée *nf* day
juguler *v* to check, curb
juif/ve *adj, nm/f* Jewish, Jew

K

karcher *nm* water gun

L

laïque *adj* secular
lancer *v* to launch

lave-vaisselle *nm* dishwasher

légalement *adv* legally

libre *adj* free

licencier *v* to dismiss

lien *nm* link

lier *v* to link

littérature *nf* literature

loi *nf* law

lointain *adj* distant

loisir *nm* leisure, spare time

long métrage *nm* feature-length (film)

lorsque when

loubard *nm* hooligan, delinquent

lourdeur *nf* weight

ludique *adj* recreational

lumière *nf* light

lumineux/euse *adj* luminous

lune *nf* moon

lutte *nf* fight

lutter *v* to struggle

luxe *nm* luxury

M

maçon *nm* mason

Maghreb *nm* Maghreb (= collectively: Morocco, Algeria and Tunisia)

magnétophone *nm* cassette recorder

main-d'œuvre *nf* labour

maint *adj* many

maîtrise *nf* mastery

manière *nf* way

manifestation *nf* demonstration

manqué *adj* failed

manquer de *v* to be short of

marchandises *nfpl* goods, merchandise

marcher *v* to walk

matière première *nf* raw material

mazout *nm* (fuel) oil

médiatiser *v* to give (sth) publicity in the media

méfiance *nf* mistrust, suspicion

mélanger *v* to mix

mêler *v* to mix, combine

menacé *adj* threatened

mener *v* to lead

mensuellement *adv* monthly

menuisier *nm* joiner

metteur en scène *nm* director

mettre en œuvre *v* to implement

meuble *nm* piece of furniture

meurtre *nm* murder

micro-ondes *nm* microwave (oven)

milliard *nm* billion

millier *nm* thousand

misère *nf* poverty

mœurs *nfpl* customs, lifestyle

moins de less than

moitié *nf* half

mondial *adj* world

montée *nf* rise

moratoire *nm* moratorium

morceau *nm* piece

mot *m* word

moteur de recherche *nm* search engine

mourir *v* to die

moyen/enne *adj* medium

moyens *nmpl* means

muet/ette *adj* silent

mûrissement *nm* ripening

musulman/e *adj, nm/f* Muslim

N

naître *v* to be born

naufrage *nm* shipwreck

néanmoins nevertheless

nettoyage *nm* cleaning

niveau *nm* level

nocif/ive *adj* harmful

nombreux/euse *adj* numerous

notamment *adv* notably

nourrir *v* to nourish

nouveau/elle *adj* new

nouvelle *nf* news

Nouvelle Vague *nf* New Wave

nuage *nm* cloud

nucléaire *nm* nuclear (energy)

numérique *adj* digital

O

obtenir *v* to obtain

occidental *adj* Western

œuvre *nf* work

OGM (= **organisme génétiquement modifié**) *nm* GMO (genetically modified organism)

ombrage *nm* shade

ONG (= **organisation non-gouvernementale**) *nf* NGO (non-governmental organisation)

opprimé *adj* oppressed

ordinateur *nm* computer

ordures *nfpl* refuse

organisme *nm* organism

orphelin *nm/f* orphan

Otan (= **organisation du traité de l'Atlantique nord**) *nf* Nato

ôter *v* to take off, remove

oublier *v* to forget

ouvrier *nm/f* worker

P

paix *nf* peace

palier *nm* landing (on staircase)

palmarès *nm* hit parade

palmier *nm* palm (tree)

pan *nm* section

panier *nm* basket

paquet *nm* package

par rapport à compared to

paraître *v* to appear

paroi *nf* side, wall

parrainer *v* to back, sponsor

partage *nm* sharing

participer à *v* to take part in, participate

particulier *nm* individual

partout *adv* everywhere, throughout

pas mal (de) quite a few

pas *nm* step

passionné *nm/f* enthusiast

patrie *nf* country, homeland

patrimoine *nm* patrimony, heritage

pauvre *adj* poor

pauvreté *nf* poverty

pays *nm* country

paysage *nm* countryside

paysan/anne *adj* farmers' (union)

peau *nf* skin

peindre *v* to paint

peine de mort *nf* death penalty

peine *nf* punishment, sentence

peintre *nm* painter

peinture *nf* painting

pénétrant *adj* penetrating

perdurer *v* to continue

permettre *v* to permit

perpétré (par) carried out (by)

personnage *nm* character

personnellement *adv* personally

peupler *v* to populate

phénomène *nm* phenomenon

pièce de théâtre *nf* play

pièce *nf* room

pied-noir *nm* French colonial born in Algeria

piège *nm* trap

pierre *nf* stone

pile *nf* battery

pillage *nm* fraud, piracy

pinceau *nm* paintbrush

pionnier/ière *nm/f* pioneer

pire *nm/f* worst

piste *nf* trail, track

plaider *v* to plead

plaie *nf* wound

plainte *nf* complaint

planète *nf* planet

plat *adj* flat

plat cuisiné *nm* ready-cooked meal

plombier *nm* plumber

plupart *nf* most

plusieurs *adj* several

plutôt que rather than

poésie *nf* poetry

politique *nf* policy

polluant *adj* polluting

pollueur *nm/f* polluter

Polonais/e *nm/f* Pole

porc *nm* pig

portable *nm* mobile phone, laptop

portée *nf* reach, range

pote *nm/f* pal, mate

poubelle *nf* dustbin

poupée *nf* doll

pour *prep* for

poursuivre: se poursuivre *v* to continue

pourtant *adv* though

poussiéreux/euse *adj* dusty

pouvoir *nm* power

précarité *nf* insecurity

précédent *adj* preceding

préconiser *v* to recommend

prédire *v* to predict

préjugé *nm* prejudice

prêt *nm* loan

prévaloir *v* to prevail

prévoir *v* foresee

prise de conscience *nf* realisation

prise en compte *nf* consideration

priser *v* to hold (sth) in esteem

procès *nm* trial

produire *v* to produce

produit de saison *nm* seasonal product

produit *nm* product

profiter de *v* to take advantage of

proliférer *v* to proliferate

prometteur/euse *adj* promising

promouvoir *v* to promote

promulguer *v* to promulgate, put into effect

propre *adj* clean, own

prospère *adj* prosperous

protéger *v* to protect

prouver *v* to prove

provisoire *adj* temporary

provoquer *v* to cause

puant *adj* smelly

publier *v* to publish

puisque since

puissant *adj* powerful

puits *nm* well

pulluler *v* to proliferate

punir *v* to punish

Q

quant à as for, concerning

quartier *m* district

quasi- virtual, near

quinte de toux *nf* coughing fit

quitter *v* leave

quoique although

quotidien *adj* daily

R

racaille *nf* scum

racine *nf* root

radioactif *adj* radioactive

raison *nf* reason

ramassage *nm* collecting

ramasser *v* to collect

rançonner *v* to extort money from

rappeler *v* to remember

rapport *nm* report

rapporter *v* to bring in

ravageur/euse *adj* destructive

rayonnement *nm* influence

raz de marée *nm* tidal wave

réagir *v* to react

recensement *nm* inventory, census

recette de vente *nf* sales receipt

recettes *nfpl* revenue

réchauffement *nm* warming

recherche *nf* research

récidive *nf* second offence

récit *nm* account

réclamer *v* to call for

réclusion à perpétuité *nf* life sentence

récolte *nf* harvest

récompenser *v* to reward

récréatif/ive *adj* recreational

recruter *v* to recruit

récupérer *v* to save, collect

recyclage *nm* recycling

recycler *v* to recycle

redécouvrir *v* to rediscover

rédiger *v* to write (an article)

réduire *v* to reduce

réel/elle *adj* real

référer: se référer à *v* to refer, relate to

régime *nm* diet

rejoindre *v* to join

reléguer *v* to relegate, consign

relier *v* to match up

remarquer *v* to notice

rencontre *nf* meeting

renforcer *v* to reinforce

Vocabulary

renfort *nm* reinforcement

renouvelable *adj* renewable

renseignement *nm* information

repérer *v* to seek out

répertorier *v* to list

repeuplement *nm* repopulation

reprise *nf* round

réseau *nm* network

réseau social *nm* social networking (site)

résoudre *v* to resolve

ressentiment *nm* resentment

ressortissant(e) *nm/f* national

résultat *nm* result

résumer *v* to summarise

retentissement *nm* impact

rétorquer *v* to retort

retour *nm* return

retraité(e) *nm/f* retired person

réussir *v* to succeed

revaloriser *v* revalue

rêve *nm* dream

révéler *v* to reveal

revendiquer *v* to claim (responsibility for)

riposte *nf* response

riposter *v* to respond

robinet *nm* tap

roman *nm* novel

rompre *v* to break

ronde *nf* round

ruisseau *nm* stream

russe *adj* Russian

S

saccager *v* to wreck, devastate

saisir *v* to seize

sale *adj* dirty

saluer *v* to welcome

sang *nm* blood

sans-papiers *nm* illegal immigrant

santé *nf* health

sauf *prep* except

saumâtre *adj* brackish, salty

sauvageon/onne *nm/f* wild (youth)

sauvegarder *v* to safeguard

sauver *v* to save

sauveteur *nm* rescuer

savant *nm/f* scholar

s'avérer *v* to turn out, prove to be

savoir-faire *nm* know-how

scientifique *nm/f* scientist

scolarisation *nf* schooling, education

séduire *v* seduce

sein *nm* breast

sembler *v* to seem

sensibilisation *nf* raising awareness

sensible *adj* sensitive

sentiment *nm* feeling, sense

sentir *v* to feel

séquençage *nm* mapping

servir: se servir de *v* to use

seulement only

sida *nm* Aids

siècle *nm* century

significatif/ive *adj* significant

sillon *nm* furrow

solaire *adj* solar

sommeil *nm* sleep

sommet *nm* summit, meeting

sondage *nm* survey

sonnerie *nf* alarm, ring tone

soubresaut *nm* jolt

souche *nf* stock, origin

souffrance *nf* suffering, misery

souffrir *v* suffer

souhaiter *v* to wish

souiller *v* to soil, make dirty

soulever *v* to raise

soupçonner *v* to suspect

souscripteur/trice *nm/f* subscriber

sous-estimé *adj* underestimated

sous-sol *nm* basement

soutenir *v* to support

souveraineté *nf* sovereignty

statut *nm* status

stocker *v* to store

subir *v* to undergo

subvenir à *v* to meet

subvention *nf* grant

suffir *v* to be sufficient

suffisant *adj* sufficient

superflu *adj* unnecessary, superfluous

supprimer *v* to abolish, do away with

surchargé *adj* overcrowded

sûreté *nf* certainty, confidence

surmonter *v* to overcome

sursis *nm* suspended sentence

surtout *adv* especially, above all

surveiller *v* to watch, keep an eye on

susciter *v* to give rise to

synthèse *nf* synthesis

T

tableau *nm* painting

tâcher de *v* to try to

tandis que while, whereas

tarentule *nf* tarantula

tas *nm* pile

tel/telle *adj* such

télécharger *v* to download

témoignage *nm* story, account

tempête *nf* storm

temps *nm* tense, time

tenir compte de *v* to take into account

tentation *nf* temptation

tenir: se tenir *v* to take place

tenue *nf* outfit, clothes

terre *nf* earth

territoire *nm* territory

TGV (= train à grande vitesse) *nm* TGV (high-speed train)

thèse *nf* theory

tiers *nm* third

tiers-monde *nm* Third World

titre *nm* newspaper headline

toile *nf* canvas, painting

toit *nm* roof

tombée du jour *nf* dusk

tondre *v* to mow

torchon *nm* tea towel

toujours *adv* always

tourbière *nf* peat bog

tournage *nm* shooting, filming

tournant *nm* turning point

tourner *v* to shoot (film)

tout fout le camp everything is falling apart

traité *nm* treaty

traitement *nm* treatment

traiter *v* to deal with, address, treat

transfert *nm* transfer

transgénique *adj* transgenic

tremplin *nm* springboard

tri *nm* sorting

trier *v* to sort

trithérapie *nf* triple-drug therapy

trottoir *nm* pavement

truffer *v* to stuff

U

UE (= union européenne) *nf* EU

usagé *adj* worn out

usine *nf* factory

usurpation (d'identité) *nf* (identity) theft

utile *adj* useful

utilisateur/trice *nm/f* user

utiliser *v* to use

V

vague *nf* wave

valoir *v* to be worth

vente *nf* selling

ver *nm* worm

verdir *v* to make more eco-friendly

vérité *nf* truth

vétuste *adj* dilapidated, run-down

victoire *nf* victory

vider *v* to empty

vie *nf* life

viol *nm* rape

virtuel/elle *adj* virtual

vitesse *nf* speed

vœu *nm* wish

voie *nf* path, track

voilage *nm* net curtain

voisin *adj* neighbouring

voisin/e *nm/f* neighbour

vol *nm* theft

volontaire *nm/f* volunteer

volonté *nf* will, willingness

voué à l'échec doomed to failure

vouloir *v* to want to

voyage *nm* journey

voyager *v* to travel

OXFORD
UNIVERSITY PRESS

Great Clarendon Street, Oxford OX2 6DP

Oxford University Press is a department of the University of Oxford.
It furthers the University's objective of excellence in research,
scholarship, and education by publishing worldwide in

Oxford   New York

Auckland   Cape Town   Dar es Salaam   Hong Kong   Karachi
Kuala Lumpur   Madrid   Melbourne   Mexico City   Nairobi
New Delhi   Shanghai   Taipei   Toronto

With offices in

Argentina   Austria   Brazil   Chile   Czech Republic   France   Greece
Guatemala   Hungary   Italy   Japan   Poland   Portugal   Singapore
South Korea   Switzerland   Thailand   Turkey   Ukraine   Vietnam

Oxford is a registered trade mark of Oxford University Press
in the UK and in certain other countries

British Library Cataloguing in Publication Data

Data available

ISBN 978 019 915343 5

10 9 8 7 6 5 4 3

Typeset by Zed

Printed in Singapore by KHL Printing Co. Pte. Ltd.

Paper used in the production of this book is a natural, recyclable product
made from wood grown in sustainable forests. The manufacturing process
conforms to the environmental regulations of the country of origin.

Acknowledgements.

The publishers would like to thank the following for permission to
reproduce photographs:

p5a: AFP/Getty Images; p5b: Tipsimages; p5c: KUBA/Corbis; p5d: Jean-Pierre
Rafto/Reuters/Corbis; p5e: Reuters/Eric Gaillard; p5f: Sally and Richard
Greenhill/Alamy; p6: Sally and Richard Greenhill/Alamy; p7: Robert Fried/
Alamy; p8: OUP; p9: Jupiterimages/Stock Image/Alamy; p9: Reuters/Eric
Gaillard; p10: Jed Share and Kaoru/Corbis; p14t: David Turnley/Corbis;
p14b: Directphoto.org/Alamy; p15: Directphoto.org/Alamy; p18: SIPA
PRESS/Rex Features; p19: Jean-Michel Turpin/Corbis; p20: Sipa Press/Rex
Features; p21: Janine Wiedel Photolibrary/Alamy; p22: Houpline-Sipa Press/
Rex Features; p23: Julien Hekimian/Corbis Sygma; p24: Sticker Media; p25:
Chesh/Alamy; p26: AFP/Getty Images; p27t: John Maier/Still Pictures; p27b:
Khalil/Frank Spooner Pictures; p28: Rasmussen/Sipa Press/Rex Features;
p29: Larry Bray/Telegraph Colour Library; p30tl: Harmut Schwarzbach/
Still Pictures; p30ml: Index/Powerstock Superstock; p30tm: Jean-Luc & F.
Ziegler/Still Pictures; p30m: Novastock/Powerstock Superstock; p30br:
Mike Schroder/Still Pictures; p30bl: Paul Harrison/Still Pictures; p30tr:
Giovanni Diffidenti/Gamma/Frank Spooner Pictures; p30b: Jeff Greenberg/
Still Pictures; p31: Les. Ladbury/Alamy; p32: Fairtrade; p33: OUP; p35b:
Bigstock/Suzanne Tucker; p37a: Frans Lanting/Corbis; p37b: Philippe Hays/
Still Pictures; p43: Greenpeacepix; p45: OUP; p46: Rafa Irusta/Shutterstock;
p47: Emmaus; p48: Martin Bond/Still Pictures; p50a: Igor Burchenkov/
Shutterstock; p50b: iofoto/Shutterstock; p50c: iofoto/Shutterstock; p50d:
Edyta Pawlowska/Shutterstock; p50e: Tracy Whiteside/Shutterstock; p50f:
Tracy Whiteside/Shutterstock; p53: Dominique Barret/Action Riviere
Nature; p54_1: Suzanne Tucker/Shutterstock; p54_2: Beth Van Trees/
Shutterstock; p54_3: Olga Semicheva/Shutterstock p54_4: Monkey Business
Images/Shutterstock; p55: Greenpeacepix; p57: Alamy/mediacolor's; p58:
Alamy; p59a: Powerstock Superstock; p59b: Jim Sugar Photography/Corbis
UK Ltd; p59d: Adrian Arbib/Corbis UK Ltd; p59e: Julian Makey/Rex Features;
p63: OUP; p70: Gideon Mendel/Corbis; p71l: Neue Pinakothek, Munich,
Germany/Bridgeman; p71r: Bridgeman; p86: S. Sabawoon/epa/Corbis; p87:
Adrian Bradshaw/epa/Corbis; p93: National authorities: Finance or Treasury
Ministries, Mints. / Other: European Commission. All rights reserved;
p93t: VINCENT KESSLER/Reuters/Corbis; p93m: Corbis; p97: flags of the
European Union are produced by kind permission of © the Audiovisual
Library of the European Commission; p98: Directphoto.org/Alamy; p100t:
Marion Kaplan/Alamy; p100b: AFP/Getty Images; p101: OUP; p102: Time
& Life Pictures/Getty Images; p103: flags of the European Union are
produced by kind permission of © the Audiovisual Library of the European
Commission; p104: Dean Mitchell/Shutterstock.

Illustrations by: Mark Draisey, Simon Tegg, Mike Lacey, Stefan Chabluk.

Cover image: OUP/Corbis

The authors and publishers would like to thank the following for their help
and advice:

Tony Lonsdale (course consultant); Sara McKenna (editor of the Élan 2 pour
OCR Students' Book) and Marie-Thérèse Bougard and Véronique Moore
(language consultants).

The authors and publishers would also like to thank everyone involved in
the recordings for the Élan 2 pour OCR recordings:

Colette Thomson for sound production and all the speakers involved.

Every effort has been made to contact copyright holders of material
reproduced in this book. If notified, the publishers will be pleased to rectify
any errors or omissions at the earliest opportunity.